보라색이 어울리네요

송종숙 수필집
보라색이 어울리네요

인쇄 2018년 7월 17일
발행 2018년 7월 20일

지은이 송종숙
발행인 서정환
펴낸곳 신아출판사
주소 전라북도 전주시 완산구 공북 1길 16
전화 (063) 275-4000
팩스 (063) 274-3131
이메일 sina321@hanmail.net essay321@hanmail.net
출판등록 제465-1984-000004호
인쇄 · 제본 신아출판사

저작권자 ⓒ 2018, 송종숙
이 책의 저작권은 저자에게 있습니다. 서면에 의한 저자의 허락없이 내용의 일부를
인용하거나 발췌하는 것을 금합니다.
COPYRIGHT ⓒ 2018, by Song Jongsuk
All rights reserved including the rights of reproduction in whole or in part in any form.
저자와 협의, 인지는 생략합니다.
잘못된 책은 바꿔 드립니다.

ISBN 979-11-5605-545-7 03810
값 15,000원

> 이 도서의 국립중앙도서관 출판예정도서목록(CIP)은 서지정보유통지원시스템 홈페이지
> (http://seoji.nl.go.kr)와 국가자료공동목록시스템(http://www.nl.go.kr/kolisnet)에서
> 이용하실 수 있습니다. (CIP제어번호: CIP2018022189)

Printed in KOREA

안아당 문집 2

보라색이 어울리네요

송종숙 수필집

신아출판사

| 책을 펴내며 |

　글을 읽다가
　어떨 때 파릇파릇 톡톡 튀는 감성적 문장을 만나면 질투심이 난 듯 가슴이 두근거리고 부러워서 한숨을 쉬게 됩니다. 어이없고 주책없는 일이죠. 이제는 우리가 추억을 먹고 산다는 그런 나이인데 말이죠. 사실 이런 웃기는 착각이 스스로도 조금 귀엽기도 하고 가엽기도 합니다.
　학창시절 이후 수십 년을 완전히 잊고 포기했던 문학이었습니다. 그런데 세월을 돌이키려는 듯 이제야 스러져가는 제 꿈 조각을 줍고 있습니다. 그 안에서 또 하나의 저를 찾기도 하지요.
　글을 쓰는 시간만큼은 세월을 망각하게 되더군요. 잃어버린 시간을 찾게도 되고요. 솔직히 저는 이제라도 글을 쓸 수 있는, 이 축복이 너무 고맙습니다. 철 잊은 풀줄기처럼 제 마음은 아직도 파릇파릇 돋아있는데, 아, 저기 갈바람이 빈 들녘에서 억새풀을 날리고 있네요.

　즐거운 일만 있는 세상은 없더군요.
　지난 일이지만 몇 년 전에 참으로 힘든 시간을 겪었습니다. 남편의 크나큰 사고로 저는 세상이 끝나는 줄 알았습니다. 이제, 은혜로운 하늘의 가호로 남편은 완전히 회복되었습니다. 그동안 이웃들과 수많은 지인들께서 깊은 염려와 기도를 해주셨지요. 사실 저는 어디에나 고개 숙이며 감사의 절을 올리고 싶은 마음뿐입니다.

때때로 이 순간이 꿈이 아닐까 소스라칩니다. 그리고 기적만 같은 이 축복이 차마 조심스럽습니다. 지금, 이 모든 걸 이렇게 지난 일로 말할 수 있다는 것이 얼마나 꿈만 같은지…. 두고두고 정말 감사해야 합니다.

수필집 출간을 준비하다 보니
계절은 어느새 유월의 허리를 지나가고, 활기찬 초록의 세상이네요.
창밖이 온통 초하의 푸르름에 싱그럽습니다.
이렇게 좋은 계절에 저의 두 번째 수필집을 내게 되어 기쁩니다.

이런 날을 있게 해준 존경하는 선생님들과 여러 다정한 벗들께 마음 깊이 감사를 드립니다.
그리고 끝끝내 곁에서 아빠를 지켜낸, 자랑스러운 우리 아이들에게 고맙다고, 사랑한다고 말하고 싶습니다.

2018. 6.
安雅堂 송종숙

| 차례 |

1부
보라색이 어울리네요

까치집 이야기 · 12
보라색이 어울리네요 · 17
밥 · 21
메뚜기와 송사리 · 26
손 애愛 발 애愛 · 29
남편은 설치미술가 · 34
고양이 세상 · 39
전지 유감 · 44

2부
누름돌

우리 집의 세계지도 · 52

누름돌 · 57

호강에 초를 치다니 · 62

사임당 어머니와 지킴이 · 67

풀밭을 매면서 · 72

한바탕 굿판 · 77

건널목의 갈등 · 83

두엄자리 앞에서 · 89

3부
다림질

이름, 그 소망 · 96

다림질 · 101

나의 멍 때리는 시간 · 106

그대의 찬 손 · 111

빌딩 숲의 나무와 산골 노인 · 118

십 원짜리 동전 · 123

엄마 · 128

한 나무 통째로 꽃다발을 · 133

4부
시계 소리

피난 보따리를 풀면서 · 140
시계 소리 · 146
집 · 151
만추의 선운사에서 · 155
앵두나무 옮기기 · 159
찰칵, 셔터 앞에서 · 163
아이비 넝쿨 · 167
필동의 그 길 · 171

5부
찬장과 여인

누구 키가 더 큰가 · 178
찬장과 여인 · 182
내복 이야기 · 187
옥상의 빨랫줄 · 192
하수관 소통 · 196
간장 달이는 날 · 201
꿀 먹은 된장 보따리 · 206
늙은 호박의 풍월 · 211

6부
빵의 계절

풀 냄새 나는 사람 · 218
빵의 계절 · 224
실 은반지 · 229
세 개의 은 스푼 · 233
꼬맹이 흉보기 · 237
스쳐간 바람처럼 · 242
이사 · 247

7부
결코 잊어서는 안 됩니다

J 선생과 집 · 252
결코 잊어서는 안 됩니다 · 258
삭정이 · 264
고물 차 사설 · 269
산골짜기 물처럼 · 274
고모님의 밥 · 280
마지막 인사 · 284

" 보라색의 화려함에는 가볍지 않은 은은한 여운이 감싸고 있다. 신비로운 암시처럼. 그 은근한 색감이 오랜 영상으로 잊히지 않는다."

1부
보라색이 어울리네요

까치집 이야기

아침부터 뜰 안 은행나무 위에서 까치 울음소리가 낭랑하다.
"까각 까가깍" 반가운 손님이 오시려나, 안 뜰과 바깥 뜰 사이에 경계목으로 심어 놓은 은행나무에서 까치 내외가 주거니 받거니 쫑알쫑알 화답한다. 아이들이 대여섯 살 무렵에 심었던 나무들인데, 이제 40년을 넘어 아름드리 성목이 되었다. 세 그루가 늠름하게 어깨동무하듯 팔을 뻗고 있다. 그 은행나무들 가운데 선, 수나무 우듬지에 올 봄 까치가 둥지를 틀고 있다.
얼마 전부터 깔끔한 정장차림을 한 듯 날씬한 까치 한 쌍이 부지런히 들락날락하고 있었다. 지난 달 중순부터 집짓기를 시작한 것이다. 한 가지 두 가지 마른 삭정이를 물어 나르더니 어느덧 둥지가 완성돼 가는 모양이다. 마른나무 가지 사이로 보름달같이 덩실한 까치둥지가 하늘에 걸려 있는 모습이 참으로 소담하다.
까치집을 처음 보는 것은 아니다. 까치는 대개, 사람 손에서 멀고 다른 짐승들로부터 새끼를 지키기에 안전한 위쪽, 가지들이 촘촘한 곳에 둥지를 튼다. 대개 들녘의 미루나무같이 키가 멀쩡하게 큰 나무 위나 동네 어귀 정자나무 가지 사이에 집을 짓는다. 어떤 것은 한 나무에 위아래로 2, 3층으로 지어 있는 것도 봤다. 나무가 많아 숲을 이루고 있는 곳에는 서로 바라보이는 부근에 여기저기 까치집이 걸려있다. 그걸 보면서 까치가 참으로 정이 많은 새로구나, 생각했다. 자녀들이 위층에 살고 큰집 작은집, 고모, 이모가 가까이 산다는 것은 우리 인간들이 부락을 이루고 사이좋게 모여 사는 모습과 흡사하기 때문이다. 깊은 산에 들어가면 아무 새 소리도 없어 죽은 듯 고요한데, 마을 근처는 먹이를 쉽게 구할 수 있어선지 까치들도 심심찮게 들락거린다. 늘 사람들 가까이 어정거리는 것을 보면 새들도 아마 고독이 싫은가보다. 그렇지만 바로 우리 집 근처에 까치가 집을 짓는 모습을 보기는 이번이 처음이다. 신기했다.

까지는 사람늘과 상당히 진근한 새로 알고 있다. 연미복을 입은 듯 외양이 준수한 것이 마치 영국 신사 같은 맵시다. 우리의 민화 속에는 호랑이와 함께 심심찮게 등장한다. 무서운 호랑이와 능청스럽게 동무를 하고 있는 모양이 꽤나 친숙한 이웃 같다. 전래 동화 속에서는 선비를 구하려고 구렁이와 싸워 은혜를 갚는다는 의리 깊은 새로 나온다. 아침에 까치가 울면 기쁜 소식이 오고 반가운 손님도 예고해 준다는 상서로운 뜻도 지녔기에 저절로 호감이 간다.

사람들이 그러는데 새들도 사람 기분을 잘 알아챈다고 한다. 저를 좋아하는지 싫어하는지쯤은 알고 있단다. 그래서 까마귀를 길조로 여기고 우대하는 외국에서는 인가 가까이에 시커먼 까마귀들이 비둘기떼처럼 모여든다고 한다. 같은 동양권인데도 일본과 달리 우리나라에서는 옛날부터 까치를 길조로 여겨왔다. 시커먼 까마귀 집은 근처에서 본 적이 없어도 달덩이 같은 까치둥지는 동구 밖 키 큰 나무마다 높다랗게 걸려 있었다. 요즘은 도시의 전봇대 위에서도 흔히 볼 수 있는 게 까치집이다. 다른 새둥지들은 남의 집 처마 밑이나 담벼락 밑, 나무숲 자락에 몰래 지어놓는데, 까치둥지만큼은 특별히 허가라도 받은 듯 아주 버젓이 당당하게 지어놓았다. 지능이 높은 새라서 사람들이 까닭 없이 해치지 않는다는 걸 알고서 배짱인가 보다. 요즘 들어 시골보다 도시 근처에 까치들이 살고 있는 것은 도시로만 몰리는 사람들 심리와 흡사한 것 같다. 심지어 전선주에까지 둥지를 짓는 통에 이따금 감전사고도 나고 정전 사고도 다반사라고 한다.

이른 봄날 까치가 은행나무 위에 둥지 트는 모습을 지켜보면서 나는 감동했다. 어쩌면 한낱 미물인 까치가 어리석은 인간들보다 더 지혜롭구나, 생각이 들어서다.

조류 탐구 프로에서 본 것이지만 까치도 집 짓는 과정이 예사롭지 않았다. 물론 까치집은 다른 새들 집에 비해서 정교하게 짓지는 않는다. 까치둥지가 꽤나 모양새가 엉성해서 헝클어진 머리를 꼭 쑥대머리 같다고 흉보기도 한다. 하지만 성긋성긋 바람이 새게 둥우리를 지어 거센 폭풍우라도 감쪽같이 비켜보내는 까치들의 슬기를 어찌 짐작하겠는가? 우리 집 까치는 신통하기도 하다. 암놈 수놈이 이곳저곳에서 마른가지들을 번갈아 물고 와서 한 단 한 단 정성들여 쌓고 있다. 그리고도 다시 마땅치 않으면 새로 더 튼튼한 가지를 찾아다가 먼저 것은 빼고 다시 교체하고. 암수가 서로 협동해서 입으로 잡아당겨 튼튼한가 확인하고…. 또 다듬는지 많은 시간이 지났다.

그러느라고 1월 중순에 시작한 작업이 달포도 지나서 작업은 겨우 마무리되었다. 아마 어떤 억센 폭풍우가 내려쳐도 끄떡없게끔 둥지 공사를 튼튼하고 완벽하게 끝낸 모양이다. 아파트 사는 내 친구가 자기네 베란다에 지어 놓은 까치둥지를 봤더니 까치둥지 안에는 사람들 집처럼 흙을 물어다가 확실하게 도배까지 끝냈더라고 했다. 우리 집 까치집은 높은 가지 위에 있어서 보이지는 않지만 아마도 그보다 훨씬 더 튼튼하고 완벽하게 둥지를 지었을 것 같다. 집 짓는 동안 까치 내외는 인간들처럼 콩이야 팥이야 시끄럽게 싸우지도 않았다. 준공 일에 맞추느라 얼렁뚱땅 서둘러 짓는 졸속공사, 부실공사도 아니 하였을 게 틀림없다.

그 둥지가 다 완성된 뒤 나는 비로소 까치의 의중, 그 지혜를 알아챌 수 있었다.

봄이 오고 있었다. 우리가 춥다고 겨울의 움집 속에 웅크리고 있을 때, 까치들은 이미 봄이 가까이 다가오는 소리를 듣고 있었던 거다. 겨울이 깊으면 봄이 멀지 않으리라고 말한 어느 시인이 아니더라도 자연이 언제나 슬기롭게 가르쳐주고 있었다. 까치들은 미리 준비하고 있었다. 이제 봄이 오면 예쁜 새 아기가 태어나고, 새 식구를 맞을 보금자리를 마련해야 된다는 것을. 그들은 희망에 두근거리며 새봄 맞이 준비를 하고 있었다.

나는 새로운 기대로 흥분을 느꼈다. 머지않아 우리 집 뜰 안에도 새봄이 찾아오고, 따사로운 봄 햇살 아래서 재잘재잘 새끼까치 울음소리가 들릴 것이다. 어느새 아름다운 봄꽃들도 뜰 안 여기저기 가득 피어나리라. 그리고 우리들의 가슴 속에 죽어 있던 희망까지도 다시금 날개 치며 소생하리라.

 지난겨울 추운 날씨 속에서 나는 보았다.

 높다란 둥지 속에 까치가 마련하는 아름찬 희망을.

2010. 4.

보라색이 어울리네요

 보라색 옷을 자주 입지는 않았다. 보라색을 싫어해서 그런 건 아니다. 누군가가 나에게 보라색이 참 어울린다고 말해줄 때는 실은 은근히 기뻤다. 흔히 보라색은 누구에게나 어울리는 색이 아니라고 하던데, 혹시? 엉뚱하게도 나는 혼자 행복한 착각에 빠지곤 했다.
 내 생각엔, 보라색은 잘 입으면 참으로 고상하게 보이는데 잘못 입으면 좀 야하게도 보이고 촌스럽게도 보이는 색깔이다. 나는 야한 것과 촌스러운 것이 일맥상통한다고 생각한다. 거부감이 오기 때문이다. 어쩌면 내가 보라색을 섣불리 입지 못하는 것도 바로 그런 이유가 아니었나 싶다. 사실 색상의 느낌이란 그 위치, 주위 상황과의 조화에서 오는 착시일 수 있다. 어찌 됐든, 나는 보라색의 그 한없이 그윽하고 우아한 색감, 그 자욱한 분위기에 매혹되곤 한다.
 보라색은 보통 희고 긴 목을 지닌 귀부인이 자수정 목걸이를 했을 때 제격으로 어울린다. 나 같은 사람은 그런 선골피부를 갖지 못해서 보라의 극치미를 살릴 수가 없다. 비극적 오페라에서 비통에 찬 아리

아를 열창하는 여주인공의 기품 있는 보라색 긴 드레스와 그녀의 고뇌에 찬 그늘진 눈 화장은 말할 수 없이 분위기 있다. 색깔은 개인적 취향이기에 보라색에 대해서 내가 환상을 가지고 있는지 모르지만.

이른 봄, 양지쪽 돌담 사이에 피어나는 보랏빛 제비꽃은 아련한 그리움을 안은 귀여운 여인 같다. 또 늦여름 땡볕에 농익은 포도 알은 바다보다 짙은 진보라, 암자색이다. 그래서 진한 보라색을 포도색, 가지색이라고 부르는가 보다. 이미지를 그렇게 실물로 연상시키는 것이 훨씬 설득력 있는 것 같다. 중세 시대만 해도 너무 귀해서 감히 넘볼 수 없던 색깔이 보라색이었다는데 이젠 주위에서 많은 보라색을 볼 수 있다. 꽃들만 챙겨 봐도 붓꽃과의 아이리스나 제비꽃, 무스카리, 라일락, 구절초, 벌개미취, 라벤더 등이 곳곳에서 피어있다. 아련한 순정 같은 연보라색에서 슬픈 명 같은 진보라색까지 그 빛깔의 농담은 너무나 다양하고 광범하다. 그런데 그처럼 고운 보라색을 누구는 죽음의 색으로 말하기도 한다. 왜, 보라가 죽음을 나타내는 추상적인 색이 됐을까? 그건 아마도 보라의 초연한 듯 외로운 분위기 때문인지도 모른다. 어쩌면 보라는 죽음의 아픔까지 그렇게 색깔로 물들었을까?

그동안 보라는 은연중에 격이 높은 위상을 지녀온 셈이다. 서양 사극을 보면 황실에서는 존엄의 상징으로 보라색과 황금색을 주로 애용하고 있었다. 진한 보라색 비로드 천의 부드럽고 묵직한 그 후광은 참으로 화려하고도 중후한 위상을 보여준다. 누가 봐도 함부로 범치 못할 고귀함과 격조를 지녔다. 그런데 대개의 화려한 존재일수록 순간적으로 눈을 현혹시키고는 이윽고 거품처럼 스러지기 마련이다. 그러나 보라색은 좀 다르다. 보라색의 화려함에는 가볍지 않은 은은한 여운이 감싸고 있다. 신비로운 암시처럼. 그 은근한 색감이 오랜 영상으로 잊히지 않는다.

이따금 은은한 보라색을 지긋이 바라보면 레오나르도 다빈치의 걸작 〈모나리자〉가 떠오른다. 그 모호하고도 고요한 모나리자의 미소, 세기적 대화가인 다빈치는 혹시 그의 걸작 〈모나리자〉의 화폭 속에 지극히 신비로운 보랏빛 아우라를 감쪽같이 숨겨 넣은 건 아닐까? 안개를 머금은 듯한 모나리자의 미소에서 은은하고 삭연한 보랏빛 향수가 느껴져서다. 알 듯 말 듯 한 그 미소는 영원한 신비요 수줍은 암시 같다. 그러한 분위기가 보라색 속에 깃든 알 수 없는 보석인 듯싶다.

사실상 보라색은 투명하고 해맑은 빛깔은 아니다. 애초에 청과 홍의 혼합성인 때문이다. 보리색은 청색의 차디찬 이성과 홍색의 뜨거운 감성이 어우러져 미묘하게 지성적 분위기로 멋지게 태어났다. 마치 화가 뭉크의 그림처럼 우울한 듯 착잡하게 가라앉은 그 우수의 깊이는 비밀스럽고 사색적인, 밀도 깊은 물색이다. 보라색의 저력인가 싶다. 때로 외로워 보이기도 하는 보라의 이런 속성은 어떤 색상과 허물없이 어울리지 못해서 이따금 야하게도 촌스럽게도 돌출되는지 모른다. 감히 성숙하지 못한 세속과 타협을 거부하는 오만일까? 이런 생각은 오직 나만의 허상일까?

어느 가을 들녘에서였던가, 들국화 같던 여인의 뒤돌아선 모습이 생각난다. 긴 머릿결과 보랏빛 머플러가 바람결에 나풀대고 있었다. 그 머플러는 아마도 부드러운 실크였을 거다. 잔잔하고 애틋한 분위기! 사실 나도 그렇게 보라색을 제대로 분위기 나게 입고 싶었는데, 그게 어려웠다. 그래서 간혹 보라색에 휘둘려서 옷가지를 사놓고도 머뭇거리기만 했다. 요즘에야 나는 이따금 보라색을 입는다. 깨닫고 보니 내 나이도 어느덧 세월을 의식하게 되는 서글픈 노년이었다. 허둥지둥 이제라도 보라의 그 우아한 분위기를 얻어 입고 싶어진 것이리라.

새삼스레 거울을 보며 엉거주춤 몸매를 비추어본다. 이 나이에 무슨 옷을 걸친들 맵시가 나겠는가? 그런데도 행여, 보라색이 내게 어울리지 않나, 이쪽저쪽 허리를 꼬아본다. 이렇게 용기를 내보는 것도 주위의 응원 덕분이다. 보라가 너무 잘 받는데요. 그 빛깔 참 어울리네요! 이런 코멘트를 해준 사람도 있었으니까. 사실, 좋아하면 닮아간다고 하던데, 어쩌면 보라가 내 정체성의 어느 부분 같기도 하고…. 그래! 보라가 어울린다면….

나는 거울 앞에 서서 혼자만 아는 미소를 살포시 지어본다.

거울 속 여인이 빙그레 끄덕이고 있다.

2017. 11.

밥

　전기밥솥이 나오기 전 얘기긴 하다. 누구네 집이나 뜨끈한 아랫목 솜이불 속에는 두툼한 누비 밥망(덮개)을 씌운 밥주발들이 옹기종기 묻어있었다. 추운 날씨에 그새 밥이 식을까봐, 또는 늦게 들어오는 식구들 몫이었다. 아버지가 먼 데 출타를 하시고 부재중이실 때도 어머니는 반드시 가장의 자리로 밥주발을 묻어놓으셨다. 그렇게 밥은 당당한 면모가 있었다. 밥은 단순한 식품이기 전에, 정도 퍼주고 덕도 베푸는 심덕을 지닌 존재였다. 평생, 그 밥을 먹고 살지만 너무나 당연한 일상이라서 밥의 존재에 대해 무심했었다. 늘 가까운 관계에서 소홀해지는 법이라.
　밥은 따뜻한 육친의 정 같다. 속 깊이 훈훈해지는 온기를 품고 있다. 소복한 밥 한 그릇으로도 육신에 실팍한 활력이 실린다. 또 정성으로 지어 단에 올린 밥은 신령스럽기까지 하다.
　그런데 결코 한 알의 알곡만으로는 밥이 되지 않는다. 수많은 낱알이 오순도순 한 덩이로 뭉치는 시간이 익어야만 밥이라는 실체가 이루어진다. 지지고 볶으면서도 인연으로 엉키어 사는 인간살이 형태다.

뽀얗게 잘 지어진 밥을 보면 티 없이 해맑은 순박한 웃음 같다. 소복하게 담긴 밥알들이 끈끈히 엉겨있는 모습은 우애 좋은 형제처럼 정답고 화순해 보인다. 밥맛은 담박하다. 생색내려고 산뜻한 얕은맛으로 자극하지 않는다. 그저 점잖고 돈독한 인품처럼 은근하다. 먹고 나면 뱃심이 든든해지고 화평해지는 밥맛, 그 맛에 뿌듯이 정도 살쪄지고 마음까지 후덕해진다.

밥은, 저 혼자서 맵고, 짜고, 시고, 달고, 쓴 수많은 반찬을 흔연스럽게 받아들인다. 사람의 성품이라면 참으로 괴팍하고 얄궂은 성깔까지도 묵묵히 인정하는 너그러움, 여유로움이다. 온 가족을 품어주는 어머니의 미소같이 밥은 모든 걸 포용하는 온화한 모성이다.

돌아가신 우리 시조모님을 사람들은 '날아가는 까마귀도 불러 밥을 먹일 분'이라고 했다. 생전에 얼마나 후덕한 성품이고 남을 위해 얼마나 밥을 많이 푸셨는지…. 할머니는 거지가 동냥을 오면 드시던 당신 밥상에 그대로 앉혀 흔쾌히 먹여 보냈고, 형편 어려운 집 아낙이 해산을 할 때는 미역이며 쌀 등을 챙겨가서 아이를 받아주는 등, 남 어려운 사정을 그냥 지나치지 않으셨단다. 각박한 세상이지만 할머니처럼 정겨운 분을 만날 때는 나도 모르게 모가 깎여 둥글게 닳아진 밥주걱을 생각한다. 그런 분들은 오랜 세월 밥 냄새가 젖어들어 몸에 밴 것일까? 자연스럽게 우러나는 누룽지 향이 난다. 희로애락에 절여진 구수한 밥 냄새다.

세간에서는 밥 인심이 후한 사람을 인간미 있고 인간성이 풍부한 사람이라 한다. 그런 사람과는 정을 잊지 못해 인연도 오래간다. 힘들게 손수 밥을 지어먹이며 몸 공으로 베푸는 사람도 있지만 그냥 돈 푼이나 써서 밥을 사는 사람들까지도 대체로 좋은 평가를 받게 된다. 우리는 늘 그렇게 밥과 인간성을 동일시하는 경향이 있다.

풀이 없을 때 급하면 밥풀로 대신한다. 끈끈한 그 붙임성, 밥은 곰살가운 정 같다. 대개, 정 주고 싶을 땐 밥을 산다. 아쉬운 만남에서는 훗날, 밥 한번 먹자고 기약한다. 데면데면한 사이, 거리를 두고 싶은 사이는 그런 인사는 하지 않는다. 밥이 스스럼없고 부담 없는 존재라서 밥 한 끼 같이 먹으면 웬만한 속내는 풀어지고 만다.

그런데 허물없고 순수한 그 점을 얕잡고 남의 진심을 가볍게, 쉽게 저버리는 축들도 있으니 오죽, 억울하고 답답하면 '내가 밥이냐.'는 푸념이 나올까.

사람 관계에서는 누구나 그렇게 순한 밥으로 취급당하기 싫어한다. 밥같이 착한 사람이 무시당하는 세상이기 때문이다. 밥이 지닌 무던함이나 부드러운 성정, 이런 평범한 듯 대범한 가치 등을 진부하게 여기고 바보처럼 취급한다. 평생을 밥만 푸시던 어머니들도 당신의 일생을 보람 없이 여기고 서글퍼했다. 그러나 밥은 태산 같다. 범할 수 없는 자존이 있다. 수천 년을 질리지 않은 그 맛으로 오로지, 평생, 밥, 밥만 찾는 우리네 주식으로 당당히 건재하고 있다, 나는 밥 같은 사람이 많은, 그런 세상이 좋다. 순후한 인품 같은, 밥 같은 사람이 많을수록 더 좋은 세상일 것이다.

경상도에선 쌀밥을 '살밥'이라고 발음한다. '살'이 '쌀'로 경음화 된 것일까? 그렇다면 '사람을 살리는 밥'이라는 대단한 의미도 될 수 있겠다. 그러기에 끼니때가 되면 '밥 먹었냐.'고 묻는 우리네 안부인사야말로 궁상이 아닌, 타인의 삶까지도 살펴주는 인간적 자상함, 따스함이 아닐까?

요즘 식탁에서는 밥을 비만의 원흉이라고 홀대한다. 흔해빠진 식품들 탓이다. 그래서 존재감 없는 밥은 쓸쓸하다. 농자 천하지대본農者 天下之大本이라 믿었던 논농사도 'FTA' 장사이론에 침몰되고 있다. 세상엔 밥이 아픔이고 눈물인 사람들이 아직도 많은데.

밥에 궁하면, 누구나 삶의 주체인 인간의 존엄성을 잃게 된다. 물질이 풍부하여 모두 그걸 간과하고 살 뿐이다. 그러나 아무리 물질로 윤택해도 우리가 차츰 잃어가는 것이 있다. 여유롭고 순박한 마음의 고향, 미덥고 훈훈한 삶의 여운이 사라지고 있다.

세상이 혼탁하고 삭막할수록 시장기처럼 허전한 외로움이 온다.

집 떠난 나그네가 가장 그리워하는 정경은 무엇일까? 저녁 짓는 연기가 솔솔 피어오르던 고향 집과, 항상 아랫목에 묻어두던 따뜻한 밥주발이 생각날 것이다. 정다운 어머니 품안처럼 구수한 밥 냄새는 언제나 잊을 수 없는 그리움이다.

밥은 고향이다. 황금 볏단들이 넘실대는 가을 들녘의 풍요를 보라. 푸근히 고여 드는 생의 안식, 흐뭇한 감동으로 가슴이 뿌듯하다. 조상의 땅, 질척한 논배미에 아버지의 피땀 어린 한평생과 온 식구의 염원이 도사리고 있다. 밥은 어릴 적부터 길들인 입맛의 고향이기에,

허물없는 혈연 같고, 굳은살 박인 믿음 같다.

그런데 요즘사람들은 모두가 바쁘다. 가족이 함께 모이기도 어렵고 머리 맞대고 밥을 먹기도 쉽지 않다. 때때로 뭔가 빠진 듯 허전함을 느낀다. 밥이 아닐까?

눈을 감고, 김이 폴폴 나는 따뜻한 밥의 훈기를 그려본다. 동그란 밥상머리 구수한 밥 냄새! 다정한 식구들이 오순도순 둘러앉아 밥을 먹는 정경, 그것은 진실하고 소박한 삶의 기쁨이다. 심신이 고달프고 가난할 때 더욱 그리운 정이고 덕이다. 그리하여 밥은 영원한 고향이요, 구원한 삶의 원력이다.

2013. 11.

메뚜기와 송사리

저물녘에야 건넛마을 큰댁을 다녀온다. 김장김치 몇 포기를 갖다 드리고 오는 길이다. 거뭇하게 산 그림자가 내리고 있는 들녘에 거의 식어버린 듯한 겨울 해가 넘어가고 있다. 떠오를 때는 어지간히 천천히 올라오던 해도 넘어갈 때는 왜 그리 바삐 서두는지 모른다. 황혼녘 인생 같다. 마을 앞엔 수확이 끝난 빈 논바닥만 썰렁하게 누워있다. 김장 채소마저 다 뽑아가고 아무것도 없이 텅 빈 들이 적막하다. 저녁 참이라 마을 고샅에는 아무도 없다. 으쓱한 냉기가 들어 두 팔을 겨드랑에 끼고 걷는다. 김치 짐을 부려버리고 맨손으로 들길을 종종거리며 걷는 맛이 호젓해서 좋다. 둔덕 위에는 선들 바람에 마른 억새풀이 흔들리고 있다. 어둑한 들녘을 배경으로 희부옇게 서 있는 모양이 휘진 노인네가 허청거리는 모습 같다. 홀연, 빈 들녘 어디선가 울리는 목소리가 있는 듯하여 돌아본다. 아무도 없다. 강릉 시동생이 떠오른다. 어디선가 들리는 그 환청은 이따금 탄식하던 그 소리였나?

"형수님 거긴 메뚜기도 있고 송사리도 있어요? 여긴 그런 걸 볼 수가 없어요. 초충도를 병풍수로 놓으셨던 사임당의 고향에 메뚜기도 없고 송사리도 볼 수 없다니까요. 그래서 되겠어요? 이게 무슨 현실이지요?"

장익순 선생, 박경리 소설가와의 교분에서 생명사상을 영향 받은 것인지 시동생은 기회만 있으면 울컥, 농촌의 황폐화를 한탄하곤 하였다. 생명체가 모두 사라진 듯한 빈 들녘을 보니 갑자기 시동생 생각이 떠올랐나 보다. 사실 이곳 시골도 언제부턴가 송사리 메뚜기들을 구경을 할 수가 없다. 가을철이면 메뚜기를 잡아 풀줄기에 기다랗게 꿰어서 빙빙 내두르며 논둑을 호기 좋게 내달리던 아이들 모습도 구경할 수 없다. 논두렁 봇도랑 밑바닥에 크고 작은 바윗돌들이 박혀있어야 고기들이 숨어들고 새끼도 낳겠건만 마을마다 개울바닥을 통째로 널빤지 같은 시멘트로 깔아놓았다. 흘러오는 물줄기도 머물지 못하고 내려온 대로 그냥 조르르 흘러가버린다. 송사리커녕 개구리도 가재도 살 곳이 없는 것이다. 풀언덕마다 농약을 뿌려대니 메뚜기도 방아깨비도 산 여치도 먹고 살 풀숲이 없다. 곤충들조차 차츰 멸종되어 가는가 보다. 장지문에 햇살 퍼지는 아침녘, 마당에서 재잘대던 텃새들 소리에 잠 깨던 기억, 계절 따라 서식지를 찾아오던 철새들이 겨울 바다, 찬 하늘에서 군무를 추던 그 장관은 잃어버린 꿈이 되려나? 산짐승들도 해마다 그 수가 줄어간다.

농촌이 비어간다. 젊은이들도 이미 떠났지만 자연도 그곳을 지킬 수가 없다. 마을길, 농로마저 말쑥하게 시멘트, 아스팔트 포장해서 자동차 소음에 민감한 새들을 쫓아버렸다. 사료용으로 볏짚을 둥글게 비닐 포장해 추수 직후 곧바로 수거해가니까 논바닥에도 새들 먹이인 낙곡이 없다. 새만금같이 대규모 방조제가 생긴 바닷가에는 바닷물 수질 악화로 수초도 자라지 않고 조개가 서식하는 갯벌도 많이 사라져버렸단다.

  어쩌면 머지않은 세월, 이 강산, 이 좋은 농토들이 황폐한 황무지가 되어 버린다면? 메뚜기와 송사리도 이러다 완전히 사라지고 마는 것이라면? 문득, 모래시계가 생각난다. 우리의 시간이 혹시, 모래시계의 남은 모래알처럼 차츰 줄어들고 있는 것은 아닐까? 두려워진다. 순간의 편리만 쫓는 인간의 끝없는 욕망은 어디까지 달려갈지 모른다. 문명의 종착역은 무지개 같은 행복의 별천지가 될 것인지, 멸망의 낭떠러지로 내달리는 어리석은 괴물열차가 될 것인지, 아무튼 모를 일이다. 빈 들녘에 모래시계의 환영이 보이는 것 같다. 남은 모래가 얼마나 될까?

2012. 12. 18.

손 애愛 발 애愛

달리는 버스 차창 밖으로 길가의 웬 간판이 쓱 스쳐 보이는데, 참 황당했다. 어이없게도 간판 이름이 '손 애 발 애' 였다. 어쩜, '에' 자도 몰라서 '애'로 썼담? 나는 혼자서 중얼중얼하다가 아하, 하고 이내 실소하고 말았다. 섣부른 짐작으로 내가 어이없는 독해를 하고 있었기 때문이다. '손 애 발 애'의 '애'는 조사인 '에'가 아니고 사랑 '애愛'였음을 뒤이어 알아챘기 때문이다. 그 간판은 바로 손 사랑 발 사랑, 즉 '마사지(안마) 집' 간판이었다.

알고 보니 그 간판은 잘 만든 간판이었다. 생뚱맞고 기발했다. 재미도 있거니와 한참 잊히지 않도록 인상적이었다. 그러나저러나 손사랑 발사랑, 하며 전문적으로 수족을 관리해주는 직업까지 생긴 세상이다. 그 마사지 집 광고를 보고 나서 문뜩 내 손과 발을 쳐다보았다. 한 번도 마사지 집에서 호강시켜본 기억이 없었다. 그동안 나는 그들에게 참 무심했었다.

팔을 다쳐서 깁스를 하고 온 사람이 불편해죽겠다고 하소연하는 걸 봤다. 더운 여름철인데 마음대로 씻지도 못하니 오죽 답답할까? 그러나 "남의 염병쯤이야 내 발가락 종기보다 못하다."고 했다. 그래선지 한마디씩 하였다. 아무런들 발 다친 것보다 더 하겠느냐고. 팔은 깁스를 했더라도 손가락 끝을 옴지락거려 뭐든지 집을 수도 있고 맘대로 돌아다닐 수도 있지 않으냐? 발을 다치면 양 겨드랑에 목발을 달고야 움직일 수 있더라. 목발 때문에 어깨가 결리고 계단 내려갈 때의 그 아득함이라니…. 힘든 그때를 회상하기조차 싫다는 듯 고개를 젓는다. 신체의 많은 부분을 조물주께서 마련해준 뜻을 우리는 항상 그 부분에 이상이 생겼을 때야 비로소 깨닫게 되는 것이다. 고통이 심할수록 절감한다.

손은 그 평생 편안한 날이 없을 것이다. 열 손가락이 모자란 듯 닳도록 부려서 혹사시킨다. 손은 더럽고 거친 것, 징그럽고 섬찟한 모든 싫은 일도 제 운명처럼 감내한다. 대신 예쁜 꽃도 만질 수 있고 반가운 사람과 뜨겁게 악수하고 정답게 포옹도 할 수 있기는 하다.

밥 푸는 주걱처럼 부지런히 남에게 베풀어주는 것도 손의 역할이다. 설움에 젖은 눈물 닦아주고 아픈 이마를 살며시 짚어주는 손, 고독에 지친 피곤한 사람들에게 내밀어주는 손, 등을 토닥거려주는 격려의 손, 땀에 젖은 얼굴을 닦아주는 친절한 손이다. 손은 단 두 낱의 신체의 일부지만 정말 따뜻하고 섬세한 마음의 전령사다. 너무나 허전한 순간에 야윈 등을 감싸주는 사랑하는 그이의 정다운 손! 그 알뜰하고 다정함은 인생의 오아시스이다.

실제적으로 우리는 손의 덕에 살고 있다. 평생토록 온갖 맛난 음식을 마련해준다. 부지런히 빨래해서 맑은 물 나게 깨끗한 입성도 입혀준다. 편히 쉴 수 있는 안락한 거처도 준비해준다. 물질뿐이 아니다. 때때로 손을 통하여 사람들은 가슴 속에 묻어둔 뭔가를 말하기도 한다. 못다 한 속정을 전하려 다정하게 손잡고 흔든다. 손을 통하여 우리가 받는 감동도 적지 않다. 인생의 바른 길을 인도하는 애정 어린 매서운 손길도 있고, 어미 가슴을 더듬는 아기의 작은 고사리손을 통해 위대한 생명의 실체를 깨닫기도 한다.

애처롭게도 평생토록 봉사만 하는 것이 손의 운명인 듯하다. 그래도 일생에 한 번쯤은 모처럼 호사를 한다. 생애의 가장 축복된 순간에 혼인 예물로 예쁜 보석반지를 손가락에 끼는 것이다. 그 성스런 약속이 있기에 평생의 끝없는 봉사도 억울하지 않은 건가? 더러는 손을 복에 비유하기도 한다. 손복이 있어 뭐든 잘 된다는 둥, 행운을 잡는 일에도 손의 힘을 은근히 과시해본다. 또는 '전하를 한 손아귀에' 그리고 '난 척해봤자 부처님 손바닥 안' 등으로 손의 엄청난 위력과 무한한 포용력을 말하기도 한다.

그러나 손이 진정 바라는 것이 있다면 무엇일까? 비록 연약하고 조그만 손이지만 그 손으로 언젠가는 자랑스럽고 보람찬 일을 당당히 해내고 싶지 않을까?

손처럼 재바르게 보이지 않아도 발의 심중은 더 깊고도 무한히 넓을지 모른다. 발의 고통을 체험하신 분은 특히 발의 덕스러움을 강조했다.

발은 인체의 가장 낮은 부분에 있다. 언제나 생색내지 않고, 남들

눈에 띄지도 않은 보이지 않은 곳에 존재한다. 종일, 냄새나는 답답한 구두 속에 처박혀 있지만 주인의 뜻대로라면 당연한 소임인 듯 묵묵히 봉사한다. 지저분하고 험한 곳도, 어렵고 두려워 누구나 가기 꺼려하는 곳도 소명처럼 고지식하게 충직하게 일편단심으로 뛰고 있다. 그저 나아가는 길이 어둡고 치사한 배반의 길이 아니길 바라면서.

사실 콜럼버스나 아문센같이 호기심 많고 용기 있는 개척자들의 발걸음이 없었다면 세상의 문명은 한참 지지부진하였을 것이다. 어떤 위대한 발상도 도전은커녕 그저 머릿속에서 맴돌다 말았을지 모른다. 튼튼한 발로 매일매일 직장에 나갈 수 있으니 활동하여 가족도 부양하고 사회적 역할로 자존감도 느낄 수 있다. 신기한 관광여행도 발이 성해야 갈 수 있고 인간이 노쇠를 판가름할 때도 내 발로 어디에나 갈 수 있을 때까지가 한계일 것 같다. 그런데도 발의 힘으로 이루어지는 온갖 나의 생존감을 건강한 발일 때는 대개 잊고 산다. 생각해보면 발바닥에 땀날 정도로 지금 열심히 살아야 할 건데.

그 누구도 두 발을 손처럼 따뜻하게 맞잡아주는 사람은 없다. 페디큐어로 발톱을 곱게 꾸미는 사람도 있지만 손처럼 늘 치장해주지는 않는다. 그렇다고 발은 사소한 일에 일희일비하지 않는다. 군자 같다. 묵묵히 자기의 본분을 다할 뿐이다. 발은 아무도 몰래 우리 몸의 맨 하층부로 부터 인체의 기본을 지키고 우리 몸의 방방곡곡까지 신경을 써주는 자상한 관리자이기도 하다. 그래서 이제야 사람들이 발마사지를 하는 둥, 좀 중요시하기는 한다. 이제까지 나는 그들이 없는 참담한 생활은 생각지도 않았다. 불의의 사고로 손과 발을 잃고 사는 불행한 사람들을 늘 보며 살면서도.

때때로 발의 행보는 유쾌하다. 더럽고 야비한 인간들을 보란 듯이 뻥, 발길질해줄 수 있다. 월드컵 경기에서는 세계의 너른 벌판에서 대한의 자존심을 신나게 날려볼 수 있었다.

긴 이별에서 반가운 해후로 달려갈 수 있다면, 얼마나 드라마틱하고 신명나는 발걸음일까? 진실로, 인생이 춤추는 발걸음처럼 즐거울 수만 있다면…….

굳이, 인체 건강의 축도라고 부르는 발의 중요성, 발의 덕을 낱낱이 세어서 뭐하랴? 손과 발은 분명 하나밖에 없는 나의 신체이고 나를 대신하는 또 하나의 내 의지意志인 것을.

차창 밖으로 스쳐가는 '손 애 발 애' 라는 저 마사지 집 광고는 새삼스레 나의 귀중품이 무언가, 일깨워주고 있는 것 같다.

2012. 5.

남편은 설치미술가

남편은 자칭 설치미술가이다. 설치미술가라 했지만 실은 남들에게 공인된 통칭은 아니다. 단지 아내인 나에게만 통하는 이름이라서 앞에 '자칭'이란 꼬투리를 달아둔 것이다. 그런데 솔직히 우리 부부는 그 설치미술 방면에는 전혀 문외한이다. 그런데도 스스로 설치미술가라고 으스대는 남편을 보며 그냥 고개를 끄덕이고 있으니 아마도 나는 이미 설득되었나보다.

사전에서 그 설치미술의 뜻을 찾아본 적이 있다. 특이한 것은 여타의 미술품과는 다르게 실내의 공간이나 야외 등에 구성한 작품으로 감상보다는 체험하게 하는 예술이라 했다. 그중에는 소재를 자연에서 취하고 시간과 함께 자연으로 돌아가는 데 관심을 두는 작품도 있다고 했다. 그런데 남편의 작업들도 그 대상이 바로 집과 주위의 자연이 대부분이니 내 생각이 언뜻 맞는 것 같다. 미술이란, 시각적으로 우리에게 미적 감동을 주도록 창작하는 예술인데 남편의 일도 우리 생활의 미화 작업이기에 어찌 보면 같은 의미라고 생각되기 때문이다.

그가 설치미술가연 하는 것은 물론 우리끼리 재미로 하는 말이긴 하다. 그런데 왜 엉뚱한 예술가 타령인지, 애써 따져본다면 이유라고 할 만한 그럴듯한 일이 있기는 하다.

몇 년 전, 외모가 퍽 세련되고 분위기가 지적인 중년부인이 다녀간 적이 있다. 그녀는 뜰 안을 한 바퀴 휘돌아보고 떠나면서
"땅에다 그림을 그리셨군요. 계절이 변할 때마다 어떤 모습이 될지 가히 연상되는군요."라고 말했다. 상당히 멋진 부인이 게다가 근사한 코멘트를 남긴 것이다.

의외의 칭찬에 고무되어 남편은 상당히 감격스러워했다. 그때 마치 예술가가 된 듯한 기분이었나 보다. 그가 원래 농촌 취향이긴 했지만 그 뒤부터 정원 가꾸기에 더 열심인 듯 보이는 것은 공연한 지레짐작만은 아닌 듯싶다.

남편의 설치작업이란 사실 별다른 것은 아니다. 남들처럼 씨 뿌리고, 나무 심고, 전지하고, 자기의 조그만 집을 정성으로 돌보는 일이 대부분이다. 한 해의 시작도 대개 그렇게 시작된다. 봄날, 씨앗을 뿌리고 나서 새파란 싹이 돋을 때의 기쁨이 바로 첫 작품일 게다. 씨앗을 심는 것은 꿈을 심는 일이다. 그 씨가 자라 성장하는 과정이 그가 뿌린 첫 번째 설치작품이다.

그가 해놓은 설치미술 중에는 괄목할 만한 것도 꽤 있다. 가령 흙만 문질러 발랐던 허술한 대문간의 담벼락 처리도 그중 하나다. 거칠거칠 투박한 흙 담벼락을 가리려고 대나무를 나란히 연결해서 병풍

처럼 엮어 세운 것이다. 내가 보기에도 멋진 아이디어였다. 사실 우리 환경에서 눈 설고 흉한 부분을 예쁘게 바꿀 수 있다면 그건 분명 미술적 설치일 것이다.

우리 담 밖은 원래 채마밭이라서 동네 길에 이어져 툭 터져 있었다. 그래서 늘 바깥 언저리가 어딘지 허전한 공간이었다. 남편은 둘레에 측백나무 묘목을 빙 둘러 심었다. 얼마 되지 않아 우리 집은 사철 푸른 허리띠 같은 측백나무 생 울타리 안에서 더 오붓하고 아늑해졌다.

금년 여름에는 동산의 빽빽한 소나무 가지를 쳐내었다. 말라죽은 가지를 톱질하여 간벌을 하고 나니 시원하게 뚫린 수풀 사이로 저 멀리 푸른 하늘이 내다보인다. 봄이면 소나무 푸른 가지 사이로 연분홍 진달래꽃도 보일 것이다. 또 가을이면 하얀 억새꽃이 휘날리는 정취도 맛볼 것이다. 수풀 사이로 먼 하늘까지 우리 정원에 욕심껏 들여오게 되었다.

남편이 자칭 설치미술가로서 강한 자부심을 갖는 데는 사실 더 분명한 이유가 있다. 갤러리의 훌륭한 미술품들에 대한 그 나름의 소견이 있다. 화랑 벽에 걸린 작품들은 감상자의 몫일 뿐, 일단 작품 자체로선 이미 더 이상 변화가 없는 하나의 액자로 걸려있다. 고정된 이미지로 굳어 있다고 보는 것이다. 그러나 자연은 매번 변화하고 새로운 계절 따라 새로운 모습으로 탄생한다. 그러므로 이 세상 어느 명화도 자연을 능가할 수 없다는 것이다. 그런데 남편은 자신이 그 자연을 소재로 설치작품을 한다는, 자부심에 취해 있는 것이다.

그러나 자연을 대하면서 그는 매번 자연의 섭리 앞에 나약한 인간의 모습으로 돌아간다. 언제나 어김없이 변화하는 자연의 질서 앞에 서다. 나이 든 인생이 어찌 시절 앞에 담담하랴? 새로운 계절을 맞을 때마다 그 고운 시절을 몇 번이나 다시 볼 수 있을까, 아쉽고 착잡한 것이다. 그래서 지금의 순간, 이 자리가 너무도 소중함을 느끼게 된다고 한다. 그런 아쉬움으로 자연을 바라본다. 그 연민의 마음으로 자연을 향해 있으면 자연에 동화되고 어느덧 자연을 벗 삼으며 고독한 소통을 하게 된다는 것이다

인간은 애초부터 예술가 기질을 가지고 태어났을 것이다. 누구나 인생이라는 한 장의 캔버스를 공평하게 선물 받은 것이다. 그 캔버스에 꿈을, 자신의 이상을 설치하고 있는 거다. 바로 각자의 삶이 그 자체가 설치예술작품이었다. 그런데 우리는 평생 무엇을 그리려고 했으며 어떻게 설치했던가?

사뭇, 무료해시기 쉬운 노년의 생활은 어떤 이벤트가 있어야 한다고 말한다. 남은 인생이 무의미하지 않고 보람 있고 감동스럽기를 바란다. 그런 면에서 자연을 대상으로 한 설치미술은 나이 든 노년에 마땅한 일 같다. 웃자란 나뭇가지를 잘라 전지를 하면서, 막자란 헛순들을 골라내며 남편은 내년에 돋아날 새 잎과 새 꽃망울, 새 열매를 그려본단다. 다음 해를 기다리며 꽃나무를 재배치하고 새 씨앗을 뿌린다. 기도하는 맘으로 희망을 심는 것이다. 아직도 그에게는 꿈이 진행 중인 것이다.

자칭 설치미술가인 남편이다. 그러나 사실, 꿈을 잃지 않고 자신의 인생을 스스로 설치한다는 작가의식으로 사는 사람이라면 솔직히 멋

쟁이라고 불러도 괜찮지 않을까? 이제 우리는 점점 자연으로 돌아갈 시간이기에 자연에 심취한 남편의 선택은 나이에 어울린 아주 탁월한 선택이라고 믿는다. 그것을 공공연히 지지하고 있는 이 몸은 어느새 팔불출이 되었나 보다.

고양이 세상

 방문을 열고 나가자마자 내 눈에 펼쳐지는 우리 집 마당 풍경! 아, 나는 우선 할 말을 잃는다. 아니, 그저 한숨이 나온다. 마루 밑 토방에 늘비하게 누워 있다가 내가 나온 기척에 화들짝 일어나며 내 기색을 살피는 고양이가 여섯 마리, 한 발짝 마당으로 내려서면 감나무 그늘이 시원스런 마당에 네 활개 쭈욱 뻗고 배 깔고 낮잠에 취한 고양이들이 여기저기 연 널리듯 했다. 누워있는 어미 가슴에 매달려 젖을 빨고 있는 새끼들은 또 몇 마리나 되는지…. 그러니 내가 한숨이 나오지 않을 수 없는 것이다.
 신기하게도 우리 집 고양이들은 올봄 약속이나 한 듯이 한꺼번에 새끼들을 낳았다. 비슷한 시기에 수태를 했는지 고양이 식구가 갑자기 불어난 것이다. 이들 모두가 우리 집에서 기거하는 고양이들은 아니다. 이들 중 두 마리는 상주하고 있지만 나머지는 버젓이 이웃집에다 자리 잡은 놈들이다. 하지만 알고 보면 그들도 모두 전에 우리 집 식구였던 어미들(이미 죽고 없는) 소생이니 전혀 무관한 사이가 아니긴

하다. 그간 분가했을 뿐이기에 출가외인으로 볼 수 있다. 어찌 됐건 새끼들이 태어난 무렵부터 은근슬쩍 어미들이 친정에 몸조리하러 오듯이 몰려든 것이다. 그들이 온 이유는 분명하다. 그놈들은 모두 길고양이들이다. 마을에선 일부러 사료를 주면서 거두는 사람들이 없는데 우리 집에서만 사료를 먹이고 있다. 그걸 아는 놈들이 출산 후 적어도 기본 양식이 조달되는 우리 집으로 거처를 정해버린 것이다. 그러니 나는 아연할 수밖에. 원래 고양이를 싫어해서 본척만척했던 내가 그래도 몇 마리는 미운 정 고운 정이 들어버렸는데, 그토록 대부대가 덤비면 어떡하란 말인가?

그러나 그것들도 생명이니 모른 척할 수 없잖은가? 더구나 출산을 했으니 새끼들을 먹이려면 어미들이 전보다 더 잘 먹어야 하겠지. 울며 겨자 먹기로 나는 그들을 위해 신경을 쓰지 않을 수 없다. 사료 바가지도 전보다 수북하게 챙기고 어디 비린 생선이 없나 둘러봐야 하고.

어느덧 새끼들은 고물고물하던 것들이 엄마 젖을 먹으며 통통하게 자랐다. 한꺼번에 낳은 것이 아니고 십여 일쯤 사이를 두고 태어났는데, 아무튼 몇 놈씩 어미 품에 눌어붙어 오순도순 사이좋게 젖을 먹고 있다. 어떨 땐 네 무더기가 되어 젖을 먹는다. 어미가 넷이니까 4배 소생인 것이다. 물론 애비가 어떤 놈팡인지 우린 전혀 모른다. 다만 짐작을 할 수는 있다. 새끼들이 입고 나온 털옷들 색깔로 저건 까만 고양이가 애비인가 보다, 혹은 그 누런 여우 같은 그놈이 아닌가? 이따금 우리 고양이들을 꼬드기러 오던 그놈이 맞지, 생각할 뿐이다.

네 마리의 새끼들이라 다들 모이니 참으로 고양이 의상 전시회 같다. 어떤 놈은 검정 밤색 하얀색이 골고루 섞여 얼룩빼기고 어떤 놈은 새하얀 털 코트에 까만 점 두 개를 머리 사이에 찍고 나와서 나는 대번에 '두점'이라고 이름을 지어버렸다. 흰 바탕에 진회색 조끼를 입고 눈이 똥그란 놈은 그 검은 눈이 너무 매력적이다. 눈 옆선으로 기다랗게 아이라인이 뻗쳐서 시저를 유혹하던 클레오파트라 눈 화장이 무색할 정도이다.

한동안 나는 우리 집 새끼 고양이 수를 짐작할 수가 없었다. 어떻게 어미들에게 교육을 철저히 받았는지 고양이 새끼들이 사람만 보면 즉시 숨어버리고 수줍음을 타서 제대로 볼 수가 없었다. 오늘 아침에야 대충 세어보니 열다섯 마리 이상인 것은 확인되었다. 그 이상 또 어디에 새끼들이 있다 튀어나올 것인지 알 수는 없지만. 어쨌든 어미 암고양이 네 놈과 수고양이 두 놈 해서 여섯 마리에다 새끼들 열다섯만 합해도 무려 스물한 마리가 되는 셈이니 내가 어찌 한숨이 나오지 않겠는가?

수많은 고양이들을 거두다보니 그들이 근친결혼이 다반사라는 걸 알게 됐다. 어차피 촌수도 헤아리기 어려워졌고 정확하게 항렬 찾아 이름 짓는 것도 힘들었다. 이번은 ABCD순으로 지을까 하고 제일 예쁜 놈을 에이꼬라고 지어두었다. 우리 집 고양이 족보는 원래 '꼬' 자로 항렬을 붙여왔다. 앞이건 뒤에 고양이 '고' 대신에 박력 있게 '꼬'를 붙이자고 한 것이다. 그렇게 특색을 찾아 지어주던 이름도 비슷한 외모가 많아져서 2세 3세 하다 보니 복잡해져버렸다. 이젠 성의 없게

고양이 세상 41

도 지난번 새끼는 1꼬 2꼬 3꼬로 마구 불러버렸다. 이번에도 쉽게 알파벳 순으로 붙이자고 한 것이다. 물론 아주 특징이 있는 놈은 예외이다. 즉 '두점'이 같이 이마에 점 두 개를 뚜렷하게 붙이고 태어났을 경우에는 자기 스스로 이름을 달고 나온 셈이다.

오늘도 아침 사료들을 배불리 먹여놨더니 지금 마당 여기저기에 모두 편안하게 드러누워 있다. 고양이들이 완전 우리 집을 고양이 세상으로 만들어놓았다. 나는 성가시다면서도 그놈들 앙증스레 뛰어노는 모습과 그 예쁜 털코트 모양을 구경하느라 늘 헤헤 웃고만 있으니 한심하다. 이따금 그 귀여운 모습들을 서울 애들에게 보내주려고 열심히 휴대폰 사진기로 순간을 포착한다.

그런데 뭣보다 이해할 수 없는 것이 고양이 세계인 것 같다. 어떤 고양이가 어떤 어미 소생인지 전혀 알 수가 없기 때문이다. 새끼들은 어떤 엄마 젖이건 닥치는 대로 먹고 있다. 다시 말하면 어미들이 누구 새끼건 가리지 않고 젖을 준다는 얘기이기도 하다. 희한했다. 짐승들 중에 개가 고양이에게 젖을 준다든지 하는 특이한 사례는 있었지만. 그것은 대개 어미가 사정이 있는 특별한 경우였다. 그런데 우리 집 고양이들은 한마디로 공동사육장 형태 같다. 어떤 엄마이건 누워있는 자세면, 아니 무조건 새끼들이 덤비고 안기고 해서 젖을 내놓으라며 가슴을 헤집는다. 제 새끼 아니라고 발길질하는 어미도 없고 제 어미 찾아다니느라 킁킁대는 놈도 없다. 흔히 고양이를 깍쟁이 앙큼쟁이, 하며 질시하는데 그 이미지가 전연 아니다. 나는 아직까지 고양이들이 음식을 탐내며 서로 싸우는 걸 본 적이 없다. 만날 때마다 서로 머리를 살짝 부딪치며 뽀뽀로 인사하고 털옷까지 깨끗이 핥아서 살뜰하게 빗겨주는 예의 바르고 친절한 족속이 고양이다. 의외로 다정하고 소탈한 그들의 모습에 놀라게 된다. 지금도 마당에 젖을 먹고 있는 저 에이꼬, 노라꼬, 까마꼬가 모두 한 어미 소생이 아닌 것은 확실한데 누가 어미인지 이모인지 고모인지 모르는데도 사이좋게 나란히 젖을 물고서 새끈새끈 꿈나라에 가서 놀고 있다. 너무도 평화로운 모습이다. 한낮에 감나무 시원한 그늘 아래 누구 품인지 따지지 않고 또 누구 자식인지 차별도 않고 저렇게 무심태평하게 천국을 누릴 수 있는 세계가 부럽다. 인간 세상도 아무도 경계 않고도 이처럼 사이좋게 걱정 없이 살 수 있는 그런 평화가 온다면 오죽 좋을까.

2016. 6. 18.

전지 유감

비가 그치고 나니 할 일이 너무 많다. 긴 장마 통에 물기를 흠씬 머금고 나무들이 우르르 자라버렸다. 방학 동안 잠깐 못 보는 사이에 한창 성장기의 아이들이 성큼 커버리듯이. 자두나무, 매실나무 가지들도 하늘을 향하여 찌를 듯이 솟구쳤다. 여기저기 무성한 잎가지들이 활기차고 어기찬 기세로 너풀대고 있다.

"여름 전지 어서 해줘야 되겠네. 답답해서 그냥 못 보겠어요."

내가 또 발동을 걸고 있었다. 하루 빨리 전지를 하자고 은근히 재촉하는 것이다. 눅눅한 날씨에 우장을 덮어씌우듯 무성해진 나무들이 집안이고 뜨락이고 에워싸고 있다. 여름날은 날로 무더워오는데 오랜 우기 끝에 짙푸른 녹음마저 침침하게 점령해올 듯싶다. 참을성이 적은지 성질 급한 나는 언제나 서두르는 편이다. 그러나 결국 무슨 일이나 남편이 앞장서야 일이 시작된다. 우거진 수풀을 낫으로 헤쳐 주며 길을 미리 터주는 것처럼 그가 언제나 앞장서야 되는 일이다.

큰 나무의 억센 줄기를 자르는 것도 힘이 센 남자들 몫이다. 여자인 나는 겨우, 나무 아래 서서 대나무 작대기나 들고 "저어기 그쪽이 더 무성해 보이네요. 거길 많이 쳐내버리세요. 아니, 거기 말고 그 아래라니깐." 등등. 나무 등에 올라타 있는 남편에게 소리나 지른다. 나는 그저, 나무 아래 서서 그가 볼 수 없는 부분을 간짓대로 가리키는 역할이나 하고 있을 따름이다. 높은 사닥다리 위를 올라가 가지에 위태롭게 의지하면서 목을 앞뒤로 빼고 가위질을 해야 하는 힘든 일은 당연히 남편이 떠맡는다.

"응. 장마가 그쳤으니 이제 여름 전지를 시작해야지."

대체로 남편은 이렇게 대꾸한다. 언제나 곧바로 나서는 법이 없다. 나무 자르는 일도 심사숙고 하는지 뜸을 들인다. 그는 매사에 생산적인 사람인지라 항상 심고, 가꾸고, 보는 걸 좋아한다. 그런데 나는 나무 어디를 자를 데 없나, 그것만 노리고 있다. 뜰은 한정되어 있는데 자꾸 커가는 나무를 그냥 두고만 볼 수 없는 것이다. "뭐, 몇 백 년 묵은 노거수도 아니고 역사와 전통을 지켜야 되는 고목도 아닌데." 하면서.

확실히 나는 남편에 비해 비정한가 보다. 나무를 베어낸다던지 옮겨 심을 일이 생길 때마다 신이 난 듯이 서두른다. 머뭇거리는 남편에게 "고름이 살 되는 거 아니잖아요? 여기도 자르고, 저기도 쳐내버립시다." 하며, 등 뒤에서 은근히 남편을 몰아세운다. 물론 키 작은 회향목이나 철쭉 같은 관목들은 내 차지다. 사실 나는 전지 기술을 배운 적이 없는 완전 허당이다. 그런데도 나무 맵시를 낸답시고 서슴 없이 우쭐대며 나서는 것이다. 그런 내 모습을 "선 무당이 사람 잡는다."고 할 것이다. 사실은 내심으론 당당하지만은 않다. 싱싱하던 가지가 한순간에 잘려 땅바닥에 내쳐진 것을 보면 덤덤한 내 심장도 가책이 되고 아픔이 온다. 그리스 신화 속에, 생명을 하찮게 알던 오만한 시민 '에뤼시크톤'이 참나무를 잘라버려서 나무들의 여신에게 저주받아 걸신들린 벌을 받았다는데 나도 우리 나무들에게 행여 못된 짓을 하다가 벌을 받지나 않을지, 슬며시 걱정도 된다. 인삼 한 뿌리를 캐면서도 하늘에 주과를 올리며 기도한 뒤에 지극히 삼가며 나선다고 하잖던가? 어디선가 가녀린 이파리들의 외마디도 들리고 남아 있는 가지들이 불안에 떠는 소리도 들리는 것 같다.

돌이켜보면 우리 부부는 한 그루 나무를 심을 때마다 그냥 심지는 않았다. 꽃과 나무에 대한 의견 차이로 시도 때도 없이 티격태격했다. 어설픈 상식만 가지고 확실하지도 않은 뜬 정보를 내세우며 왈가왈부하며, 우물가에서 숭늉 찾는 격으로 무조건 근사한 정원의 꿈에만 부풀어 있었다. 어떤 때, 항상 머리에 두고 있던 귀한 나무라도 얻어 심게 되었을 때는 얼마나 가슴이 콩닥거렸던지…. 지금 생각하면 그때의 정열이 그립다. 그런 우리가 이제 전지를 하겠다고 서슬 퍼렇게 덤비는 건 어이없는 일일 수도 있다. 정성들여 심을 때는 언제고 이제 필요 없다고 잘라 내다니…. 나무가 소리 없이 항의할 것이다. 알고 보면 나무의 내력이 우리 집 역사이기도 한데 말이다.

인간사도 마찬가지인 것 같다. 회사 창업 때부터 벽돌조각 마주 들며 고생했던 직원들을 회사 규모가 커지면서 구조 조정한다. 사주는 함께 고생했던 동료며 직원들을 몰인정하게 자르게 된다. 토사구팽

당하는 실업자들이 어쩌면 단칼에 잘려 우리 집 마당가에 팽개쳐진 나뭇가지 신세다. 결국은 인간적 신뢰를 배반하는 셈이고 개인적으로는 평탄한 가정의 행복을 박살내버린다. 공익을 위해서라는 명분이다. 사실, 구조조정이란 명목으로 자신들의 비리와 사적 이익을 위해 사원들을 희생하는 비인간적 부도덕과 파렴치도 있는 것이다.

우리는 바로 그 비정한 경영주 입장인 것이다 그러나 어쩔 수 없이 세상은 양지와 음지로 존재하는 것도 현실이다. 그러니까 결론은 전지는 아주 신중히 심사숙고해야 된다는 것이다. 미래를 위해, 공익을 위해 구조조정을 해야 하듯이 나무를 위하고, 인간을 위하는 그런 슬기로운 전지를 해야 한다.

나무 가꾸기가 세상살이와 흡사하다 했다. 인간사회도 나무들처럼 제거해야할 일들이 꽤 있는 것이다. 내 자신의 모습을 나무에 비교해본다. 세상에서 나는 과연 제대로 내 자리를 잡고 살고 있는가? 쓸데없는 가지처럼 전지해야 될 부분은 어디 없는가? 남편에게 늘 지적받고 있는 내 고집은 내 말대로 진짜 자존심이 맞는가? 아니라면 서둘러 잘라 내야 할 부분일까? 대개, 남의 일은 이러쿵저러쿵 흠집을 들추며 성토를 하면서도 정작 자기의 모자람을 지적받는 것은 억울해 한다. 솔직히 내가 남을 위해 배려하고는 살았던가? 그동안 나는 무슨 일이나 내 중심으로 생각하고 살았었는데. 어쩌면 나는 멋대로 넝쿨과 잎사귀만 뻗어버린 철면피한 나뭇가지 같은 존재가 아니었는지 모르겠다.

그러나 좀 더 고운 꽃을 보기 위해, 보다 튼실한 열매를 바라며 나무는 적당한 때에 반드시 전지를 해야 되는 법이다. 뭐든 제때에 한다는 것은 아주 중요한 것이다. 교육시기, 결혼시기 같은 게 있는 것처럼. 정원수들은 들판이나 산위에 있는 자연수와는 다르기 때문이다. 정원수는 아름다운 삶의 터를 꾸며주는 설치물이기도 하다. 사람의 돌봄이 필요하다. 가지가 너무 빽빽하다든지, 병든 가지 또는 주위에 방해가 되는 등 문제가 될 나무는 제거대상이 된다. 아무리 훌륭한 나무도 적소에 제 개성을 드러내지 못하면 제값을 못하는 것이고 못생긴 나무라도 설 자리를 찾아 잘 가꿔주면 괄목할 자태로 재탄생된다. 모든 건 전지 기술에 따라 새롭게 창조될 수도 있다. 전지기술은 가장 조화로운 모습을 만드는 창작기능이며 묘기이기도 하다.

　자연의 질서를 위해서 산에서는 간벌을 하고 우리 정원에서도 상생을 목적으로 미화를 위해서 전지를 해준다. 늙은이가 유능한 젊은이에게 즐거이 맡기고 물러나듯이 미래를 위해 자리를 비켜주는 잘린 가지들은 살신성목殺身成木의 명분이 된다. 그것이 전지의 사명이요 미덕일 것이며 전지의 요점이요. 이유라고 생각한다.

　그동안 우리가 욕심대로 심어놓고 보니 이제는 그 욕심 탓에 죄 없는 가지를 잘라내고 솎아내야 된다. 그렇게 인간이 죄업을 짓고 또 짓는다고 불가에서 말을 한다. 그러나 자연도 소중히 보살펴야 되는 우주의 유산이라면 인간이 자연을 가꾸고 지키는 것은 더 아름답고 더 조화롭게 하는 일이다. 사람은 살아가면서 힘든 현실 속에서 계속 부닥치고 상처를 입으면서도 성장하게 된다. 전지한 나무도 충격과 상처를 입지만 그것은 한 단계, 한 단계 나이테로 새기는 삶의 발전이고 성찰이 되리라.

  금년에도 복을 받아 계속 일기가 좋고 나무가 무성하게 자라고 있으니 우리가 전지해야 할 부분은 또 생길 것이다. 그러면 나는 서슴없이 뜰로 내려가 어디에 어떻게 가지가 뻗어 있나 노려보며 새로 잘라낼 가지를 점찍고 있을 것이다. 남편도 역시 변함없이 나무를 돌보면서 삶의 의미를 겸허하게 배울 것이고, 그것은 우리의 전원생활 중 아주 귀중한 한 부분인 것이다.

2010. 10. 8.

"좋은 삶이란 무엇일까? 아마도 균형과 조화로움이 잘 이뤄진 삶을 말할 것이다. 그것은 누름돌 주위를 고루고루 단속하는 것처럼 여러모로 빈틈없는 배려 없이는 이룰 수 없는 일이다. 주부의 소임 역시 바로 그런 오묘한 조화를 위한 누름돌의 덕목이 아닐까?"

2부
누름돌

우리 집의 세계지도

　우리 집 안방의 출입문 좁다란 문중방 위에는 세계지도 한 장이 붙어있다. 정확히 말하면 안방에서 부엌으로 나가는 작은 사잇문 위에 붙어있다. 파란 바다 바탕색에 노란색 땅덩어리가 넓게 펼쳐 있어서 그쪽 벽마저 더 환하고 시원하게 보인다. 책상에 앉아 있다가 고개를 돌리면 지도가 아주 가까이 보인다. 고개를 숙여야 겨우 드나들 수 있는 낮은 문틀 위라서 오대양 육대주가 눈앞에 성큼 다가올 정도로 가깝고 선명하다. 물론 지도 안에 표시된 글자들은 내 시력으로는 전혀 알아보질 못하지만 붉은색으로 굵게 표시된 줄들이 나라와 나라의 경계라는 것쯤은 알 수 있다. 좀 더 가까이 다가가면 가늘게 거미줄처럼 얼키설키 난 줄이 철도나 도로망이고 하늘의 항공로와 바다 위에 그어진 항해선도 보인다. 그것만으로도 내가 알고자 한다면 어떤 궁금증 등은 조금쯤 알아낼 정보가 상당히 들어있을 것이다. 그런데 나는 새삼스럽게 어떤 글로벌한 정보를 얻으려거나 뒤늦게 지리공부를 하려고 지도를 거기 붙여 놓은 것은 아니다. 또 어느 노시인처럼 치매 예방을 위해 각 나라의 수도 이름을 외우려고 의도적으로 붙인 것도 아니다. 꼭 무슨 목적이 있어서 지도를 산 것은 아니지만 그렇다고 아무 생각 없이 무작정 거기 붙여 놓은 것도 아니다.

왠지 지도가 있으면 좋을 것 같았다. 나이 들수록 초등학교 때 기억이 생생하다. 그때 배운 것들이 내 일생 살아가는 데 상당한 자산인 것 같다. 그 시절 담임선생님은 지도를 자주 그리게 하셨다. 덕분에 세계 지도도 그리고 토끼 같은 우리나라 지도도 여러 번 그렸다. 그래서 아무리 세계가 많이 변했다고 해도 눈을 감고도 영국이 어디쯤 있고 자유의 여신상이 있는 뉴욕은 어디쯤인지, 그리고 세계적인 미항 시드니항이 커다란 섬나라 호주에 있다는 것쯤은 대강 알고 있는 것이다. 사물에 대한 익숙한 기억은 그만큼 친숙한 느낌이다. 그런데 그 친숙한 존재를 가까이 두고 있으면 세상이 조금 가깝게 느껴진다. 이 나이에 직접 세상 여러 곳을 돌아다닐 수가 없다. 육체적 조건도 경제적 여건도 그걸 가볍게 실행할 수가 없다. 아쉬운 대로 여행을 못한 부모님 세대보다는 많이 다녀왔기에 지긋이 마음속 풍선을 누르면서 달랜다. 그래서 지도를 보면서 맘속으로 언젠가 떠날 여행을 그려보는 꿈에 젖는 것도 아니다. 실은 안방 TV극장에서 세계를 지켜보는 맛도 현장감은 없어도 괜찮았다. 그렇다고 그런 이유로 세계지도를 사다 붙이지는 않는다.

지도를 보며 특히나 세계지도를 보면서 우리나라가 육대주 중에서 가장 한복판에 자리 잡고 있는 걸 알았다. 땅덩이는 조그만데 큰 대륙을 이고 암팡진 다리를 뻗치듯 야무지게 붙어있다. 뭔가 세상원리를 공부한다는 미래학자들 말씀이 우리나라 위치가 세상의 중심이기에 머지않아 중심적 역할을 할 주요한 나라가 된다고 했다. 아무래도 그 말이 일리가 있는 듯이 생각된다. 은근히 그 말을 믿고 싶다. 우리는 세계에서 유일하게 한 나라가 두 토막으로 나뉘어 싸우고 있다. 부끄럽게도 동포끼리 싸우고 있는 판이다. 세상 사람들 눈에 싸우는 국가는 조금 걱정거리면서도 또한 흥밋거리일 것이다. 그래서 주목하게 돼있다. 그런데 세상의 주요국가가 되려면 중심적 역할을 잘해야 될 것이다. 우리를 둘러싼 미, 러, 일, 중 4대 강국이 호시탐탐 자국의 이익을 위해 집적거릴 때 우리는 중심을 잘 잡고 그들을 저울추처럼 매달고 있어야 한다. 머리 좋고 슬기로운 배달국민이니까 근시안적으로 눈앞의 작은 이익에 쏠려 우왕좌왕 체신을 잃기보다 오히려 그 4대국을 요리조리 흔들며 중심을 잃지 않고 요리해야 할 것이다. 어차피 지정학적으로 모두가 주시하는 복판에 있다면 그걸 여유롭게 조종자 관점에서 거시적으로 처리한다면 미래 학자들이 주장하는 그런 나라도 될 성싶다.

나는 이제까지 아프리카 대륙에 대해서 너무도 무지했었다. 그저 끝없는 원시림에 검은 눈을 번쩍이는 맹수들이 숨어 있고 문명을 등진 검은 피부의 원주민이 사는 정글만 연상했었다. 영화나 소설에서 만난 이야기에 굳어진 선입관이었다. 오늘날 아프리카 그 넓은 대륙이 얼마나 문명한 세상이 됐는지, 올림픽의 꽃 마라톤의 월계관을 매번 그 누가 석권하고 있는지 모르는 사람이 없다. 이제 세계열강들은 그 드넓은 대륙의 무진장한 자원에 잔뜩 눈독을 들이고 있는 참이다. 내가 모르는 사이에 세상이 훨씬 커지고 넓어진 것을 깨닫게 되었다. 그동안 많은 나라들이 자유를 찾아 분리와 독립을 했기 때문이다. 심지어 존재도 없을 정도로 이름도 모르는 작은 섬나라들까지도 어엿이 세계의 뚜렷한 일원으로 부상하고 있는 것을 알게 되었다. 내 기억엔 기껏해야 태평양의 솔로몬 군도, 바하마 제도 같은 이름만 가물가물한데. 누구도 눈여겨보지 않던 섬나라들도 지금은 세계인들이 서로 필요에 따라 관계를 맺거나 자국의 이권을 위해 추파를 던지고 있다. 아, 그러고 보면 그 깨알 같은 작은 나라에 비해 우리나라는 얼마나 크고 대단한지 모른다. 우리는 이 한반도에서 얼마나 오랜 역사와 전통을 이어왔던가? 생각하면 너무나 자랑스럽고 뿌듯하다. 자부심이란 눈높이를 조금만 아래로 내리깔면 얻을 수 있는 상대적 만족감이 아니던가.

세계지도를 보면 세계가 그다지 멀지 않은 느낌이다. 더구나 아는 지명을 더듬으며 다시 확인했을 때 오랜만에 친구를 만난 듯 반갑기도 하다. 또 새로 알게 된 신흥국을 찾으면 마치 새 친구를 사귀듯 작은 흥미가 난다. 언젠가 그 나라의 낯선 도시를 찾을 생각인지도 모른다. 가벼운 배낭을 메고 이국 거리를 두리번두리번 거니는 방랑객을 꿈꿔보는 맛도 괜찮다. 겨우 바람벽에 알따란 지도 한 장을 붙여놓고 내가 세계인으로서 그들과 함께하는 존재감을 즐기고 있다니.

때로는 우리나라 지도를 더듬을 때가 있다. 맨 남쪽 전라도 구석으로 더듬어가다가 내 눈은 무의식적으로 나도 몰래 잊고 있었던 그곳으로 달려간다. 거기, 못난 듯이 박혀있는 자그마한 시골, 그리운 내

고향을 발견했을 때 두근거리는 가슴에 불끈 애향심이 솟아난다. 세계지도에서 우리나라를 찾을 때도 역시 같은 흥분이 일어난다. 그 넓은 세계 속의 한국, 내 조국을 확인하면 역시 마찬가지로 잠자던 내 애국심도 새롭게 다져지는 것 같다. 내 존재도, 세계 속 일원으로서의 나의 정체성도 되살아나는 것이다. 세상은 무한히 크고 넓지만 지극히 미미한 나 역시 세계의 한 자리를 분명히 차지하고 사는 세계인이라는 당당한 의식이다.

세계지도를 보며 때때로 오대양과 육대주 한가운데 분명히 점찍은 나라에 내가 살고 있는 것을 새삼 확인하게 된다. 우리 집 안방에서 세계는 가까이 있고 나는 때로 그걸 인식하는 즐거움에 잠긴다.

2014. 1. 23.

누름돌

 장아찌를 담글 때마다 늘 아쉬운 게 누름돌이다. 마땅한 누름돌이 없어서다. 누름돌이란, 장아찌를 담글 때, 항아리 속 재료가 뜨지 못하게 맨 위에 얹어서 지그시 눌러주는 묵직한 돌덩이를 말한다. 대개, 채석장에서 깬 듯, 날 서고 반듯한 돌덩이보다는 세월의 물살에 닳고 닳아 동그스름하고 묵직하고 반들반들한, 그런 돌덩이를 누름돌로 쓴다. 양파나 깻잎 등 해마다 장아찌를 한두 번 담그는 것도 아닌데 나는 매번 장아찌 담글 때서야 누름돌을 챙기곤 한다. 생각해보니, 내가 평생토록 살림고수가 못 되는 이유가 바로 그런 부분이었지 싶다.
 여름철에 오이지 담글 때는 반드시 누름돌로 눌러야 한다. 그런데 여기는 남쪽 지방이라서 서울내기들처럼 오이지를 즐겨 담그지 않는다. 서울사람들은 여름만 되면 갸름하고 날씬한 백다다기 오이를 접으로 사다가 짠물에 눌러두고 송송 썰어 시원한 물에 동글동글 띄워 물김치로 먹는다. 우리 남녘에선 그저 삼복더위에, 입맛 없을 때,

절인 오이지를 얇게 썰어 꼭 짜서 매운 풋고추서껀 불그스름히 무쳐 먹는 게 고작이다.

　누름돌 돌덩이는 대개 강변에 가야 많았다. 바닷가 몽돌이 딱 제격인데, 반출이 금지되어 그림의 떡이고, 하천정비 탓인가, 두리넓적한 돌덩이가 뒹굴던 강가의 자갈밭도 어언 사라졌다. 어느 돌덩이가 항아리 뺨에 맞을까, 반들반들 야무진 돌덩이는 어디 있나, 빨래하러 간 김에 뒷짐 지고 갸웃거리며 어슬렁어슬렁 강변을 훑고 다니던 때가 언제던가 싶다. 장마 뒤 냇가의 돌서덜에서, 큰 물살에 밀려 나온 그중 동실 토실한 돌덩이를 끼고 와 언제까지나 장독대에 두고 장아찌 박을 때마다 누름돌로 썼건마는.

　누름돌이 어찌 장아찌 담글 때만 필요하랴? 사실, 우리네 삶에서도 분명 누름돌 같은 묵직한 존재가 때때로 필요할 성싶다. 우리들의 일상은 대부분 거품같이 허황한 게 현실이다. 너도나도 자아 없이 돌개바람 속에 휩쓸려 부화뇌동하게 되는데, 그렇게 분별없는 혼돈 속에서도 차분한 자제력이 되는 이성적 존재가 바로 누름돌의 역할이지 않을까?

　나는 이따금 누름돌의 뚝심 같은 확고한 존재가 그립다. 삶의 줄기를 똑바로 잡아주고 서슴없이 바른 길로 이끌어줄 신뢰 넘치는, 그런 중후한 인격의 어른이 아쉽다. 요즘엔 그런 존경스런 어른의 따끔한 가르침이 없다. 무지하고 험한 반발이 두려워 보신과 체념으로 물러서는 비겁한 어른세대들뿐이고, 현실적으로 눈앞의 이익에 약해져서 원칙도 변칙이 되는 세상이 되어버린 것이다.

누름돌의 위력을 확실히 경험한 적이 있다. 내가 초등생이던 6·25 동란, 바로 9·28 수복 직후였다. 인민군들이 B29 미군기에 밀려 후퇴하던 때, 우리 동네에도 코쟁이 미군들이 들이닥쳤다. 흥분한 동네 사람들이 태극기를 치켜들고 환영하러 나갔다. 소문을 듣고 황망히 들어오신 어머니도 깊이 감춰둔 태극기를 찾기 시작했다. 아버지가 말렸다. 좀 기다려보자 하셨다. 그리고 얼마 지나지 않아 어디선가 콩 볶는 듯한 따발총 소리가 들리고, 참으로 끔찍한 일이 벌어졌다. 미군은 우리 동네를 잠시 스쳐만 지나갔고 그들이 떠난 후, 근처 산에서 되돌아온 인민군들이 태극기를 들고 나간 동네사람들을 강둑에 세워놓고 모조리 총살해버린 것이다. 그 참혹한 날, 어머니의 흥분을 눌러준 아버지의 만류는 하마터면 잃을 뻔한, 우리 가족의 소중한 목숨을 지켜준 크나큰 누름돌이었다.

지금 우리 집에서는 남편이 또한 그런 누름돌일 것이다. 인생이란 항해에서 언제나 식구들의 안녕을 위해 그는 온 힘을 다하여 단단하게 키를 붙들고 있다. 출렁이는 뱃전의 중심을 잡고 있는 묵직한 닻과 같다. 가장이란 자리는 참으로 막중한 누름돌인 것이다.

평생토록 남이 모르는 누름돌도 있다. 여인들 가슴 속에 박힌 오래된 누름돌이다. 늘 자신보다도 엄마의 몫, 아내의 몫으로 살기에, 참는 것이 미덕이라고 스스로 짓누르고 사는 누름돌이다. 못난 자존심처럼 세월의 풍상에 은결들은 맘을 누름돌로 누르고 산다.

인생에선 한 줄의 잠언도 고매한 선인들의 발자취도 자신을 돌아보게 한 누름돌이 되곤 한다. 그동안 나는 평범한 일상의 고마움도 모르고 버거워했다. 그러나 때때로 아이들의 말똥말똥한 눈망울을 보면 흠칫 내가 그들의 누름돌이어야 함을 깨닫는다. 또한 내 아이들이 내 인생에 가장 큰 무게, 나의 누름돌임을 다시금 깨닫게 된다.

기본을 지키며 원칙대로 사는 것은 힘 드는 일이기는 하다. 나는 갈수록 꾀가 나는지 그저 뻔한 살림살이에도 뭐, 수월한 것이 없나 살피게 된다. 하다못해 누름돌도 맞춤한 게 보이지 않으면 대충 손쉬운 나무젓가락을 적당히 질러 넣고 그 위에 벽돌조각을 비닐로 싸서 올려놓기도 한다. 참으로 볼품없게 거춤거춤 하는 살림새다. 만일 누름돌이 제대로 골고루 눌러지지 않으면 장아찌 재료는 옆구리로 불거져 나오고 곰팡이도 슬 것이다. 대개 항아리 전두리는 좁아서 맞춤한 돌이 들어가기 어렵다. 자연히 속에선 빈자리가 생기기 마련이다. 돌이 채우지 못한 나머지 부분은 댓가지로 스크럼 짜 누르거나 군색한 대로 나처럼 만만한 나무젓가락이라도 눌러 주위를 단속해주는 것이다. 판판하게 균형을 잡기 위한 것이다.

좋은 삶이란 무엇일까? 아마도 균형과 조화로움이 잘 이뤄진 삶을 말할 것이다. 그것은 누름돌 주위를 고루고루 단속하는 것처럼 여러모로 빈틈없는 배려 없이는 이룰 수 없는 일이다. 주부의 소임 역시 바로 그런 오묘한 조화를 위한 누름돌의 덕목이 아닐까? 든든한 누름돌 밑에서 장아찌가 제대로 익듯이, 가정도 사회도 부실한 누름돌 아래서는 건강할 수 없을 것이다. 지난 시절, 부모님의 잔소리도 선생님의 훈도도 모두가 우리를 보살피고 다독이던 누름돌이었는데, 이제는 다만 회한이고 그리움일 뿐이다.

모르는 사이, 우리는 서로의 누름돌 아래 살고 있지 않았을까?

자꾸만 어긋나고 비뚤어지는 세상에 너와 나는 서로서로 굄돌이 되어 의지하고 살아왔을 거다. 서로에게 따뜻한 관심의 누름돌로 다독거리며 사랑했기에 그동안 우리가 안락한 삶을 이루지 않았을까?

세상은 점점 각박하고 한심해진다. 암울한 사회분위기에 삶의 터전은 갈수록 불안하다. 하지만 그런 어려움 속일수록 서로의 힘은 더욱 필요하리라. 세상에서 우리는 서로가 의지하고 사는 공생의 인연들이다. 그러니 하찮은 존재끼리라도 서로에게는 묵직한 믿음으로 피차간 균형이 되고 조화가 되어줘야 하리라. 나는 그렇게 믿고 싶다. 우리는 서로가 서로에게 아주 각별하고 소중한 누름돌 같은 존재라고.

2015.

호강에 초를 치다니

 이따금 호강에 초 친 소리 하고 있다고 남편에게 핀잔을 듣는다. 누리고 있는 형편을 고마워하기는커녕 불평이나 해대고 있다는 얘기다. 나도 알고 있다. 내가 아직까지도 주제파악도 못하는 철딱서니 없는 애들 같다는 것을.
 이른 여름 날, 나는 텃밭에 바구니를 들고 나간다. 미끈한 가지도 따고 날씬한 오이도 잔뜩 딴다. 삽시간에 바구니는 수북하게 넘쳐난다. 흐뭇하다. 그런데 아직도 텃밭에는 아욱이랑 상추랑 쑥갓들이 퍼렇게 너울거린다. 그럴 때, '어서 잘라주고 솎아주어야 될 텐데.' 이렇게 조바심다 보면 이내 나는 딴 생각이 난다. 게으른 나는 풍성한 수확에 입이 함박만 하게 벌어졌다가도 어느새 그 기분은 잠깐이고 갑자기 할 일이 한 짐인 양 답답해져버리는 것이다.
 "이걸 언제 다 다듬지? 이번엔 누굴 갖다 줘야 해?"
 나는 소리 내어 볼멘소리를 하다 남편에게 호강에 초 친 소리 말라고 한소리 듣는 것이다. 채소가 한창일 때 밭에 나가보면 주렁주렁 매달린 오이, 가지, 고추들이 싱싱한 몸매를 뽐내며 나를 보고 벙긋 벙긋 웃는 것 같다. 그동안 공들인 결과가 공짜로 생긴 선물처럼 옹 골지다. 모든 게 고맙고 감탄이 절로 나온다. 나는 채소밭을 열심히 가꾼 남편에게 당신이 수고한 결과라고 공치사도 해주고 자연이 베 풀어주신 이 위대한 작품에 당연히 찬사를 보낸다. 그러나 어제도 가 지나물 가지전 가지김치 실컷 해먹었고 오이는 아침부터 아삭아삭 생으로 먹고 소박이로 먹고 때로는 마사지도 하고 아욱국은 며칠거 리로 해먹고….

이웃집에도 친척집에도 이따금 갖다 드렸다. 사실 이쪽은 남는 채 소이니 맛 좀 보시라고 아무 부담 없이 드리고 있건만…. 또 모두들 고맙다고 반갑게 받아주긴 했었다. 허지만 나는 알고 있다. 세상에 대가 없는 무료봉사는 별로 없고 공짜가 없다는 것을. 이쪽은 순수한 마음이라지만 어느 결엔가 고맙다는 웃는 인사에 나는 인심 썼다는 만족감을 챙기고 또 먹을 것을 소홀이 하고 헛되이 버리지 않았다는 양심의 담보까지 얻었으니까.

그러나 나는 이 더운 날 낱낱이 채소들을 다듬어 남의 집에 갖다 줄 일이 큰일이다. 더운 날이니 언제까지 놔둬서는 안 되는 신선한 채소가 아닌가?

"아무개야, 이거 갖다가 나물이나 해먹어 봐. 참말 맛있더라니까. 어따, 사양 말고 뽑아다가 국 끓여먹으라니깐."

이렇게 허물없이 나물거리를 던져주며 소탈하게 이웃과 터놓고 지 내지도 못하는 나다. 매번 그 집 대문이 열려있나, 문간에 지켜 앉은 무서운 개는 없나 소심하게 살피며 어렵게 대문을 밀고 들어가야 한다. 채소를 전해주고 돌아올 때야 기분이 날아갈 듯 바뀌게 되지만.

언젠가 친구에게 들은 얘기가 있다. 은퇴 후 농사가 취미였던 친척이 있었단다. 평시 농사가 꿈이었던 그분은 호박이니 갖은 채소를 잔뜩 심어 집집이 선물배달을 하더란다. 처음에는 손수 지은 정성스런 유기농이라 반갑게 받아먹었는데 자주 보내니 넣어둘 냉장고도 가득 찼고 허구한 날 그것만 해먹을 수도 없고 차라리 처치 곤란하였다고 했다. 보내신 분은 이쪽의 고맙다는 말에 신이 나서 보람 있었겠는데. 같은 아파트에 사는 사람들도 누군가가 문고리에 매달아 놓은 채소 담겨진 비닐봉지에 첨엔 산타할아버지 선물인 양 고마워했다가 차츰 뭔가 보답을 해야 하나 하고 부담을 느꼈을 것이다. 세상에 공짜가 없는 걸로 그들은 알기 때문이다.

남의 얘기 할 것도 없다. 실은 나는 혼잣소리를 할 때가 있다. "밭에 채소가 없었다면 내가 해먹고 싶을 때 시장에 가면 깨끗이 다듬어놓은 것 적당히 필요할 정도만 사서 해먹으면 될 텐데. 냉장고에 이 뭉치 저 뭉치 넣어두고 좁아터져서 정작 시원하게 넣어둘 것도 못 넣고 있는데. 또 이것저것 섞어져서 그나마 건망증에 썩는지도 모르고 있는데."

하면서 투덜거릴 때가 있는 것이다. 이러니, 밭떼기도 없어 상추 한 줄 심어 먹고 싶어도 못하는 사람들을 생각하면 분명 나는 호강에 초 친 소리 하고 있는 것이다. 그래서 나는 남편의 핀잔을 야속하다고 생각지 않고 고즈넉이 듣고 있는 것이다.

채소 얘기는 그만두자. 이번엔 꽃나무 얘기다.

나는 정원에 꽃을 많이 심는 것을 반대했다. 숫자가 많으면 뭐가 예쁜지 모르고 제대로 개성도 튀어나지 않는다고 역설했다. 공간의 멋을 아는 것처럼 괜히 많이 심었다고 무질서를 논하고 아는 체는 다 했다. 물론 그 소리쯤 한 귀로 흘려버리고 남편은 심고 싶은 것을 여기저기 심어버렸다. 별수 없이 뒤에서 종알대면서도 속으로 자기 정원도 맘대로 못하게 해선 안 되겠지, 하고 봐줬더니 그 덕을 이제 내가 본다. 아무리 많은 꽃도 나름대로 예쁘다. 덕분에 뜰 안이 사시사철 언제나 쓸쓸하지 않게 되었다. 봄이면 남들이 꽃대궐 같다고 부러워도 한다.

그렇다고 모든 게 다 좋을 수는 없다. 손봐야 할 일이 끝이 없다. 바람에 쓰러지지 않게 지지대 세워주기, 벌레 먹은 것 살충제 뿌리기, 엉킨 것 바로 세우기, 꽃 다 피면 진 꽃잎, 꽃대 지저분하지 않게 잘라주기 가지치기 솎아내기 거름주기 물주기…. 식물에 애정을 가지면 가질수록 관심은 사람을 사로잡고 일을 만들어준다. 사랑하는 사람에게 얽매이듯이.

가을이 다가온다. 9월을 넘으며 벌써 감나무 낙엽이 마당에 뒹군다. 맨 먼저 가을을 알리는 전령사다. 이제부터 나는 남편에게 멋없는 사람, 정서가 메마른 사람으로 매도당하며 살아야 한다. 날마다 땅에 수북이 떨어진 낙엽을 쓸어내야 되기 때문이다. 남들은 얼마나 멋있고 분위기 있는 환경에 사느냐고 나를 부러워한다. 그러나 나는 또 낙엽투정을 할 것이다. 우리 집에 낙엽수가 많아서 낙엽투성이고 여름엔 모기투성이고 가을 감상은커녕 팔만 아프도록 비질만 한다고. "낙환들 꽃이 아니랴 쓸어 무삼하리오." 읊조리던 옛날 선비는 점잖게 툇마루에 서서 아이에게 비질만 시키고 마당 한번 쓸지 않았을 것이라고.

남편은 또 내게 호강에 초 친지 알라고 다시 말할 것이다. 물론 나도 알고 있다. 봄부터 우리 뜰이 얼마나 아름다웠었는지. 그 꽃들과 나무들의 덕분인 걸 어떻게 모를 수 있나? 그 아름다운 세상을 살았으면 그만큼 대가는 치르는 게 마땅하다는 걸 알기는 아는 거지.

사실 얼마나 행복인가? 자연과 더불어 살며 호강에 초 치는 푸념을 할 수 있다는 것이. 자연을 사랑하면 반드시 행복한 대가를 얻게 되는 걸 아는데, 그런데도 아직도 나는 철부지인가? 눈곱만 한 노력을 하고 어디서 감히 투덜댄단 말인고? 세상에 공연한 보상은 없지 않은가? 그걸 안다면 감히 호강에 초를 쳐서는 안 되지, 안 되고말고.

2010. 9. 8.

사임당 어머니와 지킴이

얼마 전 우리 집을 다녀간 사진작가가 찍은 사진 한 컷이 홈페이지 게시판에 올라와 있었다. 오래된 기와집 툇마루 아래 컴컴한 마루 밑을 지키고 앉은 고양이 한 마리의 사진이었다. 자세히 보니 이마 한쪽에 작은 잎처럼 판 박힌 점이랑 앉아있는 품새가 눈에 익었다. 분명 우리 집 고양이 꼬맹이 사진이었다. 그날 집 주위를 무심히 구경하는 줄만 알았는데 언제 사진으로 찍어 작품화시키다니. 그 손님이 사진작가인 줄도 그때는 몰랐다. 범상히 지나쳤었는데 친절하게도 사진에 제목까지 입혀 올린 것이다. 그이는 사진 제목을 〈고가를 지키는 고양이〉라고 부쳤다. 어두컴컴한 마루 밑에 우두커니 앉아 형형한 눈빛만 살아있는 고양이의 시선은 사진발 때문인지 고독해보였다.

강릉 오죽헌 한 자락에 둥지를 튼 '동양자수박물관' 개관식에 다녀왔다. 시동생의 꿈이 영근 현장이었다. 꽤 많은 세월 동안 공들여 모았던 수집품들이 이제야 제대로 가치를 드러내고 빛을 보는 듯했다. 새로 단장한 박물관 내부는 자연스럽고 소박한 나무를 제재로 하였기에 우아한 분위기를 살려주어서 주인으로 모신 수예품들을 한층 돋보이게 해 주고 있었다. 야단스럽고 화려하게 꾸미지 않고도 아담하면서도 품위 있는 박물관이었다. 많은 진심 어린 축사가 있었고 그중에 특히 나의 귀를 끄는 한마디가 있었다. 강릉 오죽헌의 상징이기도 한 신사임당을 어머니라 부르는 대목이었다. 시동생은 분명 '사임당어머니'라고 불렀다. 그 소리가 아주 자연스럽게 들리고 어울렸다. 그가 전통자수에 심취하다보니 사임당을 어머니처럼 친근하게 느끼게 되고 존중하게 되었나 보다. 조선 중기의 뛰어난 유학자이던 율곡 이이를 길러낸 모친이며 예술과 학문에 능하였고 우리 역사의 전후를 통해 모범된 여성상이던 사임당은 알다시피 자수를 하나의 규방예술로 승화시켰다. 전통이나 고전을 공부하는 후학들은 선인들의 사상이나 작품을 흠모하고 사랑하다 보면 그들을 사모하며 우러르다가 자연스레 부모님처럼 모시게 될 것이다. 시동생은 이제 전통예술 애호가가 되었고 그 방면에 전문가가 되었다. 정서적으로 시골의 어머니를 늘 그리워했고 학자로서 문화의 뿌리를 찾아가다 사임당을 어머니로 만나게 된 것이리라.

　전시장에는 많은 자수품들이 진열되어 있었다. 작품들을 천천히 둘러보았다. 시대적으로도 비교하기 쉽게 배열되었고 동양 각국의 개성도 구별시켰다. 흥미가 있는 배열이었다. 나는 신사임당의 초충도나 옛 여인들의 아름다운 자수를 보며 그들의 출중한 솜씨가 결코 현대에 뒤지지 않은 것에 새삼 놀랐다. 그 시절로서는 쉽게 볼 수 없는 대중 친화의 소재에서 다정하고 소박한 정서를 느낄 수 있었다.

구중궁궐은 아니라도 전통사회의 높은 장벽 속에 묻혀 살았던 옛 임들이 그처럼 상상력 넘치고 뛰어난 발상을 했다니 놀라웠다. 현대와 달리 오래 공들인 우리의 수예품들이 은은히 한 많은 사연을 품고 음전하게 진열되어 있었다. 또한 중국 자수의 장중하고 세련된 빛깔과 뛰어난 디자인을 보니 경탄스럽고 그들이 누렸던 화려하고 우월한 문화에 압도되었다. 산뜻하고 깔끔한 일본자수를 보며 사무라이 정신처럼 칼칼하고 담백한 일본정서도 느껴졌다.

이때껏 나는 전시장에 가서 대강 겉모양만 슬쩍 구경하고 오는 축이었다. 무조건 예쁜 것만 좋아하는 나는 그동안 시동생이 모으는 꾀죄죄한 옛것들, 때 묻은 자수 작품들이 어쩐지 께름칙하게만 생각되었다. 원래 부모님 유품이래도 예쁘지 않은 것은 싫다고 말하던 내 수준이었으니까.

전통을 사랑하다보면 눈도 마음도 날라지는 듯싶다. 전통예술애호가들은 나처럼 겉모습의 화려함에만 천착하지 않는다. 그들은 시대정신을 관통하는 사상이나 불변하는 미의 가치를 추적해가며 그 예술성에 탐닉했다. 작품이 이루어지던 시대적 상황을 고려하고 당시의 가치관들을 찾으려는지 지나간 세대의 풍습을 그리워하고 그들의 애환을 가슴 아파하고 이해하려 했다. 사임당을 어머니라 부를 수 있는 친근감은 오랜 시간을 넘어 머나먼 과거와의 단절감을 단숨에 좁혀주는 것이었다. 그 교감을 통해 지나간 시대를 실감하고 이해하고 공감하는가 보다.

전통예술이 현대의 갤러리에서 관람되면서 예와 지금이 한 자리에서 만나지고 있었다. 시대를 초월해 예술적 공감을 통해 고금이 시간을 함께하고 있었다. 역사는 지나가버리는 것이 아니고 때때로 수집가들을 통해 현대에 이끌려 와 존재하고 재현된다는 것을 알게 됐다. 오늘에 이르기까지 우리가 무심히 지워버렸던 가치를 되살려보는 시간이고 그것은 잃어서는 안 되는 가치였다는 걸 각성하는 자리였다.

전통 자수가 많이 사라지고 있다. 그동안 숱한 전란 때문에 그대로 보관하고 지킬 여유가 없었다. 사라지고 망가지고 많은 시간이 흘렀는데 그나마 다행히 남아있는 수량이 있다. 이들이 수집가를 통해 박물관에 자리를 차지할 수 있었다. 아슬아슬하게도 어느 집 고방에 틀어 박혀 남았고 어떤 것은 안목 있는 재벌가의 수장품으로 연명되고 일제 수난기에나 6·25의 전란 중 외국으로 휩쓸려갔다 찾아오기도 했다. 아무튼 누군가가 그들을 지킨 것이다. 전쟁의 참화 속에 묻혀버렸거나 쓰레기로 버려지지 않아 다행이다. 생명도 없는 것이 비명도 지르지 못하고 사라질 번했는데 살아남은 것이다.

그들을 지키기에 보냈던 시간은 운명처럼 생각이 든다. 퇴색되고 누추해진 자수제품은 묵은 냄새도 났을 터이고 만일 도중에 화재든 도난이든 무슨 일이 일어날 수도 있었는데 이날까지 온전하게 지켜온다는 것은 비록 물건이지만 수집가와의 무슨 운명적 인연이었던 것 같다.

컴컴한 저녁, 어둑한 마루 밑에 앉아있는 고양이를 보며 사진사가 느낀 것은 혹시 이런 마음이 아니었을까? 옛 고가일망정 누군가 지켜주고 있다는 대견함, 안도감 같은 것!

고양이는 자신이 사는 집을 지키며 떠날 수 없는 애착으로 머문다. 비록 고독하지만 어둔 밤을 오롯이 앉아 보내고 있는 것이다. 누군가에게 아무것도 아닐 수 있는 가치를 사랑하는 것은 고독하지만 그들의 중요한 삶의 이유이다. 지구상에는 많은 옛 유적들이 남아있어 지나간 시대의 진실을 지키고 있다. 우리나라에도 사찰이나 문헌들에 조상의 흔적이 남아 과거와 현대를 이어주고 있다. 그것들은 모두 누군가가 지켜주어 유지되었다. 지금도 전통을 사랑하고 그 역사에 눈을 크게 뜨고 지키고 있는 지킴이가 반드시 있다. 그들 덕택에 역사가 어둠 속으로 사라지지 않을 것이다. 강릉의 동양자수박물관에서 절실하게 그것을 실감할 수 있었다. 전통 사수에 애정을 가지고 혼신을 다하는 그들이 있기에 자수문화를 사랑하고 지키는 일도 계속 이어질 것이다. 비록 힘들고 고독한 지킴이 일이지만.

2011. 1. 12.

풀밭을 매면서

　실같이 고운 봄비가 자작자작 내린 뒤다. 텃밭에 앉아 무심히 풀을 뽑으려다가 나도 몰래 소스라쳤다. 겨울 내내 얼었다 녹았다 하던 대지가 봄비에 흠씬 물을 먹어선지 흙살이 갓 구운 빵처럼 부드러웠다. 퍼렇고 억센 풀줄기들이 호미는커녕 손으로만 당겨도 아무 저항 없이 뿌리째 스르르 뽑혔다. 뽑힌 풀들은 모두 가느다란 뿌리털들이 끝없이 길게 얽혀 있었다. 아마도 그 뿌리털들은 가만히 땅속에 숨어 있다가 기회만 되면 어디서나 불쑥, 새파란 싹으로 솟아날 성싶었다. 그 집요한 생명력을 떠올리자 순간적으로 전율이 온 것이다. 남모르게 지하에 구축한 그들의 세계가 짐작할 수 없을 만큼 거대하고 치밀한 조직망 같았다. 혹시나, 보이지 않은 땅속에 뿌리를 뻗고 비밀스러운 조직처럼 깊고 넓게 퍼져있는, 그 숨은 힘이, 어느 날 이 지구의 최후, 비장의 보루가 돼주려나, 문득 그런 생각도 들었다.
　고향을 멀리 떠나와 자연에서 멀어질수록 의식 속에는 푸른 풀밭이 그리운 이름처럼 어른거린다. 나는 때때로 시구詩句에 나오는 '초원'이라는 말에도 곧잘 매혹되곤 한다. 마음 삭막한 도시인들은 '풀'이라는 한마디로 살 속에 푸른 물이 드는 듯 신선한 감응이 일지 않을까? '풀'이라는 그 싱그러운 이름은, 혹시 그 질긴 근성인 뿌리라는 말이 줄어서 '풀'이 되었을까, 아니면 영원한 생명의 빛인 푸른색이기에 '풀'이라 부르는 걸까?

남편 은퇴 후, 시골로 돌아와 살면서 우리는 농촌생활이 바로 풀과의 전쟁이라는 걸 실감하였다. 어쩌면 자연과 문명의 경계를, 아마도 풀을 뽑는 걸로 가르지 않나 싶었다. 풀은 뽑히고 뽑혀도 다시 태어나야 하는 천명이 있는 것 같다. 쉴 새 없이 돋아나는 풀을 뽑다 보면 숙명이란 걸 느끼기 때문이다. 어떤 과학자가 탐구한 바로는 천여 가지도 훨씬 넘는 종류의 풀들이 이미 온 지구상의 땅을 점령한 상태라고 한다.

사료가 양산되면서 시골에서도 푸른 언덕에서 누런 소들이 한가롭게 풀을 뜯고 꼴망태 메고 돌아오는 목동의 그림은 추억 속의 정경이 되고 말았다. 그러나 어딜 가도 역시 시골은 풀 천지다. 봄이 되고 날이 풀리면 굳었던 대지엔 수많은 풀이 극성스럽게 돋아난다. 날마다 호미를 들고 저물도록 풀을 뽑는 것이 촌부들의 일과이다. 풀을 멋대로 자라게 놔두면 무성한 풀들 등쌀에 정성껏 심어놓은 소중한 식용작물들이 설 곳이 없는 것이다. 낟알 한 톨이라도 더 걷으려는 농심은 어쩔 수 없이 풀을 뽑게 된다. 그래서 풀은 농촌의 소박대기 신세이다.

흔히, 풀과 인생을 닮았다고 한다. 짓밟히고 상처 입어 고통스런 삶인데도 기어이 살려고 몸부림치며 용하게 버텨내고 있으니 말이다. 풀은 연약한 체수인데도 강인한 존재다. 전천후 체질인지 산이고 들이고 바위틈이고 삶의 영역도 자유롭다. 어떤 환경도 적응해내고 마는 인간을 닮았다. 덧없이 뽑히는 게 풀의 운명이지만 풀은 모든 걸 받아들여 감내하고 순응한다. 혹독한 엄동도 뜨거운 염천도 너끈히 이겨내고 아무리 제초제를 뿌려대도 완전히 죽지 않는다. 산불에 활활 타서 잿더미가 되어도, 이듬해 봄에 늠름히 새싹이 돋아난다. 태풍이 오고 홍수가 질 때도 커다란 수목들은 어이없이 벌렁 넘어지는데 급경사진 산비탈 낭떠러지에서도 우거진 풀 더미는 산사태에도 살아남고 강둑의 풀숲은 넘실대는 강물의 범람을 막아낸다.

반면, 지구가 바짝바짝 타는 가뭄일 때는 폭양 아래서도 억척같이 뻗어난 풀숲으로 뜨거운 지구의 목마름이 덕을 본다. 불볕의 사막에도 풀이 자라면 열사의 지열을 견디고 땅도 메마르지 않아선지, 황량한 모래펄인 황사의 진원지 중국 고비사막에도 풀과 나무를 심고 있다. 어쩌면 풀밭들이, 이 땅의 저수조로, 생명수로, 바로 인류의 마지막 수분 저장고가 돼주지 않을까? 그래서 풀밭을 지구의 피복이라고 부를 수도 있겠다. 시골 밭두렁에선 항상 환영받지 못하는 하찮은 풀이겠지만 어디에나 풀이 있어서 아직은 지구가 든든한 겉옷을 입고 있는지 모른다.

우리의 현실을 상실의 시대라고 부른다. 소중한 것을 나날이 잃어가고 있다. 문명의 발달이 가져온 환경파괴, 지진, 쓰나미, 토네이도, 질풍노도의 자연재해로 도시와 농토, 그리고 귀한 인명까지도 단숨에 휩쓸고 있다. 자연뿐이 아니다. 인류의 숲에선 사고방식이나 전통적 풍습 등 인적 환경이 차츰 변하고 있다. 인간성이 파멸되어간다. 인정, 의리 믿음, 연민 같은 끈끈한 인간적 유대가 차츰 메말라간다. 사랑의 보금자리, 가정조차 모래알처럼 흩어지고 있다.

간혹 해외여행 중에 느끼는 감동이 있다. 낯선 이국땅에 정착한 우리 동포들을 봤을 때, 억세고 생명력 넘친 풀들의 운명을 떠올리게 된다. 그들은 바람에 날려간 홀씨처럼, 물결에 흘러간 풀씨같이 바다 건너 대륙을 넘어서도 영원한 생명의 유대를 잇고 있었다.

풀을 뽑으며 생각해본다. 이 지구가 다른 위성들처럼 풀 하나 없다면 얼마나 삭막한 세상이었을까? 그런데 왜, 우리는 자꾸만 풀을 뽑지 못해 안달일까? 아마도 풀이란 존재는 평생토록 목숨이 있는 한, 자식을 못 버리는 부모 맘 같나 보다. 매번 뽑히면서도 단념 않고 또다시 밭두렁에 푸릇푸릇 돋아나는 것이.

도대체, 풀과 인간은 숙원宿怨의 관계일까, 구원救援의 관계일까?

초목 중에서는 풀을 잡초라고 얕잡아 부른다. 식물도감에 오르지 못한 것도, 이름조차 아직 붙이지 못한 것도 수두룩할 것이다. 채소인지 약초인지 당당한 정체성조차 인정받지 못했다. 그러나 버르대기(함부로 키운 자식)가 늙고 외로운 부모님께 효도하듯, 화려한 꽃들보다 오히려 인류를 위해 뭔가 유익한 노릇을 해주지 않을까? 정말 이 세상 마지막까지 남아서 지구의 수호자 노릇을 해주지 않을까?

걱정스럽다. 만일 이대로라면 우리의 미래에는 이 풀밭들이 여전히 남아있어 줄 것인지 의문도 생긴다. 그런데 이런 생각은 그저 내 머릿속 생각뿐인가 보다. 나는 이제라도 풀들을 뽑아야 될지, 말아야 될지 고민하기는커녕 이미 저기 밭머리에 우부룩하게 풀을 뽑아 놓고 있으니.

2017. 6. 24.

한바탕 굿판
-드라마 촬영 얘기-

"엄마, 조용히 사신다더니 웬일예요? 이제 가만히 살기에는 너무 소문나버린 것 아녜요?"

딸애의 말처럼 그동안 번거로운 것은 싫다고, 그런 경우를 일부러 피하려고 살았었다. 그런 내가, 마술에 걸린 듯이 시월 어느 날 찾아온 SBS방송 드라마제작 담당피디를 별 거부감 없이 맞아들였다. 사실은 두 가지 이유가 마력이었다.

첫째는 드라마의 제목인 〈시월의 어느 멋진 날에〉가 우선 좋았다. 그 무렵 마침, 집 앞뒤 뜰에 아롱진 단풍도 너무 예뻤다. 엉뚱하게도 내 맘속에서는 우리 집 가을의 그 매력적인 시월의 모습을, 한 컷 남겼으면, 하는 욕심이 일어난 것이다. 언제나 계절의 절정을 담고 싶어 했지만 남편의 영상제작 실력으로는 한계가 있음을 알기 때문이다. 방송국 카메라라면 실물보다 더 근사하게 나오겠지, 나는 우물가에서 숭늉 마시는 격으로 별로 망설이지도 않고 섭외담당피디를 남편 앞으로 안내하고 말았다.

　두 번째 이유는 남편의 지론이었다. 노년기에는 일부러라도 이벤트를 만들며 살아가야 활기 있는 생활이 된다던, 그 얘기가 귀에 박혀서였다. 어쩌면, 색다른 이벤트가 벌어질 성싶었다.

　내 예상대로 남편은 간단한 조건을 붙이며 촬영제의에 동의해주었다. 집안 내부를 제외한 우리 집 뜰만을 배경으로 촬영한다는 조건이었다. 같이 살아온 세월 탓일까, 어느덧 우리는 이심전심이었다.

　그런데 10월은 어느덧 지나버렸다. 그쪽 스케줄에 사정이 있었겠지만 우리 의중을 떠보고 난 뒤, 다시 촬영 실무 팀이 현지답사 차 오고갔는데도 정작 촬영 시작은 11월 중순도 지나 하순인 20일부터 시작되었다. 우리는 그간 은근히 조바심이 났다.

　"어떡하죠? 샛노랗게 물들었던 은행잎들도 모두 떨어져버리네요. 빨간 단풍잎도 몇 개 안 남겠어요. 그나마 감 흉년인데 이제 까치밥으로 달랑, 몇 개만 남아있네요."

　이유는 많았을 것이다. 주연급인 배우들 겹치기 출연도 있고 변덕 많은 늦가을 날씨도 애를 먹이고 일정 조절도 어려웠을 것이다. 어떻게 하려고 자꾸 늦추고 있나, 우리는 썰렁해가는 바깥 날씨를 내다보며 기껏 부풀은 기대를 삭이고 있을 수밖에. 그렇다고 이제야 없던 일로 하자기에는 계약서 없는 약속이지만 어린애 장난같이 굴 수도 없는 일이었다.

　드디어 촬영이 시작되었다. 각본대로 마당에 낙엽이 소복이 깔리고 툇마루에는 시골집답게 뒤주 위에다 호박덩이, 마루기둥에는 시래기다발을 줄레줄레 달아매었고 메주덩어리 등이 무대 장치로 나열되었다. 밤늦게도, 새벽에도 장치 담당자들이 찾아와 미리 준비를 해 놓았다. 마당에 평상과 개집도, 샘가에 자질구레한 세수그릇 등도 늘어놓았다.

맨 먼저 찍는 장면은 주말 드라마 〈왕가네 사람들〉로 한참 바쁜 몸이신 김해숙이 찍는 신이었다. 중견배우로 TV 속에서 익숙히 만났던 그녀는 역시 대스타다웠다. 별로 대단치도 않은 것 같은 장면을 수없이 연기를 반복시키건만 얼굴 한번 찡그리지 않고 총감독이 요구하는 대로 되풀이 연기를 성실히 하고 있었다. 남자 주인공인 이덕화도 마찬가지였다. 아주 걸걸하게 소탈한 풍모로 부담 없이 연기를 했다.

주연이나 조연급 배우들은 나중에 작품이 나오면 보람이 있을 것이다. 그런데 보이지 않는 곳에서 그들을 돕는 많은 스태프들은 어떨까? 이번에야 비로소 드라마 촬영의 실상을 직접 체험하면서 그들의 애환을 알게 됐다. 그들의 노고 없이 어떤 작품도 이루어질 수 없음을 알 게 된 것이다. 그들은 배우나 감독을 움직이게 하는 지렛대였다. 모든 걸 사전에 준비하고 하나의 장면이 끝날 때까지 꿈쩍 않고 지켜보고 또 준비하고 배려하고 뒷정리까지 완전히 하고 있었다.

한 장면이 아주 소소하다 해도 그에 딸리는 것은 참 많았다. 배우는 의상, 신발에서부터 얼굴 화장과 소도구까지 완벽하게 갖추어 기다리고 실무진인 총감독을 비롯해 촬영감독 조명감독 음향감독 등이 사전에 미술감독이 셋팅한 무대에서 카메라를 들이대고 있었다. 잡음방지를 위해 털북숭이 술 속에 숨긴 마이크가 수시로 오르내린다.

사방에는 여러 스태프들이 조명등과 하얀 조명판을 들고서 한 장면이 끝날 때까지 벌을 서는 것처럼 손을 쳐들고 있어야 한다. 조감독이 슬레이트 보드*의 클래퍼 조각을 딱, 부딪쳐 신호를 한 뒤, 총감독이 레디 고, 레디 동작을 소리쳐도 자꾸 엔지를 내면 다시 반복해야 된다. 정말 인내의 시험장이기도 했다. 그렇게 고생스럽게 만든 작품을 우리는 안방에서 편안히 보고 있었던 것이다. 저절로 수고한다는 말이 나왔다.

특집극이라 단 두 회분의 짧은 드라마이지만 방송이라는 특수 분야의 실상을 엿본 기회가 됐다. 모든 게 다 나름대로 고충 없는 작업은 없는 것이고 과정이 없는 결과물은 없지만 시청자로 보는 건 항상 화려하고 흥미로운 드라마였었다. 그 뒤에 지루하도록 반복 연습만 시키는 촬영현장은 상상했던 드라마틱한 세계가 아니었다. 어떠한 꽃도 화려한 꽃을 피우려면 거친 땅속에서 수많은 시간을 머물러 기다리면서 온갖 시련을 겪는다. 추위도 더위도 갈증도 다 이겨내며 참고 지내야만 비로소 한 송이 꽃으로 탄생하였다.

드디어 세 번째 촬영 날, 밤늦게야 모든 일정이 끝나고 배우들도 스태프들도 장비반도 모든 것을 제 위치로 깨끗이 돌려놓는 청소작업을 마친 뒤 마치 아무 일도 없었던 것처럼 훌훌히 떠났다. 나는 그동안 밤늦게까지 온갖 조명등을 켜놓고 인근을 환한 불야성을 만들어

---

* 슬레이트 보드(movie slate); 일명 딱딱이, 딱치기 라고 함. 윗부분 클래퍼와 아랫부분을 동시에 탁, 부딪친다. 마주치는 소리가 나는 시점을 기준으로 영상과 음향을 일치시킨다. 하단에는 장면 번호, 감독 이름, 카메라맨 이름, 촬영 날짜 등을 적는다.

잠 못 이루게 설치는 모습을 보며 이웃들에게 미안하고 맘이 조였었
다. 사실, 모든 게 한바탕 굿거리처럼 느껴졌다.

　그런데 모든 것이 다 끝나고 그들이 떠났다. 괜히 섭섭하고 허무했
다. 바닷물이 밀려왔다 썰물로 빠져나간 듯 적막한 집 뜨락에 서 있
으니 모든 것이 꿈결 같았다. 깨닫고 보니 지난 며칠간이 우리 생활
에서 보통으로 만날 수 없는 아주 특별한 시간이었단 생각이 들었다.
혹시 작품이 훌륭하게 만들어진다면 우리는 그 명작이 탄생한 의미
있는 시간을 함께했고 그 역사의 현장을 지켜본 셈이었다.

　드라마 제작을 보면서 우리 인생도 드라마 같음을 알았다. 우리 집
에서 찍은 장면은 그다지 많지 않았다. 야외 촬영분도 있고 세트시설
부분도 있고 그밖에 내가 모르는 많은 부분이 모여 완성된 하나의 드
라마를 만들 것이다. 또 내가 직접 보게 된 몇 장면이 그다지 중요한
부분이 아닐지 모른다. 그러나 분명 그 부분이 없으면 결코 완전한 작
품이 될 수 없을 것이다. 우리가 사는 인생도 매일 하찮은 일들로 지
나가고 만다. 그래서 평생 가치 없이 살아버린 것같이 허무함만 남는
다. 그러나 그 하찮은 조각들이 나의 인생을 이루는 꼭 있어야 할 조
각일 수 있다. 그렇다면 하찮은 것이 아니라 그건 아주 소중한 것이
다. 우리는 순간순간 인생이란 기다란 작품에 뭔가를 의미 있게 메우
는 퍼즐작업을 하는 참인 것이다. 단 한 조각이라도 부족하면 미완성
퍼즐인생이 되는 것이다. 총감독 피디는 몇 번이고 다시 찍고 다시
찍고 신물 나게 연기를 되풀이시켰다. 인생 또한 그처럼 지성껏 전력
을 다하는 마음으로 살아야 결코 후회 없는 일생이 될 수 있으리라.

2014년 정월의 특집 드라마 〈시월의 어느 멋진 날〉은 우리 집 조용한 가정사에도 "2013년도의 유별난 사건이자, 참으로 멋진 늦가을의 얘기"로 언제까지 남을 것이다. 오래 잊히지 않을 별난 추억거리로 멋진 이벤트로 남을 것이다.

2014. 12. 14.

건널목의 갈등

아침나절의 지하철 안에서다. 내 맞은편 좌석은 아까까지 비어있었다. 출근시간인데도 그 자리는 경로석이라 비어있는 것이다. 아직 어르신들이 출타할 시간은 아니었다. 그런데 잠깐 사이에 누군가가 어물쩍 앉고 있다. 어라! 새파란 젊은 여성이네! 어쩌면 직장여성인 듯싶은데 얼핏 서른은 진즉 넘어 보인다. 아줌마려니 싶다. 배짱이 생길 나이다. 그녀는 빈 좌석 앞에서 잠시 멈칫하는가 싶더니 펄썩 그대로 주저앉아버린다. 평시 같으면 어림도 없다. 노약자나 임산부가 앉기로 된 경로석엔 젊은이들은 아예 앉을 생각들을 않는다. 설령, 그 자리가 비어 있더라도 얼마 안 가서 노인네가 승차하시면 냉큼 용수철처럼 일어나야 된다는 걸 아는데, 괜히 무안당할 짓은 애당초 않는 것이다.

그런데 젊은 여인은 방금 그 성역을 감히 무시했다. 그런데 참 잘했다. 지금은 어른들이 외출하실 시간도 아닌데 뭣 때문에 빈자리를 모셔 두고 뻗정다리로 서 있을 거냐? 아침부터 애들 학교 보내느라 혼쭐을 뺐고 남편 출근시키고 부랴부랴 허둥지둥 나오느라 진이 다 빠졌을 텐데 좀 앉아서 한숨 돌린들 그 누가 탓할쏘냐?

잠깐 젊었을 적 일이 생각난다. 한번 파출소에 잡혀간 일이 있었다. 어느 날 시장에서 돌아오다 나는 그만 무단도로횡단 죄로 파출소에 불려갔다. 그날, 나는 뭐가 그리 바빴는지 동동거리며 시장을 봐오던 참이었다. 건널목은 한참 멀리 돌아가야 하는데 손에 든 장바구니는 어깨를 묵직이 짓눌렀고 그때쯤 길 건너편에 서는 버스가 떠날지도 모른다는 조바심이었을까, 나는 분명 건널목이 아닌데도 짐짓 2차선 도로를 건너뛰고 있었다. 파출소가 바로 건너편에 마주 뵈는데도.

휘둘러봐도 텅 빈 길에는 보는 사람도 없고 차도 오지 않았으니 그 틈을 이용해서? 나는 후닥닥 남이 볼세라 뛰었을 것이다. 좁은 도로라서 건너편 인도까지는 금방이었다. 그런데 길 건너에는 웬 순경이 마중 나온 듯 나를 기다리고 있었다. 바로 건너편 파출소 창문에서 내다보던 파출소장 눈에 띌 줄은 꿈에도 생각 못한 것이다.

"얌전하게 생긴 아짐니가 애들 키우면서 교통질서를 안 지키면 우짭니까?"

그날, 투박한 말투로 윽박지르던 그 사람 얼굴을 어찌 봤는지 모른다. 사실은 느글느글 웃으며 겁을 주던 그 소장은 어수룩한 나를 놀리려는 속셈이었는지도 모른다. 그 길은 변두리 시장통이어서 길을 멋대로 건너는 사람들이 늘상 있었고 요즘같이 뚜렷한 도로 표지도, 구획표시도 분명치 않았었다. 평소에 대부분 사람들이 신경 쓰지 않고 건너던, 그냥 교통질서쯤 무시해버리던 길이었다. 이렇게 길게 사설을 붙이는 건, 말하자면 나의 무단횡단을 예사롭게 합리화하려는 구차한 변명이긴 하다. 어쨌든 나는 교통법규를 어겼기 때문에 소장의 기다란 훈시를 얌전히 들어야 했다. 초등학생처럼 고개를 푹 숙이고 착실히 들은 후에 그저 그냥 보내준 것만 고마워 정신없이 그 자리를 도망치듯 나왔다. 혹시나 주소 성명을 적으라 하고 보호자를 부르라 할까봐 전전긍긍했을 것이다. 난생처음으로 범법자 심정을 톡톡히 경험했다. 나는 그 뒤부터 건널목 앞에만 서면 자동적으로 목에 가시 같은 지난날 기억으로 일단은 발길을 멈추게 된다. 그리고 남들이 후딱후딱 눈치보며 잘도 건너가는 건널목에서 얌전히 신호를 기다리는 편이 된다. 그러나 마음속에선 건너갈까 말까, 작은 유혹 속에서 한 번쯤 갈등하게 된다. 어쨌든 이제는 두 번 다시 그런 창피를 당하고 싶지 않은 게 사실이다.

 영화를 보면 북미의 서부 평야는 넓기도 한데 그 아득히 너른 찻길에 아무도 지나지 않건만 달리는 차량들마다 꼭 건널목에 멈추어서 한참씩 신호를 기다리는 장면을 보게 된다. 내 생각에는 오가는 아무도 없고 지키는 사람, 보는 사람도 없는데, 더구나 그 너른 벌판에서 차량끼리 부딪칠 일도 없는데, 그냥 지나가면 될 텐데 왜 쓸데없이 신호 바뀌기를 기다리고 있나 답답하기도 하다. 괜한 시간 낭비 같고 미련스럽고 고지식하게 보인다. 한데 그것은 양식樣式의 문제인 것 같다. 신호를 지키는 것이, 그 준법성이 몸에 배었고 준법이 오히려 서로에게 편하다는 인식, 그런 생각이 이미 생활화되고 제도화된 때문일 것이다. 우리 같은 문화권에서는 희한하고 부럽고 아름답게까지 보이기도 한다. 그런 모습을 보며 그들이 더 선진국 사람이고 더 공동생활의 자격을 갖춘, 더 문화적이고 더 세련된 사람들인 것 같다. 반면 본능적으로 편의만 좇고 내 이기심만 앞세우는 자신이 돌아봐진다. 우리 주위에서는 남이 보는 곳에서도 더구나 남이 보지 않은 곳에서는 능사로 벌어지는 편법, 범법이 넘치고 있다. 그러기에 이런 얘기도 있었을 것이다. 옛날 서당훈장님께 설날 선물을 가져간 학동들이 서로 남들이 술을 가져갈 터이니 나 하나쯤 물병을 가져간들 어떠리, 하면서 물병을 들고 갔는데 알고 보니 선물들이 죄다 물병이었다는 얘기가 있다. 나 하나쯤이라는 함정은 상대를 속이는 단순한 문제가 아니라 나 자신을 속이고 모두를 속이는 것이리라. 그 나 하나가 모인 사회가 거짓 덩어리 사회이니 그런 식이면 진실된 세상은 아예 사라진 것이리라.

 옛날 선비는 갓끈을 푸는 것도 신발을 벗는 것도 아무데서나 하지 않았고 양반은 캄캄한 곳에서 만져도 양반이었다고 어머니가 말씀하셨다. 하지만 들여다보면 그것은 양반의 자존심이라고 할 수 있고 체면을 중시하던 그 시대적 관습이었을 것이라 생각한다. 그렇게 속속들이 투철한 선비는 그다지 흔하지 않았을 것이다. 더구나 요즘 세상은 겉과 속이 동일한 진실한 인간이 드물다. 더구나 편법을 않고 사는 사람도 드물다. 그만큼 양심도 죽었고 사회도 적응하기 어렵게 문란해졌다. 그래서 더욱 법을 지키는 그런 사람이 귀하고 돋보인다. 그런 사회가 그립다. 나처럼 편법을 예사롭게 여기고 그걸 당연시 하면 안 될 것이다. 파출소에 잡혀가 혼난 뒤로는 그렇잖아도 통이 작은 내 심장은 웬만하면 무단횡단 같은 걸 안 하려 한다. 평시에도 운전석 옆자리에 앉아서 자꾸만 교통법규를 지키라고 잔소리를 해대서 괜히 남편의 울화를 북돋우는 지경이다.

그러나 어떨 때, 아무도 없는 횡단도로에서 신호등을 기다릴 때, 남들이 그냥 신호쯤 무시하고 길을 건너는 것을 볼 때 내 맘은 흔들린다. 나도 그냥 건너갈까 말까, 어디까지 법을 지켜야 하나, 갈등한다. 특히나 바쁜 일이 있거나 타이밍이 꼭 그때 건너야 될 때는 초조하기 그지없다. 그러나 때로는 그 앞에 서 있으면서 나는 그 건널목이 내 양심과 비양심의 경계라고 생각한다. "하늘이 알고 땅이 알고 내가 안다."는 말이 있는데, 문제는 그중 내가 안다는 그 말일 것이다.

공자님은 정도를 가르치셨다고 한다. 공자님 말씀대로면 그게 이상향이고 법이 필요 없는 세상도 될 것이다. 그런 세상이 내가 가장 안심하고 살기 좋은 세상인 걸 알면서도 나는 왜 그런 세상을 만들려 하지 않을까? 남이 하지 않더라도 나만큼이라도 한다면 그 이상향에 한 걸음 가까이 갈 수 있을 텐데. 괜히 남의 탓만 하면서 남을 방패 삼아 현재의 나를 합리화시키고자 한다.

오늘 아침 경로석에 앉은 여성도 분명 지정해진 일반석이 아닌 경로석 자리에 자리 잡았다. 일종의 편법이랄까. 그런데 나는 그 젊은 여성에게 잘했다고 응원하고 있었다. 물론 그건 범법이라고 하기엔 매정하니까 애교로 봐주는 것이다. 이런 경우 우리는 대개 상식적인 미풍양속을 따르는 것이 순리라고 보기 때문이다. 그 여성은 좀 있다가 어른이 올라오시면 선뜻 일어나 살갑게 어른을 모실 줄도 아는 슬기로운 여성이리라고 믿는다. 또 공자님도 모든 것은 그 당시의 법이 있다고, 시점에 따라 적용해도 된다며 융통성 있는 인간의 재치를 허용하시지 않았던가? 어쨌든 나도 누구보다 준법세상을 간절히 원하면서도 때때로 적당한 반역도 꿈꾸고 눈치껏 조금은 저지르고 있는 편이다.

2014. 10. 1.

두엄자리 앞에서

　들녘을 지나다 보면 어디선가 퀴퀴하고 구린 분뇨의 역한 냄새가 납니다. 바로 두엄 냄새죠. 이른 봄쯤이면 논배미나 밭고랑에 두엄을 흠뻑 뿌려 놓거든요. 시골 출신들은 바로 알죠. 그 구릿한 냄새가 바로 고향냄새인 것을. 그 익숙한 냄새를 맡는 순간, 야! 드디어 고향에 도착했구나, 하고 그들은 먼 여행에서 집에 돌아온 듯 안도감을 느낍니다. 반가움에 가슴마저 뿌듯해지지요. 가슴 울컥하게 달려드는 그 냄새, 그건 결코 좋은 향내는 아닙니다. 허나 그들에게는 끝내 버릴 수 없는 케케묵은 정 같은 고향 냄새죠.
　원래 두엄자리는 가축의 축사나 재래식 측간 옆에 만들었지요. 소, 돼지의 배설물이나 인분 등에 왕겨를 섞고 지푸라기나 풀 더미들을 한데 쌓아 작은 동산처럼 만들어두었죠. 그렇게 몇 달간 푸욱 썩혀 농사 밑거름을 만들어 쓰곤 했습니다. 우리 집에선 밭에서 뽑아낸 잡초더미, 마당에 뒹구는 너저분한 낙엽부스러기를 처리하려고 두엄자리를 만들었습니다. 무엇보다 수시로 냄새나는 음식물 찌꺼기를 곧장 버릴 수 있어 아주 편하고 요긴한 장소가 되었지요. 아무 불평도 하지 않고 지저분하고 냄새나는 오물들을 말없이 받아주는 그 야적장은 마치 연륜도 지긋하고 갖은 풍상을 다 겪은, 이해심 많은 큰 어른 품안 같다고 할까요? 또, 어찌 보면 고해성사의 아픔을 죄다 받아들이는 늙은 사제의 가슴 같기도 합니다.

때때로 나는 음식 찌꺼기를 버리러 갔다가 잠깐씩 발을 멈춥니다. 두엄자리에 먼저 오신 손님이 있기 때문이지요. 새들이 와서 뭔가 먹고 있어요. 밥알을 찾는지 연신 갸웃거리며 발로 찌꺼기를 헤치고 있죠. 이웃집 닭은 물론이고 동네 개가 와서 기웃거릴 때도 있고 길고양이들도 생선가시가 있나 입맛을 다시며 요기를 하고 있습니다. 그 모습을 보면 순간 뭔가 떠오르는 장면이 있지요. 가슴을 풀어헤치고 젖을 먹이는 어머니의 모습이 후딱 연상됩니다. 내가 아무렇게나 내다버린 음식 찌꺼기들을 두엄자리는 말없이 찡그리지 않고 받아주더니 아무에게나 너그러운 품으로 흔연스레 내주고 있었어요.

온갖 잡쓰레기가 모인 북데기이지요. 두엄자리의 외양은 봉두난발 같이 심난하고 흉측합니다. 습기 많은 뜨뜻한 한낮에는 두엄봉우리에 작은 하루살이 떼가 어지럽게 날아다니고 쉬파리, 벌떼들도 윙윙대죠. 부식품이 썩어나는 자리를 슬쩍 헤적여 보면 구물구물 벌레들도 숨어있고요. 날씨가 더워지는 늦봄부터 푹푹 찌는 여름까지는 두엄자리의 구린 냄새가 더욱 진동합니다.

그 안은 겉보다 더 지저분하고 숨 막힐 것입니다. 온갖 것들이 뒤섞였으니 그 부대낌이야 어떤 암투에 비하겠어요? 세상에서 가장 혐오

스런 찌꺼기로 마지막 하치장에 던져진 운명들이죠. 만일 의식이 있는 존재라면 당연히 느낄 그 좌절감, 분노, 실의, 후회 등 실로 말 못하게 아픈 호소와 죽도록 처연한 내막도 있을 법합니다.

그러나 시간은 모든 걸 변하게 만들지요. 그리고 두엄자리도 대단한 마술사 같습니다. 비바람 속, 밤이슬과 뜨거운 햇볕에 삭으며 깊은 숙성의 시간을 보내고 있었습니다. 온갖 허섭스레기들을 섞고 비비고 감싸 안으며 융합하고 있었지요. 어둡고 첩첩한 두엄 둥치 안에서 은밀한 역사를 이루었어요. 드디어 삭히고 발효되어 두엄더미는 새롭게 태어났습니다. 더러운 찌꺼기들이 두엄으로 모락모락 김을 내며 환퇴되었어요. 이미 풀뿌리도 아니고 생선 찌꺼기도 아니죠. 대지를 살찌울 검고 촉촉한 기름진 토양으로 다시 태어났습니다.

어느 쌀쌀한 겨울 날 하루, 드디어 한 해 동안 썩히고 묵힌 두엄 봉우리를 헤쳐 냅니다. 제멋대로 엉성하던 풀 더미, 쓸데없는 허우대는 사라지고 오롯이 자양분만 남은 두엄, 시커멓고 촉촉하게 곰삭은 거름이지요.

부지런한 농부들은 두엄을 퍼내어 흠뻑 뿌립니다. 논밭에도, 과수원에도 꽃밭에도 두엄더미를 수북하게 뿌려줍니다. 구릿한 냄새, 두엄 냄새가 퍼집니다. 그 두엄을 먹고 거친 들판은 기름진 밭이 되고 연약한 식물들은 튼튼하고 팔팔하게 자라죠. 예쁜 꽃을 피우고 알찬 과일을 맺고 굳건한 나무로 커갑니다.

자연은 스스로 복원되는 능력이 있고 기적처럼 새롭게 거듭나기도 합니다. 자신을 썩히는 철저한 희생으로 쓸모없는 허섭스레기들도 좋은 밑거름이 되더군요.

이따금 초라한 두엄자리 앞에 섰을 때, 나는 불현듯 타계하신 부모님 생각이 울컥 납니다. 생전의 부모님은 우리들의 온갖 허물을 죄다 품어주셨죠. 어려운 생계 속에서도 오로지 자식만을 위해 희생하셨죠. 그 시름도 다 버리지 못하고 가슴에 무겁게 담으신 채 눈을 감으셨어요. 그 무한한 사랑이 자식을 위한 두엄이었겠지요. 텃밭의 시커먼 두엄더미에서도 부모님 얼굴 같은 살신성인殺身成仁의 모습을 다시 보게 됩니다.

사람 사는 세상을 생각해봤습니다. 세상 모든 것은 한시적 허상일 뿐, 우리는 결국 본질로 돌아가는 거지요. 모든 생명체는 결국 죽음에 이르고 썩어져 시커먼 흙으로 환원되니까요. 그런데 세상엔 남을 위해 좋은 거름이 되는 보람된 인생도 있고 오히려 남의 옥답을 해치는 화학비료 같은 인생도 있지요. 그런데 과연, 나는 어떤 인생이었든가 생각해보게 됩니다.

아무 인생이나 아름다운 건 아니겠지요. 두엄처럼 온갖 허물과 상처를 삭히고 발효시켜 아름답게 다시 짓는 삶, 그것이 진정 승화된 인생이겠지요. 그런데 언제나 회한 속에서 아쉬움만 되씹는 것이 우리 인생이 아니던가요?

두엄자리 앞에 서 있으면 나는 왠지 눈물이 나옵니다. 한 생애의 아픔을, 썩은 지푸라기로 삭는 고통을 느낍니다. 결국 우리의 인생이나, 두엄자리나 마지막엔 썩어져서 제 본질로 돌아가니까요. 그리고 우리가 무심코 살아버린 삶의 과정이 우리의 전부였다는 사실을 비로소 깨닫게 됩니다. 우리가 부여받은 시간이 얼마나 귀중하였고, 보석보다 귀한 선물이었던가를 알게 됩니다. 그 길다면 길고, 어쩌면 촌음같이 짧은 세월을, 두엄처럼 철저히 제대로 삭아 썩어져야 비로소 하나의 진한 두엄으로 남을 수 있다는 사실도 깨닫습니다.

해 질 녘 집 모퉁이를 돌아갑니다. 서산에 노을은 붉은 바다로 퍼지고 어둑발이 내리는 울안에 두엄자리만 오도카니 자리하고 있습니다.

땅거미가 거뭇하게 긴 자락을 끄는 고요한 시간이죠.

이때쯤은 한번쯤 묵묵히 두엄자리 앞에 서볼 일입니다.

"남의 눈에는 구애 없이 보이는 삶도 있다. 그러나 인생이란 뜻밖에도 움푹 질퍽한 주름길이 널려있기 마련이다. 그것은 먼 바다에서 밀려오는 파도의 주름처럼 불가항력적인 것도 있지만 내 안에서 스스로 못나서 웅크리고 찡그려서 짓는 주름도 많았다."

3부
다림질

이름, 그 소망

처음으로 담임을 맡아서 출석을 부를 때였다. 반 아이들 이름을 익히는 일이 무엇보다 먼저일 것 같았다. 처음 보는 아이들 이름을 하나씩 불러가며 내 눈은 동시에 "예." 하고 대답하는 그 학생 얼굴에 눈도장을 찍고 있었다. 뇌리 속에 아이의 인상을 징 박듯이 똑똑히 익히려는 중이었다. 그런데 잠깐 숨을 멈출 수밖에 없었다. 얼른, 다음 이름을 부를 수가 없었다. 목구멍에서 '푸' 하고 웃음이 받쳐 올라왔기 때문이다. 출석부에 적힌 다음 이름은 "이몽실"이라고 적혀 있었다.

'몽실' 하면 차지고 도톰한 찰떡이 떠올랐으니 어떡하랴? 아기가 얼마나 오동포동 탐스러웠기에 엄마 아빠가 그런 이름을 지어주었을까? 입술을 오므려 터지려는 웃음을 간신히 참고 슬쩍 아이를 훔쳐보니 거무스레한 큰 눈에 둥그런 얼굴 모습이었다. 하필이면 볼 살이 통통한 게 이름에 딱 맞는 인상이었다. 그날 퇴근 후, 나는 밥을 먹다가도, 잠자리에 들어서도 자꾸 웃음이 터져 나오는 걸 어쩔 수가 없었다. 학창시절 이후, 처음으로 직장인이 되었던 그 무렵은 내 나이도 괜스레 웃음 많던 시절이라서 한참 동안은 출석을 부를 때마다 애써 눈을 내리깔고 꾹꾹 웃음을 억누르며 순간을 모면하곤 했다.

'이몽실'이라는 이름이 아녔더라면 결혼 전, 잠시 교편을 잡았던 무렵의 제자 이름을 기억할 자신이 없다. 몽실'이라는 그 이름 덕분에 나는 그 아이의 큰 눈과 둥근 얼굴, 도톰하던 입술까지 수십 년이 지난 지금도 선연히 기억할 수 있다. 기억은 그렇게 어떤 특징을 지녀야 오랫동안 뇌리에 각인되는 모양이다.

아마도 구청 호적과에 근무하는 직원들은 하루에도 몇 번씩 심심찮게 웃음을 터뜨리지 않을까 싶다. 이 세상 그 수많은 명단 중에는 기발하고도 희한한 이름도 참으로 많을 것이기 때문이다. 특히 아들 선호가 심했던 지난날엔 말년이, 끝순이, 딸맥이, 딸고만이, 원남이, 서운이, 섭섭이 같은 이름들이 유난히 많았다. 이름만 듣고도 그녀가 딸 부잣집 출신이고 귀농이 대접은커녕 조금 천덕꾸러기 신세였을 걸 단박에 짐작할 수 있다. 이젠 시대가 바뀌어 딸을 더 좋아하는 세상이 되었지만.

듣다 보면 재미있는 이름들이 참 많다. 구십 먹은 쪼글쪼글한 할머니 이름이 '간난이'이고, 떡메 같은 우람찬 몸집에 투덕투덕 살찐 부인네 얼굴인데 어엿이 '꽃님'이라고 부르니 저절로 실소가 나온다. 작명하는 것도 유행을 탄다. 요즘 짓고 있는 이름들을 보면 순수한 우리말이 대세이다. 아름답고 위대한 자연에서 따온 이름도 많다. 하늘이, 빛나리, 바름이, 새별, 이슬, 우주 등등 그야말로 우아하고 거대하며 심오한 의미를 담았다. 이름 두 글자에 담은 의미가 너무 커서

외람스러울 정도이지만 얼마나 간절한 소망이겠나 싶다.

　한번 이름을 붙이고 나면 대개 그대로 이미지로 굳어진다. 그리고 이미 붙여진 이름은 그때부터 그 개체를 대변하게 된다. 일제 말엽에 태어난 우리 친구들은 모두 영자, 순자 등 '자'로 끝나는 이름들이 많았다. 그래서인가, 대학 갈 때에 개명한 친구들이 꽤 많다. 당연히 우리가 그애들을 새 이름으로 불러줘야 하는데 왠지 어설프고 혀가 잘 돌아가지 않는다. 마치 새사람을 사귀는 듯 낯설다. 그동안 우리가 얼마나 그 이름에 익숙하게 길들어져 있는가 비로소 깨닫는다. 그러고 보면 애초에 작명할 때 참으로 신경 써야 할 것 같다. 세상에 태어나면서 얻는 이름이 평생 버리지 못하는 자신의 숙명처럼 돼버리기 때문이다.

　광화문의 작명가 김○○ 씨도 그토록 많은 이름을 지어내면서 신경깨나 썼을 거다. 어이없게도 자기가 지었던 이름인데, 누가 이따위로 이름을 지었느냐고 호통 치며 다시 지으라고 한다는 얘기도 있던데, 사실인지…….

　내 이름은 직업 작명가가 아닌 우리 아버지께서 직접 지으셨다. 딸바보 아버지가 나를 유난히 사랑하셨기에 당연히 내 이름에 뭔가 소중한 의미를 담아 주었음 직도 하다. 나는 아버지께서 어떤 의미로 내 이름을 지으셨던가 진즉 여쭤본 적은 없다. 하지만 그때까지 내가 아들 없던 집 셋째 딸로 태어났으니까 아버지께서 내심으로 나를, 제발 딸로선 마지막이 되라고, 그런 의도로 이름 지으셨다고 믿기는 싫다. 분명 내 이름자는 한자의 뜻이 끝 종終이 아니고 쇠북 종鍾이며,

그리고 맑을 숙淑 자이기 때문이다.

우연히 내 이름을 처음으로 풀이를 해준 분이 계셨다. 용케도 고 2 때 담임선생님께서 꿈 풀이 해몽解夢이 아닌, 이름 풀이 해명解名을 해주신 것이다.

가끔 싱거운 장난을 잘 치던 선생님이셨는데, 그날도 말끔히 나를 노려보시며 고개를 갸우뚱하셨다. 어물쩍 도망갈 채비를 하려는 참인데,

"네 이름 뜻이 진정 '종을 맑게 울리며 살아라.'란 뜻이렷다." 하시며 느닷없이 내 이름 풀이를 해주신 것이 아닌가?

나는 그 말씀에 귀가 솔깃하였다. 내 이름풀이가 아주 맘에 들었다. 아마도 이름을 지어주신 아버지의 깊은 심중도 그러셨을 것이다. 짐짓 그대로 믿고 싶었다. 나는 아직도 그날의 선생님 말씀을 어제 일처럼 생생히 기억하고 있다. 그리고 선생님 말씀을 이날 이때까지 그대로 나의 이름 풀이로 삼고 있다. 비록 지금까지 내 이름의 의미대로, 그 결곡한 뜻에 어긋나지 않게 그렇게 '맑은 종소리'를 내며 살고 있지는 못하지만. 그러나 나의 삶이 항상 그렇게 맑고, 순정純正하기를 바라고 있는 건 사실이니까.

이름 석 자! 그 짧은 음절 속에 내 모든 게 있다. 현재의 나는 물론이고 지나간 세월 속 나의 흔적도 내 이름으로 존재한다. 이름은 항상 나를 대변하고 있다. 대체로 사람들은 누구나 흔치 않은 좋은 이름은 갖고 싶어 한다. 그렇다고 모두가 이름에 걸맞은 인품을 갖추고

그런 자격을 지니고 살고 있지는 못한다. 나 또한 그에 대한 물음에 당당할 수 없어 아쉽다. 그렇지만 언젠가는 나도 내 이름의 의미처럼 주위에 맑은 소리를 울리는 그런 삶을 살게 된다면 좋겠다. 내 이름에 담긴 뜻은 이름을 지어주신 아버지의 소망이었다고 믿고 싶다. 또 이름 풀이를 잘 해주신 선생님의 격려도 보태고 싶다. 그걸 안다면 나는 적어도, 확실히 이름값을 할 만큼 잘 살아가고 있느냐고, 때때로 자신에게 묻기라도 해야 할 것 같다.

2011. 11.

다림질

내일이면 마지막 출근을 하게 되는, 남편의 은퇴 전날 밤이었다. 그날도 예삿날과 다름없이 남편은 하오 7시쯤에 퇴근했다. 온 평생을 집과 직장밖에 모르던 사람이었다. 그런 그가 예순셋의 나이에 퇴임하는 것은 직장인으로선 예고된 시간이고. 남편은 그 무렵 오랜 업무의 긴장으로 피로도 쌓이고 불붙던 의욕도 거의 사라지고 있었다. 그러나 퇴직이라는 시점은 활기찬 인생의 전환점이 아니었다. 어쩔 수 없이 맞게 되는 힘 빠진 종지부일 뿐이었다. 대범한 척 담담할 수도 없는 일이고 그저 묵묵한 수긍 속에서 당하는 충격이었다. 저녁 식사를 끝낸 후 TV에서 뉴스를 보고 나더니 그는 먼저 자리에 누웠다. 그리고 잠시 부스럭부스럭 뒤척이나 싶더니 어느새 잠이 드는 것 같았다. 착잡한 마음이었을 것이다.

건너편 아파트 창들도 하나둘 불이 꺼지고 이따금 먼 길에서 달리는 자동차 소음만 간간이 들리는 늦은 밤이었다. 애들은 이미 결혼을 하여 넓은 집안엔 남편과 단둘이었다. 남편의 발치에서 이불자락을 끌어올려 주고 나는 가만가만 다리미판을 벌려놓았다. 바구니에 몇 개의 다림질감이 들어 있었다. 나는 그걸 다리려는 게 아니었다. 내일 남편의 퇴임식에 입힐 양복과 와이셔츠를 꺼내놓고 있었다. 먼저 다리미판 다리를 네 귀로 벌려놓고 Y셔츠를 올려놓았다. 소매 쪽을 반반하게 잡아당겨 폈다. 아무리 셔츠가 주글주글 구겨졌더라도 언제나 내가 잡아당기는 대로 못 이기는 척 얌전히 팔을 벌려주곤 한다. '휘익' 분무기로 물을 뿌리고 탁탁 손질을 해가며 다리미를 올려놓으니 하얀 김이 '피식' 소리 내며 주름진 천이 성냈다 웃는 것처럼 쫙 펴졌다.

남편도 그랬을 것이다. 얄팍한 봉급 봉투를 내게 건네주면서 잠시 잠시 주름을 펴고 있었을 것이다. 그 강한 자존심, 남 못잖은 성깔을 죽이며 가족을 위해 억지로 참으며 수십 번 가슴 속에 구겨 넣은 세월이 좀 많았으랴? 그가 품었던 이상을 물어보며 살지는 않았다. 그러나 죽도록 힘들게 달려온 길이 자기가 꿈꾸던 길이 아니었음을 알고는 있었다. 다만 참고 견디고 구기며 마음속에 첩첩이 주름을 짓고 있었을 것이다.

주부들은 수없는 다림질을 하게 된다. 나 역시 셔츠만 해도 수백, 수천 장도 더 다렸을 것이다. 다림질 중에도 화학섬유가 아닌 모시옷을 다리기는 상당히 어려웠다. 모시는 손품이 많이 가는 천이었다. 보통 섬유라면 여름 저녁, 이슬진 풀숲에 내 널었다가 느지막이 걷어들이면 바삭 말랐던 옷들은 후줄근하게 젖어 나른해지고 촉촉해진다. 그렇지만 모시옷은 그렇게 만만히 성깔이 숙어지지 않는다. 까슬

까슬한 모시 올은 부지런히 손을 놀려 다독거려야 섬유질이 겨우 누그러진다. 이리 젖히고 저리 젖혀 반듯이 개켜서 지치도록 자근자근 밟았다가 다림질을 해야 한다. 슬쩍 다려서는 안 되고 묵직한 다리미를 지그시 꾸욱 눌러야 잘 다려진다. 그렇게 정성을 들여야만 비로소 낱낱의 실오라기가 말갛게 들이비치는 모시옷의 멋이 드러났다.

힘든 다림질 중에는 그리운 추억도 있었다. 여학교시절 일이다. 진한 감색 동복에는 적어도 매주 한 번씩 하얀 천 깃을 바꿔 달았다. 그 하얀 깃은 여학생의 상징이고 자부심이었다. 주말마다 식은밥을 한 사발쯤 풀 자루에 넣고 주무르고 또 주물러 진득진득한 풀물을 만들어 하얀 포플린 깃에 되직한 풀을 먹였다. 마르는 동안 티끌이 안 묻게 조심하는 것도 어렵고 한참 촉촉한 상태에서 다려야 천이 빳빳이 힘이 서고 반듯이 펴져 반들반들 빛이 났다. 유리알처럼 반들거리는 새하얀 깃을 감색교복에 붙여 달면 비로소 풋풋하고 콧대 높은 여학생 차림이 완성되었다. 가장 난감했던 기억은 일껏 공들여 다리다가 무쇠다리미 꽁무니에서 검은 숯 재가 날려 하얀 깃에 묻어버릴 때였다. 훌쩍거리며 깃을 다시 빨아 풀물에 밀어 넣던 기억이 난다. 그러나 쭈그러져 맥 빠져있는 옷들을 새 옷처럼 자르르 다리고 특히 어려운 모시옷 같은 걸 다려서 옷걸이에 차례차례 걸어놓고 서랍 안에 나란 나란히 개켜 넣었을 때의 그 뿌듯함은 삶에서 굽이굽이 힘든 난제를 해결했을 때의 기쁨 그것이었다. 궂었던 기분도 울적했던 시름도 슬며시 사라지는 것 같았다.

남의 눈에는 구애 없이 보이는 삶도 있다. 그러나 인생이란 뜻밖에도 움푹 질퍽한 주름길이 널려있기 마련이다. 그것은 먼 바다에서 밀려오는 파도의 주름처럼 불가항력적인 것도 있지만 내 안에서 스스로 못나서 웅크리고 찡그려서 짓는 주름도 많았다. 사실 누구나 내 안에 부침하고 내 안에서 삭여야 하는 속사정은 나름대로 있는 것, 한없이 잔잔하게 보이는 먼 바다 속 물결도 그 안에 얼마나 많은 성낸 용틀임과 수많은 물결의 몸부림이 있는지 모르는 것이다. 그 파장, 아무도 모르는 내 안의 충돌을 혼자 달래고 삼키면서 흘러가면 물은 겉으로 그대로 잔잔할 뿐 표시가 없는 것이다. 나 또한 마찬가지였다. 뜨거운 다리미를 밀듯 스스로를 꾹꾹 눌러주면서 솟구치는 분노도, 문드러진 자존심도 억지로 지우고 살았을 것이다. 그래서 나는 언제나 말짱한 얼굴로 안 그런 척 의연한 나를 보이며 살 수 있었나 보다.

 남편의 마지막 출근을 위해 셔츠를 다리고 있자니 지난 세월이 한숨에 들이밀고 오는 듯했다. 첩첩한 골짜기를 헤치고 올라와 산정에서 돌아다본 느낌이었을까? 그 기분은 뿌듯한 보람보다는 오히려 서글픈 허무에 더 가까운 듯했다. 이제야 남편에게 그가 진심으로 바라던 자유로운 시간이 돌아온 것일까? 불타던 의욕도 팔팔하던 활력도 이미 힘이 숙었는데….

 어느덧 시간은 검은 해면 같은 밤의 정적 속으로 빨려들며 자정에 이르렀다. 드디어 인생의 긴 산굽이를 돌아온 남편의 노곤한 잠자리가 일단은 편안해 보였다. 오랜만에 편안한 잠이 들었을까? 조용히 잠든 남편의 얼굴을 굽어봤다. 많이 칙칙해진 피부, 이미 골짜기가 되어 굳어진 이마의 굵은 주름이 잠들어서도 펴지지 않는다. 그 골

팬 주름자리에 그가 보낸 세월이 그려져 있었다. 그가 그동안 얼마나 숱한 긴장 속에서 지냈으며 경쟁사회에서 당당한 일원이 되기 위해 발버둥 칠 수밖에 없었던 수많은 번민을 누가 알 것인가? 그가 책임 있는 가장으로서 가족을 위해 고심했던 꿈과 의기는 아내인 나도 다는 알아주지 못했다. 나는 다만 그가 모든 힘을 다해 최선을 다했음을 알 뿐이었다. 그런데 아내로서의 나의 자리는 어떠했던가? 무능인지, 무심인지 지켜보는 게 고작이었던 것 같다. 아니, 나는 오히려 그 시간까지도 종잡을 수 없는 마음의 행로에 허둥대고 있었다. 봉급날이면 척척 나오던 화수분이 동나게 되는 아쉬움, 막연하고 정처 없는 맘, 남들이 제법 알아주던 남편의 시절이 끝나는 허무함, 아마도 이 모든 것이 범벅된 혼란 속에 있었던 것 같다.

　은퇴 이후 요즘, 남편은 조용한 시골생활을 즐기고 있고 나도 이제는 매일 다림질하는 일은 거의 없다. 그렇다고 우리의 삶이 모두 끝난 것은 아니다. 살아간다는 것은 주름이 져가는 것이고 생활이란 그 주름을 다림질 해가는 것일 게다. 인간 세상에 켜켜이 엉킨 주름이 다 어딜 가랴? 먼 바다의 파도가 쉼 없이 밀려와 끊임없이 주름지듯이 아직도 우리가 펴고 갈 삶의 주름은 남아있을 것이다. 그러나 그것은 누구나 밝고 가는 인생길일 뿐이다. 이제까지 그 길을 열심히 성실하게 지나왔으니 주름은 세월의 훈장이고 자랑스러운 삶의 관록이라고 여겨본다. 그러기에 삶이 너무 서글프고 많이 피로하더라도 곱게 자락을 펴 다림질하며 살 때 우리의 세월은 한결 아름다운 물결로 수놓아질 것이라고 홀로 가늠해본다.

나의 멍 때리는 시간

　나는 요즘 나의 멍 때리는 시간이 자랑스럽지는 않아도 내심 떳떳하다. 사실 제대로 말하면 멍 때리고 앉아있는 것은 게으름의 다른 모습이기는 하다. 한순간 나를 멍청하게 팔아버리고 누가 엔간히 일깨우기 전까지 의식을 못하는 무아지경이니까. 그런데 문제는 내가 그 순간에 대해 미련이 있느냐면 별로 아니다, 라는 사실이다. 그 시간은 완전히 버려버린 시간일 텐데, 나는 아깝지 않다.
　그럴 때는 모든 것이 잠시 정지된다. 때때로 나로부터 도망가고 싶은 충동을 느끼는데 그 소극적인 장소가 나의 멍 때리는 순간이 아닌가 싶다. 나는 원래 남의 일에 관심이 적고 내가 원하는 것에만 호기심이 있는 편이다. 그게 이기적인 것과 차이가 뭔지 모르지만. 하여튼 그 시간에 내가 잠시 빠져나온 일탈이란 무엇이었을까? 그렇게 나도 모르게 내가 몰입되는 것, 그 해찰, 내가 한눈팔던 일이란 과연 무엇일까? 그걸 구체적으로 따져본 적도 없지만 막상 생각나는 것도 실상은 없다.

그렇지! 내 멍 때리는 시간에 내 의식은 내 몸을 벗어나 어딘가를 한들한들 걷고 있었는지 모른다. 나는 그런 때 잠시잠깐 방랑객 셈이다. 가령 아무도 없는 정류장에 앉아 언제쯤 버스가 와도 상관없다는 듯 앉아있을 때도 그렇다. 그때 나는 어쩌면 될수록 버스가 늦게 오기를 바라며 있는지도 모른다. 멍청하게 앉아 있으면서 이리저리 시선을 돌린다. 들녘 너머 먼 하늘가의 구름도 무심히 쳐다본다. 때로는 논둑을 흔들거리며 가는 자전거를 무심히 바라보기도 한다. 자전거 타는 이가 젊은이면, 그리고 그 젊은이의 경쾌한 발이 자전거를 신나게 달릴 때 바람에 남방셔츠 뒷자락이 가볍게 펄럭이는 모습을 보면 기분 좋다. 그럴 때, 내 가슴에도 웬 바람 같은 것이 펄럭댄다.

내가 길거리를 걸어갈 때는 될수록 아는 사람이 적은, 그러면서도 별로 낯설지 않은 길이어야 한다. 나는 겁이 많아서 생전 가보지 않은 낯선 타향은 두렵고 경계심이 난다. 혼자서 여기저기를 기웃거리며 걸어간다면, 그런 때 나는 무한한 자유를 느낄 것이다. 별 목적도 없이 시간은 넉넉하고 채근 받을 어떤 것도 없는 때다. 집에 젖먹이 아이를 두었다거나 엄마를 찾는 초등생 아이가 불러 젖힐 일도 없다. 그저 편하게 어깨를 늘어뜨리고 슬렁슬렁 걷는 것이다. 뜻 없이 길거리 간판을 쳐다보다가 앙상하던 가로수의 나뭇가지들이 어느새 잎이 파랗게 움이 피는 걸 보면 "아, 예쁘구나, 어느새 봄이!" 감탄도 하고 낙엽 지는 가을날에는 스산한 길바닥에 떨어진 노란 잎이라도 주워들면서 "으음, 벌써 가을이네! 그렇구나!" 하며 신음처럼 세월을 영탄하기도 하고.

나는 사실 옛날 동네의 소박한 잡화상이라든가 학교 앞 문구점 같은 아기자기한 소품가게가 더 친밀감이 난다. 슬그머니 들어가 한참이나 구부리고 서서 뭔가 고르고 싶다. 길에는 뻥튀기 가게도 있겠지. 심심한 판에 한 장만 달래서 아작아작 깨작거리면 좋겠다. 저기 가는 아이들처럼 엄마 손잡고 환한 풍선도 하나 사서 둥실둥실 흔들며 가고 싶다. 혹시 앞에서 어슬렁거리는 이름 모를 동네 누렁이를 만나면 '야!' 하고 한번 툭 건드려 볼 용기가 날까? 이럭저럭 이삼십 분쯤 다리 안 아플 정도로 흔들며 걷다가 길가 벤치에 앉아 멍하게 오가는 사람들을 바라보면 어떨까. 이런 시간은 하루에서 내가 빈둥거려도 아무 지장 없는 시간일 텐데, 그러나 나는 별로 그런 시간을 쪼개지 못하고 살고 있다.

나는 고독을 즐기려하는 걸까? 나 혼자 있는 시간을 그리워하다니. 누구에게도 무관심한 존재가 되는 그런 시간을 바라고 있네! 그러고 보면 나의 멍 때리는 시간은 내가 나를 농땡이 치는 시간이라고도 할 수 있겠다.

요즘은 주로 남편에게 자주 지적을 받는다. 연속극에 빠져서 설거지할 것도 잊고 약 먹을 것도 잊어버리기 때문이다. 더욱 심각한 것은 매번 주전자를 올려놓고도 태워버리는 일이 어디 한두 번인가. 아예 태워도 아깝지 않을 싸구려를 살까 보다. 한번 드라마에 필이 꽂히면 일단 주변을 잊어버린다. 그것이 설령 막장 드라마라 할지라도 뒷얘기가 어떻게 돌아가는가 궁금해서 앉아서 뭉개다 보면 곁에서 국이 넘치고 바닥까지 바짝 타버리는데도 나는 몰라라, 이다.

멍청한 상태로 어떤 상념에 함몰되는 시간을 멍 때리는 시간이라고 했다. 시간의 블랙홀이랄까, 그렇다고 내가 무작정 시간을 죽이는 그런 시간은 그리 많지도 않다. 하지만 나는 내 식의 멍 때리는 시간이 괜찮다. 그런 시간을 헛된 시간이라고 생각지 않는다. 설령 식구들 밥이 좀 탔기로 뭐가 그리 큰일이겠는가? 적당히 타면 구수하기도 하고 사실 제일 많이 탄 부분 처리는 언제나 내 차지인 것이다. 결코 큰일 날 일은 아닌 것이다. 그러나 드라마 끝부분을 못 봤을 때 그 답답함, 그 꺼림칙함은 큰일 보고 처리 안 한 것처럼 개운치 않다.

사람마다 쉬는 시간도 다 다르다. 하루 내 힘들게 일하고 저녁에 느긋한 맘으로 심신을 쉬려 드는 사람들이 대부분이다. 그런데 나는 언제나 밤 시간이 나의 황금시간이다. 얼른 자고 싶지 않다. 가만히 앉아있으면 내가 혼자 그 시간을 차지하고 있다는 사실이 뿌듯하다. 만일 그런 시간이 없이 다음날로 계속 나의 생활이 이어진다면 내 맘은 못물을 충분히 채우지 못한 마른 논바닥 같을 것이다.

멍 때리기는 나의 여유이다. 나는 그 시간이 헛되지 않다. 그래서 떳떳하다. 시간을 죽이는 것이 아니라 잠시 시든 잎같은 나를 물에 적시듯 소생시키는 것이다.

앞으로 세월이 많이 남아있지 않을 수도 있다. 그러나 우리가 아등바등 서두르며 알차게 계획 있게 진도를 작성한들, 그렇게 할수록 나의 나머지 생은 여백이 더 없어질 듯싶다. 하얀 그 아까운 여백에 내가 꼭 하고 싶고 해야 되는 그런 그림을 그려야 될 듯싶다. 때로는 여백이 많은 그림이 더 많은 얘기를 함축해주기도 한다는데.

오늘도 시시껄렁한 속된 얘기들인 드라마나 토크에 매몰되어 멍하게 웃고 있는 나를 유일한 목격자 남편이 흉보고 있다. 일찍 자지 않고 뭐하는 거냐고 성화다. 시청을 하려면 저질의 드라마보다 다큐 프로나 문화 답사 같은 차원 높고 격조 있는 것을 봐야 된다면서. 그러나 아무리 좋은 값비싼 고급 음식도 내 혀가 반겨야 맛있다. 고기든 푸성귀든 내가 그걸 달갑게 즐거이 내 속에 받아들여야 피가 되고 살이 되는 거지, 혼잣말로 엉뚱한 내 개똥철학을 펴본다. 나는 내 멍 때리는 시간을 사랑한다.

2015. 5. 9.

그대의 찬 손

푸치니의 오페라 〈라 보엠〉, 그 1막에서 주인공 로돌포가 부르는 아리아 〈그대의 찬 손〉을 듣고 있는 중이다. 가슴을 후벼 파고드는 그 애절한 소리는 언제 들어도 내 무딘 감성을 휘청하게 한다. 내게는 열정적으로 노래하는 로돌포 역의 그 테너 가수가 카루소이거나 파바로티이거나 상관없다. 어쨌든 그 노래는 아주 슬프고도 감미로운 노래이다. 음악 방면에 너무 무지한 내가 이 가곡에 좀 관심을 두는 것은 음악 자체에 매혹되기도 하지만 또 다른 이유도 있다. 노래의 제목이 〈그대의 찬 손〉이기 때문이다. 노래는 가난한 시인 로돌포가 병든 애인, 미미의 차디찬 손을 붙잡고 사랑을 고백하는 대목이다. 그런데 나는 그 뭣보다 여주인공인, 미미의 손이 '차디찬 손'이라는 데에 남모를 친밀감을 느끼는 것이다.

언제부턴가 누가 반갑게 눈인사를 하며 다가설 때, 그리고 정답게 손을 내밀며 악수를 청할 때 나는 멈칫 겁부터 난다. 악수를 하고 난 뒤, 그와 나 사이에 흐르던 다정한 난류가 갑자기 정색을 하고 얼음장같이 차갑게 식어질까 긴장하는 것이다.

내 손은 차다. 어릴 때부터 지금까지 평생 따스해지지 않고 있다. 그런데 억울한 것은 여름이 되면 내 손의 열도는 오히려 뜨거워지니 무슨 조화인지 모르겠다.

비교적 건강체로 태어났기에 몸이 아파서 부모님께 큰 걱정을 끼치진 않았다고 하는데 소소하게 감기는 늘 끼고 살았다. 손이 찬데도 그걸 간수할 줄 몰랐던 때문이다. 겨울만 되면 내 손등은 연례행사처럼 얼음이 박혔다. 젖살이 빠지지 않은 통통한 내 손등은 돌멩이 같은 얼음이 들어 시푸르게 변하고 두꺼비같이 부풀어 올랐다. 어머니는 내 손에다 별의별 단방약을 다해주셨다. 텃밭에 버려진 마른 가지 넝쿨을 걷어다 푹푹 삶아 그 속에 손을 담그게도 하고 어린애 오줌이 약이 된다더라고 동생 오줌에다 억지로 손을 집어넣게도 했다. 그나마 메주콩 자루 속에다 손을 집어넣어 냉기를 빼는 것은 그런대로 콩놀이처럼 괜찮았다. 좀 커서는 몸이 따뜻해진다는 속설에 솔깃해서 꿀물을 열심히 마시기도 했다. 모두 별 효과는 보지 못했던 것 같다. 나이가 들고 스스로 손을 춥지 않게 간수할 즈음해서 지독한 그 동상이라는 놈은 슬며시 물러갔다.

눈치 모르던 어릴 때만 해도 별 자격지심은 없었다. 커가면서 남들이 내 손을 만지는 순간 그들이 깜짝 놀라는 것에 내가 놀랐다. 내 자신이 추워서 불편한 건 그만두고라도 이미 민폐를 끼치고 있음을 깨닫게 된 것이다. 나는 차츰 손을 함부로 내밀지 않게 되었다. 철이 난 듯, 그 어느 날 이래로 내 손을 못난이같이 감추게 되었다. 서슴

없고 순진하던 내 발랄함은 슬슬 자신 없이 소극적으로 움츠러졌다.

　손이 찬 것을 절실하게 괴롭게 생각한 것은 아이들이 어릴 때였다. 맘대로 스킨십을 할 수 없었다. 밖에서 놀다 꽁꽁 얼어 들어온 애들에게 얼른 손을 내밀어 차게 언 두 볼을 감싸주지도, 예쁜 고사리손도 따뜻이 어루만져 녹여줄 수 없었다. 얼른 다가가 정답게 안아 주는 것도 망설이게 됐다. 아마도 남편과 교제할 때도 마찬가지였을 것이다. 그의 손은 유난히 따뜻한데 내 손은 땡땡 굳은 얼음장 같았다. 나는 아마도 그럭저럭 장갑을 끼고 위기를 모면했던 것 같다. 아무 내색은 안 했지만 결혼 후 처음 맞은 크리스마스 때 남편이 내게 준 선물은 안에 하얀 토끼털이 든 가죽장갑이었다.

　영화 속에서 사랑하는 사람끼리 손을 맞잡고 그윽이 마주 보는 그런 장면은 내게 각별히 진한 안타까움을 준다. 그런 장면은 내가 감히 다가갈 수없는 성역같이 생각된다. 또한 얼굴은 밉상이고 옷차림도 누추한데도 환하게 웃으며 손을 붙들고 정담을 나누는 모습을 보면 그 모습이 너무나 아름답게 보인다. 주고받은 그 사연까지도 따스하고 정다울 것 같다. 이젠 육신 또한 온기가 식어가는 노년이고 보니 따스한 것에 대한 갈증이 더하다. 내가 평생 체질적으로 갖지 못한 따뜻한 손, 그 아쉬움은 때때로 나를 속상하게도 주눅 들게도 한다.

　냉혈한은 피까지도 찬 사람인지, 인정 없이 냉혹한 사람을 그렇게 부른다. 그러면 나도 정녕 얼음처럼 찬 그런 인간이란 말인가? 나는 속으로 끙끙거린다. 내 성격을 생각하면 그 말에 부정 못할 부분이 분명 있다고 느낀 것이다. 나는 비교적 감성적 성격이 아니다. 감동을 느낄 때도 폭발적이거나 열정적이지 않다. 전혀 논리적인 성격도 아닌데 마치 이성적 사유나 거치는 듯 매사가 반응이 호들갑스럽지 못하고 심드렁하기까지 하다. 꼭 비정한 사람 같아 내가 싫어진다. 나는 차라리 좀 주책없더라도 직설적인 성격이 부럽다. 솔직하게 보이고 정직하게 보인다. 그런 사람들은 남을 배려하지 않을 때도 있어 남에게 상처를 주고 오만하게 보일 때도 있다. 허나, 잔뜩 위축된 내 옹색한 마음은 그것마저 순수한 치기일 거라고 용서해준다.

정녕 손이 찬 것은 피가 찬 것일까, 마음도 찬 것일까? 의학적 설명으로는 단지 체질적인 혈행 현상이라고 한다. 신체의 말초부분까지 원활하지 못한 혈행의 순환문제라지만 내게는 아무런 위로가 되지 않는다. 어쨌든 내 손을 따뜻하게 해주는 처방은 아닌 것이다. 그런데 어떤 이는 나를 위로할 셈인지 손이 찬 사람이 마음이 따뜻하다고 말했다. 그러나 남을 위해서 별로 자선 행위도 한 게 없고 남다른 희생정신도 없는 내가, 스스로 생각해봐도 그처럼 따뜻한 사람은 아니라고 생각되기에 그 말은 전적으로 믿지 않는다. 다만 손이 찬 사람이라고 해서 실제로 비정하지는 않을 것이라고 그렇게 우기고 싶다. 사실 누굴 만나면 얼른 다가가 반갑게 손을 붙잡고 싶다. 비록 선뜻 다가서지 못하지만 나의 찬 손은 이미 달려가 상대방의 손을 담쑥 그리고 포근히 잡고 싶은 것이다.

오랜만에 두 손을 세워들고 찬찬히 들여다본다. 분명 내 손인데 낯설다. 손이 나이를 먼저 먹는 건지 거칠고 흉해져 미운 손이다. 심줄들이 나무뿌리 불거지듯 손등에 튀어나왔다. 거무죽죽 불그죽죽 투박한 살갖의 손 하나가 타인처럼 나를 바라본다. 아무리 봐도 은어처럼 매끈하고 뽀얗던 예쁜 손이 아니다. 나는 순간 눈물이 핑 돌려 한다. 변해버린 내 손이 슬픈 게 아니다. 내 손이 거친 것이 싫지 않다. 이토록 바꿔진 모습이 한편 대견하기까지 하다. 아마도 십여 년 전쯤의 나는 이런 반응을 하지 않았을 것이다. 남들에게 제법 곱다고 부러움 받던 손이었기에 은근히 자부심마저 가졌고 손을 부끄러워하지 않았다.

그런데 지금 이렇게 망가졌는데도 왜 나는 오히려 기쁠까? 너무 살이 말라붙어 심줄이 드러났기에 이젠 동상이 들 자리가 없어졌다고 쾌재를 부르는 것일까. 내가 비록 내 차디찬 손 때문에 남모를 트라우마를 지니고 있지만 분명, 그건 아니다. 나는 내 손이 평범한 모든 어머니들과 비슷하게 닮았다는데 안도를 느낀 것이다. 외형만으로도 그 섬이 흐뭇한 것이다. 평생을 물 마를 새 없이 식구들 위해 분주히 부려먹는 어머니의 손, 그 요술같이 유능한 위대한 손, 나도 그걸 해낸 것인가. 그래! 아무려면 어떠냐? 내 손이 몹시 차가워도 남들처럼 손의 역할을 충실히 해냈다면 그걸로 족하게 생각할 일이 아닌가? 〈그대의 찬 손〉, 그 노래는 다만 아름다운 가극으로 즐길 뿐이다. 차디찬 손보다 뜨거웠던 그들의 사랑을 기억하며.

한 가지 결핍도 없는 사람은 없을 것이다. 눈에 보이든 보이지 않든 세상에는 남 모를 불편을 지니고 사는 사람이 태반일 것이다. 나는 손 덕택에 자연히 세상 인간들의 속내를 알게 되었다. 예를 들면 내가 누구와 만났을 때 내 손을 붙잡고 다가서는 반응이 각각 달랐다. 처음에 깜짝 놀랐다가도 어떤 이는 다시금 손을 어루만지며 얼마나 손이 차서 춥겠느냐고 진심 어린 염려를 해준 반면, 어떤 이는 느닷없이 징그러운 벌레라도 만진 듯 불쾌하게 털면서 왜 그리 손이 차느냐고 물러섰다. 나를 동정하는 듯도, 업신여기는 듯도 했다. 인간세상은 그런 두 가지 유형의 인간들이 혼재해 있다는 사실을 알게 해준 것이다.

만일 내 손이 차갑지 않았더라면 어쩌면 나도 후자의 인간군에 속할 뻔했다. 뭐든 자기 기준으로 판단하고 자기에게 유리하게 맞춰가는 인생관에서 한 발짝도 못 나아갔을 것이다. 세상에는 육체적으로 장애를 가진 사람, 또 우리가 모르게 정신적인 아픔을 지닌 사람들, 그렇게 어딘가에 결핍을 가진 사람들이 많이 있다. 그런데 어떤 결핍을 가진 사람은 적어도 남의 결핍에도 저절로 눈 돌리게 되고 조금은 이해하게 된다. 도움을 주지 못해도 그나마 동병상련의 정은 느낄 것이다. 이렇게 생각하니 나의 조그만 약점인 손 하나가 내게는 세상을 향한 마음의 창이 된 셈이다. 이젠 소심한 사람이 긴장으로 손에 진땀이 난다는 것도 알게 되고 어려운 자리에서 손이 떨리는 심정도 이해할 것 같다.

어려운 환경 때문에, 또는 정신적 고독으로 춥고 외로운 사람도 많을 것이다. 그에 비하면 단지 육신의 손이 차가울 뿐인 나는 얼마나 다행한지 모른다. 사실, 이까짓 신체적 약점 따위로 주눅 들어서 자신을 불평해보았자 무슨 소용이 있겠는가? 차가운 손보다는 차가운 마음이 훨씬 더 슬프고 불행한 일이라는 걸 이미 터득한 나이다.

가곡 속 로돌프의 달콤한 노래, 〈그대의 찬 손〉처럼, 이렇게 차가운 내 손이 나에게, 인생의 씁쓸한 아픔과 더불어 훈훈한 사랑을 알도록 한 그 귀한 슬기를 선물로 준 듯하다.

아, 언제나 〈그대의 찬 손〉, 저 노래는 너무 매혹적이고 너무 감동스럽다!

2012. 3. 3.

빌딩 숲의 나무와 산골 노인

 나른해지는 오후 나절, 준이 아빠 전화를 받았다. 이미 몇 순배는 너머 걸친 듯 해롱해롱 목소리가 반쯤 풀어져 있었다. 언제나 주기가 거나해지면 감성이 발동을 거는지 그는 온갖 세상사에 유감을 토로한다. 목소리도 서글프게 거의 절규에 가깝다. 그날은 창밖을 내다보며 혼자 술을 마시다, 대작하는 술벗 대신 내게 전화를 건다고 했다. 자기 기분에 북 장구 쳐달라는 것일 터.
 길 건너 쪽에 시멘트 블록 건물들이 보이는데, 건물과 건물 사이에 좁은 틈을 비집고 나무 한 그루가 서 있다는 거다. 대개 짐작이 드는데 큰 건물 때문에 햇볕이 들지 않은 비좁은 공간에 끼어있는 나무에 대한 애처로움이었다. 언제나 주위 여건은 무시해버리고 건물 사이로 심어놓은 수목들이 비리비리 제대로 크지도 못하고 안타깝게 연명이나 하고 있는 것은 보면서, 실은 나도 볼 때마다 못마땅했었다.
 이쪽이 듣거나 말거나 그는 한참 동안 투덜댔다. 시멘트들이 시커멓게 도시를 차지해버렸다. 무자비하고 감정도 없는 그 무생물체들이 버티고 서서 햇볕도 가리고 시원한 바람도 막아버리고 온 도시를 지배할 모양이다. 가여운 나무마저 숨도 못 쉬게 억눌러버리는 그 모양을 어떻게 생각하느냐? 자기는 너무 숨 막히고 답답하고 부당한 것 같다. 이 세상이 왜, 점점 이렇게 되잖은 것들로 채워 가느냐? 정말 못 마땅하다. 이렇게 잠식되다가는 도대체 어떻게 될 것 같으냐? 연약한 생명체들은 어떻게 살라는 거냐? 이런 내용이었다.

평시에 그는 상당히 이상주의 쪽이다. 그가 보는 시각이 어떨 땐 황당하면서도 내가 무심히 지나쳐버리는 문제점의 정곡을 찌를 때가 있다. 그는 항상 닳고 닳은 현실에 배반감을 느끼고 상처를 받는데 그 비리비리한 나무를 보니까 마치 자기가 당했던 현실의 벽을 연상한 듯했다.

전화를 받으면서, 나는 문뜩, 며칠 전 TV에서 상당히 인상 깊게 봤던 어떤 장면을 떠올리고 있었다. 뜨물 같은 세상에서 맑은 옹달샘 같은 얘기 즉 〈나는 자연인이다〉 라는 프로였다. 자연 속의 기이한 삶을 취재한 다큐물인데 깊은 산속에서 홀로 사는 노인 얘기였다. 이 분은 좀 특이했다. 그는 찾아간 PD에게 선뜻 자기의 오막살이 안에서 음료수를 꺼내어 권했다. 그 노인이 사는 곳은 도저히 집이라고 볼 수 없는, 기어들어가고 겨우 나오는 발 뻗기도 옹색할 정도의 움막이었다. 그 움막에서 손님이 오셨다고 음료수를 대접하는 노인이 처음에는 어이없었다. 그 노인은 자기가 그곳에서 사는 이유를 당당히 역설하였다. 정직하고 진실하게 살기 위한 것이라 했다. PD가 어째서 그곳에서 살아야만 그렇다고 생각하느냐고 묻다가 코가 다치게

혼이 났다. 그 노인은 당신은 기자라면서 진실하고 정직하게 산다는 것이 어떤 것인지 몰라 묻느냐고 호통 치듯 되물었다. 자기의 가치관이 무시되자 심한 모멸감을 느낀 것 같았다.

가만 보니 그 나름의 산중생활 철칙이 있었다. 그는 자연을 함부로 하지 않는다고 했다. 꼭 생존에 필요할 만큼만 자연에서 채취하며 산다는 것이다. 지천으로 자라는 채소도 나무도 버섯도, 최소의 필요 분량만 차지한다고 했다. 자연 훼손을 막고 그 보존을 위한다는 것이다. 그것이 자연과 공생하고 자연에 대해 염치를 지키는 생활이란다.

가장 인상 깊었던 것은 마지막 헤어질 때였다. 노인은 집에서 산등성이를 한참 올라가 어떤 웅덩이를 찾아갔다. 그 웅덩이에는 한 바가지나 겨우 될 듯한 물이 조금 고여 있었다. 날이 가물어 물이 받아서 겨우 식수를 마련한다고 바닥을 박박 긁어 한 그릇의 물을 퍼왔다. 그리고 불을 피워 끓이기 시작했다. 이윽고 움막 안에서 주섬주섬 뭘 꺼내왔는데 2개의 컵과 인스턴트 커피봉지였다. 노인은 정성스레 끓는 물을 부어 커피를 타서 손님대접을 하였다. 기자는 놀란 듯 "아니, 드실 물도 부족하실 텐데….." 하면서 엉거주춤 잔을 받고 있었다.

좀 놀라웠다. 그 아무도 오지 않은 깊은 산중에서 춥고 불편하고 어려운 생활인데 그 노인은 뜻밖에도 여유롭게 살고 있었다. 요즘 사람들이 바쁘다고 생략하고, 번거롭다고 회피하는 사람접대도, 차접대도 제대로 하고 있었다. 문화를 아는 분 같았다. 물론, 산중에 커피 대접이 어울리지 않았지만 젊은 사람 기분을 맞춰준 것이리라. 그에겐 어떤 자부심이 보였다. 사람다움을 잃지 않은 모습이었다. 마침내 돌아가는 PD에게 그는 정중히 배웅하며 올 가을쯤 다시 찾아오라고 말했다. 적막한 겨울이라 땅에 아무것도 없어 줄 것이 없지만 가을에 오면 심어놓은 것도 있고 산의 알밤도 맘껏 따가라고 덕담까지 했다. 노인의 주름진 얼굴은 전혀 빈한하게 보이지 않았다. 오히려 세속의 헛된 욕망쯤 가볍게 벗어버린 무욕의 해맑은 표정으로 여유로운 미소를 지으며 산을 내려가는 그들에게 언제까지 손을 흔들고 있었다.

나는 준이 아빠의 전화선 타령을 거의 건성으로 들은 셈이다. 그 노인을 떠올리고 있었고, 전화통 사설이야 때때로 듣는, 예의 그 비통한 현실고발이기 때문이다. 끝도 없이 이어질 것 같은 울분 넘치는 사설을 그냥, 애 달래듯 얼른 들어가 쉬라고, 낮술이 뭐냐고, 말을 동강내버렸다. 구원한 인류의 미래를 염려하는 그의 생명존중 사상은 나도 공감은 한다. 또 그가 그토록 비관적으로 보는 현실관을 탓할 수 없음도 인정하고 있었다. 하지만 나는 아직까지 이 못마땅한 현실 이면에도 분명히 남아있을, 그 뭔가를 믿고 있기 때문이었다.

비록 깊은 산중에서 짐승처럼 생존만 하는 목숨일지라도 노인은 인간의 자부심인 사람다운 예의를 잃지 않고 있었다. 무지한 동물과 비교할 수 있는 것이 있다면 사람다움일 것이다. 나는 우리가 버려서도 안 되고, 포기할 수도 없는 '희망'을 본 듯했다. 비록 마땅치 못하게 시멘트 문명 더미에서 겨우 연명하고 있지만 건물 틈 사이 나무는 우리가 지향해야 할 희망일 수 있다. 딱딱한 벽돌 틈에 푸르른 나무줄기 하나! 얼마나 산뜻한가? 건축의 마지막 완성은 한 줄기 푸르른 수목이 곁에 세워지면서 도시건축의 마무리로 비로소 끝난다. 비록 좋지 않은 환경이지만 그럴수록 열심히 조경을 해야 도시가 신선해진다. 비록 햇볕을 잘 못 받는 열악한 환경이 안타깝지만 작은 나무의 소임은 너무도 위대하다. 메마른 도심을 촉촉한 감성으로 적셔주는 나무, 그 이파리 나부낌으로 도시가 얼마나 정서적인 분위기로, 기쁨 넘치는 자양소로 바뀌는지 알지 않는가? 다만 심어놓고 몰라라 방치하는 것이 문제다. 나무가 잘 살도록 관심 있게 계속 돌보는 것이 필수일 것이다.

  TV에서 만난 그 산속의 노인이 내게는 어쩜 그 나무같이 보인다. 대수롭지 않게 여기는 미미한 처지지만 우리 주위에 꼭 있어야 할 귀한 존재로 여겨진다. 도시의 시멘트 숲속, 한 그루 푸른 나무와 산골 노인의 따뜻한 차 한 잔, 뭐가 다른가? 그 노인은 어떤 개인적 아픔과 현실을 등져야만 하는 말 못할 사연이 있었을 것이다. 그러나 그 고적한 산중까지 밀려났을지언정 그는 우리가 차츰 버려가고 있는 타인에 대한 배려심, 따스한 인간성을 지녔다. 사람 된 도리와 예의를 잊지 않았다. 그것이 바로 삭막한 현대, 찌든 영혼을 씻어주는 차고 시원한 옹달샘 같다고 생각되었다.

  나는 그날 준이 아빠에게, 속상하다고 술만 마시지 말고 한 번 그 방송이나 보지 그러느냐고 말해 줄 걸, 왜 그땐 잊었는지 모르겠다.

2011. 2. 20.

십 원짜리 동전

신문을 사려는데 만 원짜리뿐이고 잔돈이 없었다. 주머니를 털듯 뒤집어 봐도 5백 원짜리 동전 한 개와 오십 원짜리 동전 하나 그리고 십 원짜리 동전 다섯 개뿐이다. 그래도 용케 신문 한 부 값은 되겠다. 할 수 없지. 신문 값 육백 원 내려고 만 원짜리 쓰느니….

나는 가게 안을 기웃거리며 아저씨를 불렀다. '아저씨, 신문 주세요…. 이거 잔돈뿐이네요.' 하면서.

슬며시 아저씨가 내미는 손에 동전을 쏟아 붓고 한 손으로는 가판 대에서 신문을 집어 들고 있는데,

"아주머니가 잔돈 챙기시느라 애쓰셨네."

손가락 끝으로 낱낱이 동전을 세던 아저씨가 말끄러미 내 눈을 노려보며 느릿느릿 말을 뱉더니 가게 안으로 쑥 들어 가버렸다. 노골적으로 비웃는 태도였다.

"…내 그럴 줄 알았지…. 그렇지만 내 돈 쓰면서 왜, 내가 구박덩이가 된 거야?…. 봐라, 내 이담에 여기 와서 뭘 사나."

불시에 창피한 생각이 들고 뒤통수가 후끈했지만 나는 혼잣말만 중얼중얼하며 돌아서고 있었다. 거칠게 돌아올 대꾸가 겁이 난 것이다. 따져보았자 진흙투성이로 욕설이나 뒤집어쓸 걸 알기 때문이었다. 사실 시장에서도 구멍가게에서도 항상 구박데기고 천덕꾸러기 신세인 십 원짜리 동전이다. 창구에서나 던지듯 내어주는 잔돈이고 지갑 한구석에도 귀하게 보관하는 사람도 없다. 심지어 구걸하는 사람에게도 주고도 욕을 먹게 되는 동전 신세다. 어디서나 대접 못 받는 동전을 나는 감히 어떻게 감쪽같이 써먹나 연구하고 있었나 보다.

분명한 돈인데도 이마에 몰염치를 달고 써야 된다. 받을 때는 무심히 받는데 내가 어디선가 써먹으려면 싫어하는 건 고사하고 나는 별안간 쩨쩨한 사람, 수전노 같은 사람이 돼버린다. 기껏 동전을 모아 가면 은행에서도 바쁜데 세기 귀찮다고 지폐 교환도 꺼린다고 한다. 형편없이 작아져버린 동전의 가치다. 십 원짜리 동전은 어디에 쓰나? 아마도 부엌에서 미나리 씻어 담가 둘 때 거머리 있을까봐 물속에 집어넣는 것이 그나마 쓰임새요 역할이 아닐는지.

옛날, 실수로 엽전 한 닢을 개천에 빠뜨린 노복을 나무라며 그 엽전을 찾으라고 개울물을 다 퍼내라고 시켰다던 이원익(오리 대감) 정승 얘기가 생각난다. 국가에서 발행한 재화의 가치를 중요시하여 그 엽전을 허술히 취급하지 않으려 했다는 명재상의 얘기가 실화인지는 모르지만….

티끌 모아 태산이라 믿고 부뚜막 위에 좀도리 항아리를 놔두고 좁쌀 한 줌씩 잔돈 한 푼씩 집어넣던 어머니의 알뜰함은 어떻게 생각해야할 것인가? 희미한 불빛 아래서 전구를 집어넣어 양말 깁던 어머니상은 요즘 여인들에게는 더 이상 미담도 아니란다. 절약을 미덕으로 삼던 시대가 아닌 것이다. 그런 사람 자체도 박물관 화석쯤으로 몰아버리는 시대가 온 것일까?

며칠 전 종가 형님께서 겨우내 남겨뒀던 재래종 작은 마늘씨를 깨끗이 벗겨서 한됫박이나 보내주셨다. 햇마늘이 나오기 전 어중간할 때 먹으라고 보내신 것이다. 구십 노구인 연세로 엎드려 그 자잘한 마늘을 까느라 얼마나 손톱이 쓰리고 등이 아프셨을까 생각하니 너무 고마웠다. 그 마늘을 싸온 비닐 봉투를 보고 또 한 번 놀랐다. 여러 번 빨아 쓴 듯 꾸깃꾸깃한 비닐봉투 중간이 고무줄로 칭칭 매어져 있었다. 구멍이 뚫린 것을 동여맨 것이다. 몇 천 석 재산을 지켜 오신 종부의 남다른 규모를 다시 한 번 보게 되었다. 언젠가도 큰댁 빨랫줄에 깨끗이 씻어 널은 비닐 봉투들을 보았었다. 나는 사실, 그때 그 더럽혀진 값싼 비닐봉투의 오물을 씻기 위해 비누며 물이며 사용해야 되는 경제성을 따지며 고개를 갸우뚱했었다. 물론 어느 것이 더 효율적인가 비교하기 앞서 형님께선 비닐 재사용을 통해 자원 절약, 환경보호라는 가치를 더 우선순위로 두었을 것이다. 또 누군가 이불 빨 때마다 꿰맸던 실을 모두 빼내어 실꾸리에 감아놨다가 나를 주기에 그 알뜰함에 질려서 감탄했다. 그런데 그 실을 한두 번 사용하고는 결국 버리고 말았다. 실이 누래져서 하얀 이불깃에 깔끔하지도 않았고 시력도 좋지 않은데 짧게 끊어 놓은 실이라 여러 번 바늘귀를 꿰어야 되는 수고가 싫어졌기 때문이었다. 그 사람의 성의도 무시하고 절약의 미덕도 행하지 못한 것이다. 미안하게도 알뜰실꾸리는 시간과 정성만 낭비한 것이 돼버렸다.

  나는 아직도 절약의 가치를 잘 알지 못하고 있는 셈이다. 과자 한 개도 못 사먹는 십 원짜리 동전도 그 가치를 인정받지 못해 홀대받는 것이리라. 어쨌든 나는 비록 오리 대감은 아니지만 잔돈을 버릴 수도 없고…. 또 동전으로 신문을 사려면 욕먹을 용기까지 내야 하는가? 어이가 없다. 동전이 아니라도 우리는 십 원짜리 동전처럼 주위에서 함부로 무시당하고 부당하게 대접받는 경우가 수없이 많았다.

  사람마다 가치에 대한 기준은 다를 것이다. 가치란 애초에 상대적 평가이기에. 행여나 어느 눈 맑은 사람이 유리처럼 해맑은 표준 잣대를 들고 가치의 눈금을 꼼꼼히 재고 있다면 이 시대의 진정한 가치는 무엇에, 어디에, 두고 있는지 물어보고 싶다. 물론 가치라는 것은 지극히 개인적인 관점이기도 해서 헌 고무신으로 엿을 바꿔먹듯이 소박하게 비교될 수도 있을 것이다. 그리고 시대를 초월해 영원한 가치도 있지만 시대적 요구에 따라 가치의 척도도 변해간다고 생각한다. 때로는 심오한 사상, 고도의 예술적 가치보다 더 심각한 현실도 있다. 기아의 현장에선 한 조각 빵과 한 잔의 물이 더 가치 있고 소중한 것 아닌가? 그래서 옛 희랍의 철학자 '디오게네스'에게는 한 나라의 절반을 주겠다는 알렉산더 대왕의 유혹보다도 그저 한 줌의 햇볕이 더 절실한 가치였을지 모른다.

  그렇지만 이 못난 동전 한 개가 모자라 차비를 낼 수 없어 마지막 버스를 놓칠 수도 있다. 관공서에 세금 낼 때도 꼭 잔돈을 붙여 내야만 할 때도 있다. 어디서나 비록 푸대접 받는 동전이지만, 그 동전 한 닢이 모이고 모이면 태산 같은 괴력을 갖는 기적도 이루어낼 수 있을 텐데….

 기적을 이루는 작은 힘, 내게는 그런 가치들이 제대로 빛이 나는 세상이 더 아름다울 것 같다.

엄마

첫 번째 얘기

    TV에서 휴먼다큐 프로를 볼 때면 그 감동스러운 장면에 눈물이 날 때가 많다. 엊그제 본 얘기는 나중까지도 영 잊히지 않을 것 같다.
    97세의 엄마였다. 나이로는 왕 할머니인데 전혀 노인 같지 않았다. 한창 나이의 바쁜 엄마처럼 쉴 새 없이 움직였다. 얼굴은 온통 주름살투성이고 치아가 없어져서 턱도 합죽하였다. 허리도 ㄱ자로 완전히 굽어버렸다. 그런데 참 행복해보이고 보는 사람도 덩달아 미소가 지어지는 호호할머니였다. 연세에 비해 체격도 크고 행동도 굼뜨지 않았다. 할머니는 일개미처럼 부지런히 움직였다. 한시반시 쉬지 않고 집안 살림을 반들반들 윤나게 닦고 구석구석을 깔끔하고 해말갛게 치웠다.
    건넛방에는 아들이 침대에 누워 있었다. 60이 넘은 아들은 부은 것인지 바람을 잔뜩 불어넣은 풍선 같이 퉁퉁하게 살이 쪘다. 꿈쩍도 못하고 누워 지내는 지체부자유자였다. 그는 침대 위에 커다란 바윗돌처럼, 거추장스럽고 무거운 짐짝처럼 부려져 있었다. 혼자서는 전혀 움쩍도 못했다. 그런 아들을 아흔이 넘은 할머니 엄마가 여윈 어깨로 부축해주고 있었다. 혼자서는 전혀 움직이지 못하는, 완전히 몸을 부려버린 육중한 아들의 몸체를 다루는 것은 건장한 힘센 젊은이라도 못 당할 힘겨울 고역일 텐데, 그 모든 노역을 엄마가 몸소 했다. 모든 걸 엄마 손으로 해주고 싶어서 남에게 맡기지 않는다 했다. 땀을 뻘뻘 흘리면서도 쓰러질 듯 간신히 지탱하면서도 아들에게는 부담주지 않으려는 셈일까, 표정은 전혀 괜찮다는 듯 아들과 명랑한 우스개를 나누고 계속 밝게 웃었다. 단지 목욕만큼은 감당할 수 없어 자원봉사자에게 부탁한다고 했다.

　그들이 아들을 씻기는 동안 엄마는 그 틈을 타서 번개같이 침대 시트를 벗기고 빨아둔 새것으로 얼른 갈아 끼운다. 항상 아들이 기분 좋도록 잠자리를 깨끗하게 바꿔주는 것이다. 그렇게 청결한 상태를 만들어 줬기에 그 많은 세월 동안 움직이지 못하는 환자이건만 한군데 욕창도 없이 아들의 몸은 금방 닦은 듯이 아주 깔끔한 상태였다. 엄마는 언제나 아들을 백옥같이 기분 좋게 깨끗이 닦아주고 사랑스러운 자식의 몸이 굳지 않도록 주물러 마사지를 해주었단다. 마치 일류 호텔에 모신 귀한 손님같이 최선을 다해 아들 뒷바라지를 해주는 고령의 어머니, 그 할머니는 이렇게 말했다. 육체적으로는 힘들어 도저히 할 수 없는 노동이지만 아들을 사랑하는 정신력으로 버틸 수 있었다고. 아들을 위하여 살고 있고 오직 그 염원이, 자기를 현재까지 살리는 힘이라고 말했다. 아들 역시 똑같은 얘기를 했다. 어머니를 위해,

자신이 너무나 고통스런 삶이지만 아직도 살고 있다고. 사람은 서로의 존재에 의해 사는 의의를 갖고 보람을 얻는 것 같다.

할머니는 그날도 부리나케 시장에 들러 가장 좋은 고기를 사다가 가장 좋은 미역을 넣어 세상에서 가장 맛있는 국을 끓였다. 침대머리에 앉아 맛있게 먹는 아들을 바라보며 엄마는 너무나 만족해서 웃고 있었다.

모정이란 무엇일까? 인간으로는 도저히 할 수 없는 일을, 그 신 같은 능력을, 엄마라는 힘으로 해내는 것이 모정이 아닐까? 그것은 불가사의한, 신도 예견 못한 초능력 같다. 평범한 엄마, 자격 없는 엄마들로서는 결코 이루어지는 능력은 아니다. 사랑이라는 순수한 힘으로, 저절로 솟아나는 샘물처럼 자식들에게 끝없이 쏟아 붓는, 엄마의 뜨거운 혈액 같은 게 모정인 것이다.

두 번째 얘기

병원에서 있었던 모자간의 일이란다. 아들은 말기 암 선고를 받고 난 뒤, 생에 대한 의욕을 완전히 놓아버렸다. 물 한 모금도 마시지 않는 병석의 아들을 바라보는 어머니는 한없이 절망스럽고 막막하기만 했다. 벌써 몇 끼니를 입을 다물고 있는 아들이었다. 매번 병원에서 식판으로 나온 죽을 아들은 싫다는 듯이 고개를 돌려 거부했다. 링거를 꽂아놓고 영양죽을 튜브로 먹이지 않았다면 어쩔 뻔했을까. 그렇다고 가만히 있을 수만도 없는 절박감이 가슴을 답답하게 했다. 이미 대책이 없으니 체념하고 기다릴 수밖에 없다는 주치의의 냉혹한 선언이 있었지만 마지막까지 희망을 접을 수 없는 것이 모정이었다.

"얘야, 그럼 엄마가 집에 가서 죽을 쒀올까? 엄마 손으로 맛있게 만들어다 줄까?"

아들은 눈을 꼭 감고 잠잠했지만 엄마는 마치 대답이라도 들은 듯 집으로 달려갔다. 새벽 일찍부터 몇 시간이나 고은 사골국물에 몸에 좋다는 7곡을 섞어 정성스레 죽을 고았다. 눈물범벅 한숨범벅으로 만든 그 음식을 아들은 신통하게 받아먹었다. 엄마가 만든 음식은 거부감이 없었던 거다. 그리고 몇 달이 지난 후, 거짓말같이 아들은 건강을 찾게 되었단다. 지금은 소거문도에 잘 살고 있다는 어느 모자 이야기였다.

이런 얘기를 들으면 가슴이 쿵, 하며 감동이 온다. 왜일까, 반문할 필요도 없다. 모정의 힘을 느끼기 때문이다. 결국 아들은 부의식중에도 모정을 찾았던 것이다. 모자간의 공통된 DNA는 거부감이 없었으니 음식마저도 무리 없이 소화된 것이리라. 엄마의 음식은 엄마의 마음이기에 아들은 마지막으로 극진한 엄마의 정성을 온전히 받아드리게 된 것이다.

두 엄마의 얘기는 나를 반성하게 한다. 언제나 최선을 다했던가? 사실, 마음껏 애들을 돌보지 못했던 나의 젊은 날이었다. 사소하다고 말할 수 없는 당시의 여건 탓도 있지만 주변사정 때문이라고 핑계대서는 안 되는 존재가 엄마인 것이다. 이런 얘기를 들을 때마다 애들한테 미안하고 좀 더 최선을 다하지 못한 것이 스스로 부끄럽다. 누군가를 사랑하는 것은 헤아릴 수 없는 희생적 노력과 넓고도 깊은 마음씀이 있어야 할 수 있다. 위의 두 모정은 충분히 우주라도 품을 수 있는 무한한 애정이었다. 참으로 아름답고도 고귀한 모정이, 샘물같이 메마른 마음에 촉촉이 젖어든다.

한 나무 통째로 꽃다발을

"자, 오늘 아침 이 꽃다발 선물을 받아요. 아주 한 나무 통째로 드릴 테니까."

아침 식사를 하려고 마악 밥상머리에 앉았을 때다. 남편이 마치 창문 밖에서 곧장 꽃다발을 가져오듯이 두 손을 정중하게 치켜들며 말했다. 아까부터 내가 자리에 앉기를 기다리고 있던 남편이었다. 그는 넙죽하게 손까지 받쳐 들며 짐짓, 꽃다발 증정 시늉을 해 보인다. 심심하였던가, 그런데 이런 장면은 앞으로도 한동안 이어질 모양이다. 아마도 지금 한참 만발한 백일홍 꽃들이 제풀에 떨어질 때까지 계속하지 않을까?

우리가 아침상을 받고 있는 부엌 뒤 창문 밖에는 소잔등같이 너부데데한 잔디 동산이 내다보인다. 그 푸른 잔디밭에 등대고 서서 지금 백일홍(베롱꽃)나무가 몸을 반쯤 기우뚱 누인 채 흐드러지게 피어 있다. 진분홍 꽃구름이 터질 듯 황홀하다. 어쩌면 창문 안의 우리 부부를 넌지시 훔쳐볼 셈인지 구부정하게 꽃가지가 휘었다. 아마 남편 생각에 한 다발 커다란 꽃다발 같은, 화사한 백일홍꽃나무를 그냥 밖에만 두고 보자니 아깝기만 한가 보다. 그래서 그 나무를 통째로 덥석 안아 선물로 주겠다고 내게 선심을 쓰는 것이다. 어쨌든 내 마음을 잠깐이라도 붕, 띄워줄 참인가 보다. 돈 안 드는 선물로 내 환심을 사보는 것이겠지. 어쨌든 꽃에 대한 감동을 어디에고 전하고 싶은, 참을 수 없는 그의 마음이라 여겨준다. 아직까지도 장마 끝자락이라 날씨가 지겹게도 칙칙하고 끈적거리는데 남편 덕분에 한바탕 환하게 웃으며 아침식사를 시작한다.

좋은 선물은 사람을 참 기분 좋게 한다. 특히나 부모 자식 등, 가족 간에 주고받는 선물은 부담이 없어 좋다. 지금까지 선물을 잘 주지도 못한 내 주제에 웬 복인지 때때로 좋은 선물을 많이 받았다. 그중에서도 몇 년 전 남편이 내게 주었던 생일선물은 절대 잊을 수가 없다. 아마도 내 친정어머니가 생전에 아버지께 품었던 선물에 대한 그 아쉬움을 내가 대신 풀고 있는지 모른다. 매사에 정이 넘치셨던 아버지로부터 평생 그 흔한 다이알표 세수비누 한 곽도 선물을 못 받았다는 것이 어머니 평생의 포한이었다. 그 시대의 문화였을까, 아니면 우리 아버지의 전략 부족이었을까.

그런데 막상 이렇게 선물 받은 얘기를 꺼내는 것은 결국은 칠푼이 같은 자랑단지가 된다는 것쯤은 나도 안다. 그런데 어쩌랴? 원래 나라는 인간이 꽤나 속물이면서도 은근히 그런 축이 아니기를 바라는 위선덩어리인 걸. 이런 얘기라는 게 떠들수록 주책바가지만 되는 거라서 그동안 나는 애써 참아두긴 했었는데. 보물같이 몰래 숨겨놓은 그 얘기, 쑥스럽고 부끄러워서 실은 나 혼자서 간혹, 슬며시, 배시시 웃어보려 했었는데….

벌써 수년 전 얘기가 되었다. 그날 아침, 남편은 슬며시 내 손을 끌고 안방으로 갔었다. 자기가 내 생일상을 차렸노라 했다. 바로 내 귀 빠진 날이었다. 나는 해가 서쪽에서 뜨겠다고 했다. 회갑이 지나도록 그가 내 생일을 기억한 적은 거의 손꼽을 정도였으니까. 남들은 슬쩍, 자기 생일을 기억하도록 유도해서 엎드려 절도 받는다는데, 그런 재치는 아무나 부릴 수 있는 게 아니잖은가. 한두 번 그런 무심한 대접을 받고 나자 까짓, 서글프고 치사해서 일부러 생일날을 모른 체 지나쳐버리곤 했다. 그런데 느닷없이 생일상이라니…. 물론 아이들이 다 결혼을 했고, 사위들이랑 며느리까지 생긴 판에 그리고 전 같으랴. 모른 척할 수는 없어선지 때때로 맛있는 것을 사주겠다는 공수표는 떼곤 했지만.

방 안에는 우리가 식탁으로 쓰는 조그만 밥상이 덩그마니 놓여있었다. 상 위엔 작은 양초들이 꽂힌 케이크상자를 올려놓았고 그 곁에 페트병 하나가 어설프게 서 있는데 들꽃 몇 송이가 어색한 듯 싱겁게 꽂혀 있었다. 들꽃과 케이크로 갖춘 생일상이었다. 요즘 젊은이들 풍속도는 연인을 감동시키려고 손수 맛난 음식상을 차린 걸 봤는데, 언감생심 그런 생일상은 아니었고.

푹, 웃음이 나왔다. 시내까지 나가야 살 수 있는 케이크를 언제 사 놨을까? 귀밑머리 허연 나이에 남 몰래 케이크 사다 숨기느라고 얼마나 신경 썼을까? 더구나 어쩌다 피어 있는 야생화를 찾느라 들녘을 헤매는 그 모습을 상상해보니 가슴이 뭉클했다. 고맙다는 말 대신 한참 눈물 나게 웃어줬다. 그런데 그게 끝이 아니었다. 남편이 느닷없이 노래를 불러주겠다고 하지 않은가? 알고 보니 그는 나를 위해 비밀리에 일주일 동안이나 노래연습을 했단다. 시중에 유행하던 가요, 이미 고인이 된 가수 하수영의 〈아내에게 바치는 노래〉였다. 그날 아침 상머리에서 남편은 마치 무대에 선 가수처럼 아주 진지하게 나를 위해 그 노래를 끝까지 불러줬다. 나는 쑥스러워서 쳐다보지도 못하고 웃어만 댔다. 그러나 그 노래가 끝날 때쯤, 마치 웃음 때문인 것처럼 내 눈가엔 나도 몰래 눈물이 비주룩이 스며 나오고 있었다. 행복이 어떤 건지, 나는 그저 가슴이 뿌듯하여 잠깐 목이 메었다.

그때의 감동을 나는 아직 잊지 못한다. 마치 어떤 연극의 대단원이 끝난 뒤, 마지막 무대의 감격을 떨치지 못하고 가슴 벅차 홀로 서 있는 여주인공 같았다. 우리의 인생이 한바탕 연극이라면 그날 아침 이벤트 설정은 정말 하이라이트였다. 어쩌면, 사라지는 저녁놀 같은 우리의 노년에 남편의 선물은 얼마나 가슴을 벅차게 했었는지….

그토록 오래 연습했다는 남편의 노래 실력은 보나마나 뻔한 수준이긴 했다. 타고난 목소리야 카루소 못지않은 미성이건만 문제는 꼭, 그 불안정하고 엉뚱한 음정이 탈이었다. 그러나 그게 무슨 상관이람. 사실 그 뒤로 하수영의 그 굵은 저음의 호소하는 듯한 목소리는 언제, 어디서나 내 가슴을 두근거리게 한다. 둥글고 은근한 그 목소리는 마치 내게 속삭이는 은밀한 고백 같아서 그때부터 아주 각별한 노래가 되어버렸다. 나는 내 생일날, 아니 그날 이후로, 남편이 더 이상 내게 선물을 주지 않아도 섭섭하지 않다. 그날, 나는 구름 위에 둥둥 뜬 기분으로 온종일 바람 든 풍선 같았다.

  요즘 매일같이 남편이 백일홍 꽃다발로 내게 선심시위를 하면 나도 기분이 좋다. 그 이유야 어찌됐든 말이다. 물론 나는 알 것 같기는 하다. 황홀하게 만개한 백일홍 꽃, 그 넘쳐나는 기쁨을 어찌 주체하랴? 곁에 있는 누구라도 나누고 싶은 충동일 것이다. 기쁨은 참을 수 없는 감정의 폭포라나? 크게 환성을 지르며 어딘가 분출하고 싶어진다. 내가 남편의 선물을 자랑처럼 얘기하는 것도 비슷한 심정이지 않을까?

  누구에게 좋은 선물을 줄 수 있다면 주는 사람이 더 행복하다고 말한다. 그런데 아직까지 나는 남을 위하여 좋은 선물도, 별다른 감동도 주지 못하고 살아온 것 같다.

  이제라도 남들에게 좋은 선물을 줄 수 있는 삶이 되고 싶다. 그런데 남편의 반려로서 나란 존재는, 그의 일생에 과연 좋은 선물이었을까?

  이제 남은 생애라도, 나는 그에게 참으로 좋은 선물이 되고 싶은데.

2011. 8. 6.

"나 또한 늘 시곗바늘처럼 항상 자기 자신이라는 범주 안에서 맴돌고 있었음을 깨달았다. 어쩌면 우리의 자리는 본시 변할 수 없는 것이던가? 어딘지 죽도록 치열하게 달려온 것 같은데 그게 결국 시계 판의 둥근 트랙 위와 같은 벗어날 수 없는 자리였던가."

4부
시계 소리

피난 보따리를 풀면서

아랫목에 카키색 륙색 2개가 나란히 놓여있다. 그야말로 중차대한 임무를 수행하려고 어제 낮부터 아랫목을 지키고 있다. 피난 짐을 쌌던 짐 가방이다. 바로 어제 물난리가 났었기 때문이다. 얼마 전에 매스컴을 통해서 우리는 일본의 그 가공할 대해일 쓰나미와 후쿠시마 원전사고 그리고 미국의 광활한 중남부 지방을 초토화한 토네이도 같은 엄청난 환경재난을 봤었다. 그것들은 단지 남의 나라 얘기인 줄 알았고 하나의 놀라운 뉴스거리였을 뿐인데, 그 난리가 바로 어제 우리 집에도 들이닥칠 줄이야! 태풍 '무이파'가 지나가며 후속타로 하늘에서 폭포처럼 쏟아버린 폭우 난리였다.

새벽부터 억세게 내리던 비가 몇 시간이나 쉬지 않고 퍼붓고 있었다. 우리는 장마가 이제 겨우 지나갔는데 웬 태풍? 참, 지겹기도 하구만! 하면서 텔레비전만 들여다보고 있었다. 그때 밖에서 누가 큰소리를 버럭 지르는 것 같았다. 남편이 뛰쳐나가더니 되짚어 들어오며 나더러 빨리 나오라고 소리 질렀다.

놀랐다. 밖이 물바다였다. 대문 밖에서 싯누런 황톳물이 꿀럭꿀럭 길바닥에 엎어지며 대문 안으로 용머리처럼 달려들고 있었다. 토방 밑 마당 안은 방죽처럼 물이 가득 차서 쉴 새 없이 사방으로 흘러가고 있었다. 남편은 장화에 우산 하나만 달랑 들고 허겁지겁 튀어나갔고 뒤따라 나도 장화를 신고 덤벙덤벙 건너갔다. 집안보다 지대가 높은 대문 밖은 채소밭을 지나 마을 소도로가 나있고 길 따라 개울이 나란히 흐르고 있었다. 폭 2미터 가량의 개울에 물이 가득 넘쳐나서 대문 안에 서 있어도 저만치서 들썩들썩 솟구치는 물살이 내다보였다. 미친 듯이 덤비는 싯누런 흙탕물이 성난 파도같이 너울대며 아래쪽으로 질주하고 있었다. 산 위쪽에서 쏜살같이 급류로 내려오다가 군데군데 장애물이 걸리면 벌컥 성난 듯이 튀어 오르며 치솟았다. 치솟은 물기둥은 돌 뚝방 위로 넘쳐 나와서 시멘트 바닥물과 합수가 되어 더욱 급하게 속도를 내며 시대가 낮은 우리 집 안뜰로 달려드는 참이다.

참, 이럴 때 어떡해야 하는지, 잠시 머리가 가동이 안 되었다. 털커덕 겁부터 났다. 불길한 생각이 연이어 떠오르며 아무리 침착해야지, 하고 마음을 다잡아 봐도 당황스럽고 난감할 뿐이었다. 이 물길을 다 어떡해야 해? 사람이 손쓸 시점은 지난 것 같았다. 그런 중에도 기껏 생각난다는 게 수챗구멍이었다. 어디론가 물길을 내보내야 되지 않을까, 그 생각뿐이다. 그런데 그것도 소용없는 일이었다. 개울물이 높이 차올랐으니 오히려 역류되어 밀려들고 있을 것이다. 할 수만 있다면 우리 집보다 낮은 옆집으로 물꼬를 터야 되는데, 그러나 금시금시 게릴라처럼 물밀듯 쳐들어오는 물의 세력을 어쩔 것인가?

수해지역의 악몽이 내게로 불쑥 덤벼드는 것 같았다. 우리라고 그런 상황이 안 되리라고 장담할 수 있을까? 그들도 단 2, 3분 안에 당했다고 말했다. 그렇지. 가만있을 일이 아니지, 만사는 유비무환이라고 했으니…. 그런데 남편은 아까부터 개울가에서 흐르는 물길만 심각하게 지켜보고 있다. 나는 조바심이 나서 우리도 피난 준비를 해야 하지 않느냐고 소리 질렀다. 난세에 영웅이 나더라고 바로 이럴 때 현명한 부인의 진가를 보이겠다는 셈이다. 그런데 남편은 눈을 부릅뜨더니 지금이 그럴 때냐고, 도리어 큰소리치며 무렴만 준다. 나는 슬기로운 부인은커녕 쓸데없이 앵앵대는 철부지 아내 꼴만 되고 말았다. 너무 급하게 피난 생각을 했었나? 그렇지만 아무리 생각해도 신통한 대책이란 게 없었다. 작은 재난일 때는 모르지만 엄청난 하늘의 노여움을 무엇으로 막는단 말인가? 이렇게 가만있을 순 없지. 다행히 별일 없으면 그만이고, 그래도 사람은 만일이라는 경우를 생각해야 되잖은가? 어쩌면 시각을 다투는 주요한 때일지도 모른다. 이 상태로 날이 어두워가고 비가 계속 그치지 않는다면?…. 나는 쉴 새 없이 머리를 굴리면서 집안으로 들어갔다.

다락으로 올라갔다. 벽에 등산갈 때 쓰는 륙색이 걸려 있었다. 가방은 들고 나갈 힘이 없을 것 같고 등에 지는 것은 그런대로 나을 것 같았다. 륙색을 막상 내려다 놓으니 막연하다. 뭘 챙겨 넣어야 되나? 이 차제에 꼭 필요한 게 무엇일까? 남들을 보니 피난 텐트에서 담요를 뒤집어쓰고 추위도 막고 잠자리로도 쓰고 있더구만. 그 무거운 것을 지고 가다간 내가 지레 엎어져 버리겠고. 어쨌든 돈이 있으면 그런 건 살 수 있을 거고…. 돈 되는 것이 필요하겠단 생각이 들었다. 우리는 금덩이는 없으니 현금이라도…. 나는 우선 핸드백을 챙겼다. 그리고 뭣보다 휴대폰, 아, 돋보기가 없으면 눈 없는 거나 같으니 안경은 필수, 그리고 통장과 도장도 같이 넣자. 나중에 새로 만들려면 복잡할 테니까. 그러고 보니까 더 이상 챙길 것이 생각나지 않는다. 음, 내 것을 먼저 챙겨놨으니 남편 것도 챙겨야겠다. 눈에 띄는 대로 통장과 도장 그리고 남편 혈압약과 내 약들을 약간씩 챙겨 넣었다. 만일 기나긴 전쟁이라도 난다면 우린 약이 없어서도 저절로 죽는 건가? 그런데 챙길 게 또 있는 것 같다. 옷이 필요할 것 같다. 여름철인데 당장 갈아입지 않으면 냄새도 나겠지. 속옷들과 겉옷 여벌이 필요할 것이다. 장롱 문을 열고 보니 외출복들이 주르르 걸려있다. 그런데 돈깨나 들여 마련한 좋은 옷들인데 요런 때 무슨 소용이 있단 말인가? 피난지에선 허름한 실용복이 더 낫지. 주섬주섬 집에서 입던 통바지를 2개씩 집어넣었다. 이제 대강 넣었다. 륙색 두 개가 대강 찼다.

그런데 기가 찼다. 세상에! 우리가 평생 욕심내고 귀중하게 지니고 있던 물질이라는 게 결국 이런 거였던가, 경황 중에도 헛웃음만 났다. 만일 전쟁이라도 터진다면 이 모든 것은 순식간에 잿더미로 사라질 게 뻔하다. 지금 당장 손에 쥐고 갈 것도 겨우 이 정도뿐이지 않나? 오히려 평시에 귀중한 것일수록 난시에 아주 소용이 없음을 깨달았다. 나는 이 륙색 자체도 허무한 것임을 알고는 있었다. 어느 순간에 사라질 수도 있는, 그저 환영 같은 것임을 왜 모르랴. 그런데도 나는 또 욕심을 내고 있었다. 잠시 차분히 생각하니 컴퓨터가 생각났다. 정확히 말하자면 그 속에 저장한 내 창작노트가 걱정이었다.
 밤이 되었다. 다행히 비는 꺾음하고 잠깐인지 몰라도 그쳐주었다. 그저 텔레비전에 날씨예보가 어찌 나오는가 안테나를 세우고 있건만 시원한 보도는 없고, 몇 십 년 만의 기상이변이라고만 앵무새같이 반복하였다. 초조한 밤이었다.
 그럭저럭 저녁을 먹고 났는데 여기저기서 안부전화가 빗발친다. 종일 밖에 있다가 들어와서 이제 저녁 식사하면서 뉴스를 보는 모양이다. 주거니 받거니 하다 보니 그들의 안부와 덕담이 포근한 게 이상하다. 내 맘이 남들 위로에 녹아들만큼 잔뜩 불안했었구나.
 그런데 사실 나는 그동안 이재민들의 처지가 안 됐다고 딱하게는 여겼지만 한 번도 제대로 알아본 적도 없었다. 재난에 처한 그들의 처참함을 진심으로 이해해준 적도, 실지로 도와준 적도 없었다. 역지사지라고, 겪어보지 않으면 실감을 못하나 보다. 한 치 앞도 모르는 게 인생인 것을.
 한참 인사를 받다가 생각하니 안부 인사들이 고맙기는 하지만 한편 생각하면 이 복잡한 세상에 현대문명의 이기 때문에 온 세상이 한통속으로 들썩거리구나 싶다. 글로벌 시대라고 지구상에 일어나는 어떤 사건도 메스컴이 조용하게 가만 놔두지를 않게 때문이다. 감추고 싶은 상처도, 알리고 싶지 않은 비밀도 숨을 곳이 없다. 이런 시골 구석에서 일어난 일도 우리만 가슴 두근거리며 걱정하다 말면 되는데 바다 건너 형님 댁에서도 정읍에 비가 엄청 내렸다는데 무슨 피해는 없느냐, 다 괜찮냐고 염려한다. 문명의 이기 덕분에 여러 사람이 신경 쓴다. 기쁜 일은 나누면 배가 된다지만.

오늘 아침, 아랫목에 동그마니 놓인 륙색을 남편이 사진 찍어놓았다. 애들에게 보일 셈인지, 두고두고 나를 놀릴 셈인지, 아무튼 피난 보따리 쌓아놓고 밤을 샌 나는 웃음거리가 될 게 분명하다. 남편도 이제 정신이 났는지 빨리 자기 소유물을 내놓으라고 야단이다. 꺼내 줬더니 순 엉터리로 짐을 쌌다고 핀잔이다. 쓸데없이 다 지난 옛날 통장에다 소용없는 도장을 챙겼다는 것이다. 아무 실효성 없는 것들만 잔뜩 집어넣고 안심하고 있었냐고 빈정댄다. 호랑이 굴에 잡혀가도 정신을 똑바로 차려야 산단다.

남편에게 실컷 놀림 받고 조롱거리가 된 이 아침, 그래도 나는 고맙다. 밤사이 큰비가 계속 내리지 않아 용케 재난을 피하고 이렇게 안전하게 앉아 웃으며 농을 주고받을 수 있지 않은가? 나무들이며 채소밭이며 돌아보니 그다지 큰 피해는 입지 않았다. 고맙기 그지없다. 비로소 정신을 차려 친구 친지들에게 감사의 전화도 하고 있다. 바로 어제 일인데 마치 한참 지나간 옛 얘기나 하듯이 신나는 무용담처럼 열을 올리고 있는 내 모습이라니….

그런 하룻밤을 보내고 이제야 피난 보따리를 풀려고 다가간다.

2011. 8. 10.

시계 소리

뎅뎅뎅뎅 데엥…. 머리맡 벽시계가 5점을 친다. 아! 5시인가 보다. 겨울철이라 뒤란 창호 문살은 아직도 거무스름하다. 아침이 머잖은 듯싶다. 이런 때 치는 우리 집 벽시계는 장님에게 잡히는 문고리처럼 참 고맙다. 뎅뎅 데엥….

벽시계는 눈만 힐끗하면 보이는 바로 머리맡 벽 위에 걸려있다. 평범한 괘종시계로 시부모님의 유품이다. 저 시계를 몇 번씩 올려다보시며 아버님께서는 사랑스런 자녀 6남매의 정확한 출생시간을 보셨을 테고 저 시계를 보며 어머님께선 자식들이 학교에 지각하지 않도록 아침밥을 지으셨을 것이다. 요즘엔 볼 수 없는 구형시계로 칠도 벗겨지고 세월의 낡은 때가 궁태 나게 절어 있다. 누리끼리한 도금도 희끗희끗해져서 닦아봤자 소용없다. 시계의 유리문 안에는 사각의 허연 시계 판 위에 두 개의 배꼽 구멍이 뚫려 있다. 태엽을 감느라 하도 손을 타서 구멍 주변은 칠이 시커멓게 벗겨져 있다. 깔끔하진 않지만 아직은 아라비아 숫자판이 알아볼 만해서 시간 보는 데 지장은 없다. 아래쪽에 속칭 시계불알이라는, 국자 크기만 한 은색의 동그란 추가 쉬지 않고 바쁘게 왔다 갔다 하고 있다. 그나마 고장 난 시계가 아니라고 유세하는가 보다.

그리 고급스럽지도 않은 이 골동품 시계를 남편 가슴에 우대고 시계방에 들렀을 때가 생각난다. 나잇살 먹은 주인은 꽤나 위세를 부렸다. 그런 고물시계를 고칠 수 있는 기술자는 이제 자기밖에 없을 거라 했다. 그는 우리가 퍽이나 딱해 뵌다는 듯 계속 이죽거렸다. 헌 시계를 고치는 삯으로 말끔하고 산뜻한 새 시계를 얼마든지 살 수 있을 텐데 웬 미련이냐고. 사실, 우리 시계는 위풍당당한 기둥시계도 아니고 정교하게 조각을 새긴 고급스런 호화장식품도 아니다. 어찌 보면 초라하기 그지없는 소박한 시계다. 시계방 아저씨의 빈정대는 잔소리를 고스란히 들으면서도 우리는 그저 웃을 수밖에 없었다.

이 시계는 매수 한 번씩 태엽을 감아 밥을 줘야 한다. 자동시계인 요즘의 디지털시계와 다른, 아날로그 식의 수동시계다. 밥을 주기 위해서 시계의 배꼽 구멍에, 나비 날개를 접은 모양의 태엽 감개를 꽂아서 뻑뻑할 때까지 빙빙 감아주어야 한다. 빠르고, 쉽고, 편리한 것만을 취하는 이 시대에 상당히 귀찮은 수고를 정기적으로 해야 된다. 그렇게 태엽을 매번 감아줘야 되는 일이 성가시긴 하지만 한편, 편의주의인 요즘 세상에서 우리가 더러 놓칠 수 있는 것, 가령 규칙적인 생활의 수칙같이 정기적 자기 검열을 하는 역할은 있는 셈이다. 이런 시계는 그 원리를 알고 쓰면 오히려 전자시계보다 더 오래, 그대로 몇 백 년이고 쓸 수 있다는 고지식한 물건이라는 것도 알았다.

시계는 남편이 어릴 때부터 죽 이 안방 벽에 걸려 있었다고 한다. 그동안 시골 생가에 있던 가구 중 형제자매끼리 나눠가졌던 유품 중에서 뜻밖에 이 시계가 돌아왔다. 남편이 은퇴하고 우리가 시골집에 돌아온 이후, 막내시동생이 그 시계를 들고 나타난 것이다. 고향에 대한 애착으로 가져만 갔을 뿐 그 낡은 시계는 말쑥한 아파트에 마땅치 않았나 보다. 드디어 고쳐온 시계를 안방 벽에 걸어놓던 날

"시계가 도로 제자리를 찾아 왔구먼."

이런 한마디 말로 무심한 남편도 꽤 감회 깊어 했다. 그리고 나서 모처럼만에 시계의 배꼽구멍에 빵빵하게 밥을 준 뒤 처음으로 시험을 해봤다. 그때였다. 뎅 뎅 뎅…. 오랜만에 듣는 괘종 소리, 와! 뜻밖이었다. 이렇게 반가울 수가!

똑 딱, 똑 딱, 시계추 소리도, 그에 맞춰 움직이는 정확한 시곗바늘도 모두가 감동이었다. 참으로 이 시골집에 그 소리가 이처럼 어울릴 줄 몰랐다. 실은 너무나 당연한 것 아니던가. 지난 날 우리가 늘 듣고 자랐던 익숙하고 친밀한 소리였으니. 단숨에 지나가버린 세월이 잊혀버린 과거가 묵은 때를 문질러 벗기듯 살아났다. 우리는 한동안 아득한 향수에 사로잡혀버렸다.

벽시계를 달아 놓은 후, 간혹 잠이 오지 않은 한밤중에는 무연히 시계 소리만 헤게 된다. 그런 날은 어둠 속에 재깍재깍 초침 소리만 쌓인다. 때로는 알 수 없는 두려움이 밀려오며 고요한 어둠 속에서, 똑,딱, 똑,딱 하는 시계 소리가 홀연, 뚜벅뚜벅 다가오는 운명의 발걸음 소리 같다. 그러나 이윽고 시간은 흘러 재깍거리던 초침 소리

가 아득해지고 무수히 난무하는 꿈 덤불이 자라 둥그런 양털같이 부풀다가 부드러운 둔덕이 무너지며 드디어 나를 깊은 잠의 골짜기로 쓰러뜨린다.

가만히 누워서 시계 소리를 헤면서 이런 생각을 하게 될 때도 있다. 언젠가 남편이 했던 말이 떠오른다. 수십 년 동안 고향을 떠나 살다가 늘그막에 돌아와 보니 자기가 떠났던 고향의 생가, 바로 그 탯자리로 다시 돌아왔더라는 것이다. 그동안 자기는 세상을 향해 안간힘을 쓰며 온갖 노력을 다했었는데 결국 손오공처럼 기껏 부처님 손바닥 안에서 뱅뱅 돌며 헤맸더라고. 한데 내가 이제 그 말에 동감하게 됐다. 동그란 시계판과 그 바늘이 안고 도는 시계의 길, 그 동그란 트랙을 보면서 남편과 똑같은 생각이 들기 때문이다. 나 또한 늘 시곗바늘처럼 항상 자기 자신이라는 범주 안에서 맴돌고 있었음을 깨달았다. 어쩌면 우리의 자리는 본시 변할 수 없는 것이던가? 어딘지 죽도록 치열하게 달려온 것 같은데 그게 결국 시계 판의 둥근 트랙 위와 같은 벗어날 수 없는 자리였던가.

시계 판은 모두 12점 까지가 끝이다. 그 숫자는 영원히 끝나지 않은 회전 속의 한 점일 뿐이다. 손오공이 부처님 손바닥 안을 맴돌았듯이 우리는 언제나 그 동그란 숫자판 안에서 벗어날 줄 모른다. 세상은 때로는 모든 걸 떠나버리고 싶을 만큼 번뇌와 고통의 세월이기도 하다. 그러나 아무리 벗어나고 싶은 현실도 우리가 이 트랙을 벗어나 돌아가려 한다면 끝내 세상과 영원한 이별을 해야만 한다. 이 길은 누구도 부정 못하는 엄연한 길이다. 또한 이 시간은 어제도 내일도 똑같은 시간이 결코 아니다. 흐르는 물처럼 매정하게 돌아보지도 않고 거침없이 미련 없이 흘러가버린다. 다시는 돌아올 수 없는 길로.

그 어느 때 촌각의 의미마저 귀하고 새롭던 생사의 고비를 경험한 후로 나는 시계소리를 생명의 맥박소리로 듣게 된다. 우리는 시간 속에서 명멸하는 존재이고 언젠가는 떠나야 하는 한시적 생명이기 때문이다. 시계 소리는 아직도 우리가 축복받은 생명 속에 있다는 사실을 상기시킨다. 시시때때로 뎅뎅뎅, 소리치는 존재감으로 나의 삶을 확인시킨다.

벽 위의 시계를 본다. 오늘도 여전히 제 할 일을 하고 있다. 똑딱똑딱. 초침이 부지런히 앞서서 한 바퀴 순행하면 분침이 다시 한 걸음 한 걸음 확인하고 드디어 시침이 알았다는 듯이 확실하게 시간을 매긴다. 이 길은 한 치도 어긋나본 적이 없는 세월의 진로이다. 삶의 궤적이 쌓이는 인생의 길이다.

똑딱똑딱, 영롱한 시계 소리가 또다시 새로운 날을 일깨우고 있다. 언제나 내가 어떻게 살아가야 하는가 오늘도 쉴 새 없이 속닥이고 있다.

2015. 1. 21.

집

 마을 한쪽 외딴 곳에 폐가가 한 채 서 있었다. 사람이 살지 않은 지 꽤 오래되었는데 집 주인이던 노부부가 세상을 떠난 후 그대로 방치해둔 것이다. 상속자인 아들은 외지에 나가 산다는데 시골의 변변치 않은 고가는 그냥 관심 없다는 듯 버려두고 있었다. 동네 사람들은 도회지에서 한참 활동 중인 젊은 아들이 결코 시골로 돌아와서 살지는 않을 거라고 했다. 아마 작자가 나타나면 팔려는가 보다. 생각할 뿐이었다. 원매자가 마땅히 없었던지 몇 년 동안 빈집인 채로 건물은 조금씩 낡아 무너져가고 있었다. 어릴 때 읽은 소설 〈비밀의 정원〉이 생각나선지 괜히 지나칠 때마다 눈길이 가곤 했다. 언제나 사립문이 잠겨 있고 인적이 없는 그 집은 마치 그 안에 눈 움푹 들어간 귀신이라도 살고 있는 듯 조금 으스스한 기분도 들었다. 그러다가 지난겨울 폭설이 내린 뒤 한쪽 지붕이 먼저 푹 꺼져 내리더니 마치 시름시름 앓던 사람이 아주 누워버리듯 집 전체가 바닥으로 퍼덕 주저앉아버렸다. 집은 생물과 같아서 사람이 살지 않으면 금방 삭아버린다는 말이 옳은 것 같았다. 이제 건물은 보이지도 않고 집 주위를 에둘러 심었던 측백나무 생울타리만 잘라주는 사람이 없어 우쭐우쭐 제멋대로 뻗어나고 있었다. 형태만 남은 울타리 가에는 키 큰 가죽나무가 문지기처럼 훤칠하게 서 있었다. 아직도 나무 꼭대기에 둥근 새둥지가 매달려 있는데, 전부터 살던 새 내외가 이따금 들락날락하고 있어서 그나마 빈집에 기척을 내고 있었다. 바람이 불 때는 그 나무들만이 옛날의 전설이라도 읊듯이 웅웅 소리를 내며 흔들리고 있었다. 조용한 시골 한낮, 폐가 위에 무심한 구름이 잠시 서성이다 흘러가고 있었다.

 하나 둘 폐가가 늘어가는 시골마을에 모처럼 새집 한 채를 짓고 있었다. 다 늦은 봄날, 햇살이 푸근한 논바닥 한가운데에 새집이 터를 잡았다. 집 짓는 품새가 너무 허술해보였다. 질척한 논바닥인데 집터도 별로 도도록이 다지지 않은 채 대충 짓는 것이 날림집일 성싶었다. 흔한 조립식 건물로 아주 조그마했다. 넓은 논바닥에 서 있으니 더욱 코딱지만 하게 보였다. 아마도 겨우 부엌 한 칸과 방 두 개가 고작일 것이다. 그러니 건축 시간도 얼마 걸리지 않았다. 바람만 세게 불어도 넘어지지 않을까, 괜히 미덥지 않았다. 그렇게 시원찮게 짓고 있던 집이었다. 그런 어느 날, 지나다가 눈을 부비며 다시 바라보았다. 느닷없이 전혀 딴 집이 거기 서 있었기 때문이다.

 탄성을 지를 뻔했다. 완전히 다른 집인 줄 알았다. 아직 벼 모를 심지 않아 허허한 벌판 같던 논바닥에 세워진 집이었다. 차창으로 되돌아보고 또 돌아봤다. 그런데 분명 한동안 지나지 않은 사이에 그 볼품없던 그 집은 오간 데 없이 사라지고 대신 그 자리에 아담하고 조촐한 그림 같은 집 한 채가 서 있었다. 마치 동화 속에 나올 법한, 숲 속의 작은 집 같았다. 자세히 보니 집이 다른 게 아니고 주변이 바뀌었다. 언제 심었는지 마당가에 아주 의젓한 팽나무가 한 그루 늠름히 서 있었다. 모퉁이에도 단풍나무가 한 그루 방방하게, 뒤쪽에는 살구나무 한 그루도 비스듬히 굽어 있었다. 그뿐이 아니었다. 그저 황량한 논바닥이던 마당 앞을 다박솔 묘목 밭이 푸르게, 마치 야트막한 숲처럼 펼쳐져 있었다. 그동안 어디서 묘목으로 키웠던 어린 솔들을 옮겨다 심은 것 같다. 그 다박솔 덕택에 멀리서 보면 푸른 숲 뒤의 아담한 집처럼 보였다. 어느새 깊은 가을이라서 집 뒤뜰엔 하얀 억새풀이 스산하게 날리고 있었다.

　마을의 주도로에서 들어가는 옆 진입로에는 집주인의 파란색 삼륜 트럭이 한 대 한가하게 서 있었다. 나지막한 처마 밑으로는 좁다란 테라스가 뻗어 있는데 그 현관 앞에 세발자전거가 한 대 기우뚱 넘어져 있었다. 자전거 옆에는 누런 강아지 한 마리도 주인집 어린 도령이 나오기를 기다리는 듯 턱을 고이고 있었다. 아마도 집 안에는 눈이 초롱초롱한 귀여운 어린아이가 있을 것이다. 거기 사는 부부의 얼굴이 훤히 그려졌다. 아마도 젊은 부인은 동그란 턱에 선한 눈을 가진 여인일 것이다. 건강하고 단순한 남편은 아내를 몹시 사랑하는 순박한 농군일 것 같다.

　내 상상 속 그 조그만 집은 단란한 가족들이 사는 따스한 집으로 색칠해졌다. 자꾸 봐도 참하고 귀여운 여인같이 생긴 집이었다. 그 집을 바라보고 있으면 소록소록 재미난 얘기도 새어나올 것 같고 신비스러운 숨은 꽃이 어딘가 피어 있을 것 같았다. 그런 집에서는 밤이면 하늘의 별님도 귀에다 소곤소곤 속삭일 것 같고 달님도 빙그레 미소 지으며 살며시 낮은 지붕 아래를 숨어 볼 것 같았다. 나무와 집이 참 어울렸다. 밝은 햇살이 내리쬐는 뜨락이 아늑했다. 겨우 나무 몇 그루만 있어도 그렇게 아름다운 집으로 변해버렸다.

폐가와 새집이 우연히 부근에 있었기에 대조가 되었다. 대낮에도 을씨년스런 기분이 드는 폐가는 사실 얼마 전까지도 알 만한 사람이 기거하던 평범한 집이다. 다만 마을 한쪽에 있었기에 우리와 왕래는 없었지만 사람이 살 때는 온기 가득한 살림집이었을 것이다. 그런데 사람 자취가 떠나고 빈집이 돼버리니 썰렁한 귀기까지 맴도는 곳이 되었다. 이제는 구르는 돌멩이조차 생기를 잃어버리고 허무한 노랫가락만 음울하게 빈 뜰 안을 돌아다니는 듯했다.

마을의 두 집이 모델하우스일까? 사람 온기가 훈훈하게 어린 아담한 집과, 사람이 떠난 쓸쓸한 빈 가옥이 꼭 우리네 삶의 전형을 보는 듯 했다. 세상살이도 마음이 떠서 정처 없이 사는 허무한 삶과, 마음 들이고 정성으로 엮어가는 삶으로 나뉜다. 자기 인생관에 따라서 그 진지함에 따라 그 선택이 삶을 반지르르 윤택하게도 먼지 폴폴 삭막하게도 하지 않는가. 누구나 살고 싶은 집, 그런 인생은 어떤 삶이어야 하는지 집이 그렇게 그림으로 보여주었다.

2011. 9. 13.

만추의 선운사에서

　봄바람이건 가을바람이건 언제나 여행을 다녀온 후보다 떠나기 전이 더 설레지요. 이번 선운사행도 출발부터 기분이 좋았어요. 빈틈없이 준비하고 돌아올 때까지 성실하게 책임을 다해준 일행들의 깊은 배려 때문이겠죠. 더구나 가을 산행은 늦어도 좋은 것을 이번에 정말 실감했지요. 이미 단풍의 전성기는 끝났는데 늦가을의 깊숙한 정취, 계절의 끝자락은 정말 매혹적이더군요. 더구나 선운사의 해묵어 고풍스런 단풍나무, 그 높다란 가지 끝에 아직도 미련을 못 버린 듯 몇 잎씩 매달려 달랑대는 외로운 단풍잎, 그 아취는 그 뭣에 비길 수 있을까요? 산전수전 온갖 애환을 다 겪어내고 세상사 덧없음도 모두 체험한 뒤 모두를 비워내고 서있는 그 헛헛한 공허의 아름다움, 그건, 정녕 슬프면서도 기분 좋은, 참 짜릿한 느낌이었어요.
　전날 내린 비 뒤끝이라 날씨는 유난히 해맑았어요. 아마도 일행 중에 믿음 깊은 분들이 많으셔서 그 덕을 본 것 같아요. 하느님께도 부처님께도 옥황상제님께도 분명, 미리 미리 청을 넣으셨나 보죠. 기분들이 한껏 들떴어요. 실은 어딜 가든지 그 고장의 대표음식을 먹어야 한다는 핑계로 고창에 오자마자 그렇게 풍천장어를 실컷 먹었잖아요. 먹는 재미가 으뜸이라면서. 어쨌든 이번 여행의 소기 목적은 충분히 달성한 거죠.

저 개인적으로는 선운사 본 절보다 도솔암을 다시 보고 싶었던 게 속셈이었죠. 인간이 저세상에 가서 이르고 싶다는 미륵천이 바로 도솔천이라는데, 선운산 중턱에는 은밀하고 웅숭깊은 터에 조그만 도솔암이라는 암자가 있던 것을 기억하고 있었으니까요. 그러나 이날의 백미는 무엇보다 선운사 호젓한 경내를 몇몇이서 어울려서 가벼운 담소를 나누며 늦가을의 정취를 한껏 만끽하였던 일이지요. 깊숙이 물든 만추의 숲 속은 그야말로 훨씬 기대 이상이었습니다. 지나치는 산비탈과 길섶에는 선운사의 그 유명한 꽃무릇 밭이 이미 꽃은 지고 없었지만 어쩌면 그렇게 무릇 잎들이 봄날처럼 생생히 푸르러 있는지, 그 푸른 잎에 붉은 단풍이 내려쌓인 모습은 그게 낙엽이 아니고 다시 오색 꽃으로 환생한 듯했지요. 제철에 그 꽃이 다홍빛으로 피어 있다면 얼마나 더 황홀했을까, 가히 상상할 수 있었죠. 아마 선운사 경내가 온통 불붙듯이 타올라 종교적 환상의 세계를 이루었겠지요.

이윽고 터덕터덕 걸어서 그 유명한 마애불상을 보려고 제법 가파른 산굽이를 휘돌아 올라갔지요. 그리고 마악, 도솔암까지 이르렀을 때였죠. 도솔암은 선운사 뒤쪽 높은 산굽이에 앉아 있는 조그만 암자이죠. 연전에 와본 적도 있어 바쁜 마음에 그 아담한 산사를 그냥 지나쳐버렸지요. 대신 조금 더 가서 커다란 암석에 새겨있는 부처상,

마치 괘불이 걸린 것 같은 마애불을 먼저 보겠다고 슬슬 위쪽으로 올라가는데 바로 직전에 조그만 암자가 있더군요. '나한전'이라고 편액이 붙은 아주 한적한 암자였죠.

그 암자 앞에 이르렀을 때였어요. 마침 갈바람이 스산하게 불어대고 있는 참이라 절 앞마당과 뒤 절벽 위에 둘러선 키 큰 단풍나무에서 마지막 이파리들이 떨어지는데 그게 색색의 나비인 양 훨훨 휘돌고 있었어요. 어떤 것은 절 마당에 떨어지고 어떤 것은 불당 안으로 파르르 날갯짓을 하듯이 날아 들어가고, 또 도로 피잉 돌아 나오기도 하는, 그 모양이 마치 흩날리는 눈발처럼 하염없었죠. 한동안 꼼짝 않고 서 있었어요.

조그만 법당 안에는 아무도 없고 처마에 매달린 풍경만이 이따금 바람결에 땡그랑, 흔들려 산사의 정적을 깨고 있었죠. 암자 이름대로 몇 분의 나한들만 소촐하게 서서 의미심장한 미소로 둘러 서 있고 좁다란 불단 위에 몇 개의 작은 촛불들이 조용히 타고 있었어요. 누구의 소원을 비는 것인지 안타깝게 바람결에 깜박깜박 흔들거리고 있었죠. 그 순간을 지켜보고 서 있는 내가 마치 꿈속에 있는 듯했지요. 이승과 저승의 문턱쯤, 아연히 넋을 빼고서요.

낙엽들은 길을 몰라 허둥대는 미아 같았어요. 어쩌면 생의 마지막 순간에 종교에나마 귀의하고자 기웃거리는 연약한 중생의 모습 같은데, 휘돌다 밖으로 떨어지는 낙엽은 마치, 넌지시 미소 짓던 부처님이 정색하시며, 네가 세상에서 무슨 덕을 쌓았더냐고, 벼락같이 꾸지람을 내리실 듯하여, 면목이 없어 발걸음을 돌리는 서글픈 인생 같기도 하였지요. 그 법당 안을 기웃대던 나 또한 그 순간은 하나의 낙엽이 되어 망연히 서 있었지요.

  사바의 인간들은 도솔천을 그리며 산다고 하지요? 불가의 오묘한 진리야 이 무지한 중생이 감히 알 리 없지만 이날 산행은 참으로 무언가를 생각하게 해줬지요. 만일 사후의 세계에 불도에서 이르는 정토가 없다고 한들, 우리가 언젠가 이르고야 말 마지막 순간에 서슴없이 정갈한 모습으로 삶을 접을 자신이 있을까, 한번 생각하게 되었지요.

2013. 11.

앵두나무 옮기기

 몇 년 전, 앵두나무 한 그루를 사다 심었다. 그 사이 열매를 맺은 적이 한 번도 없었는데 뿌리가 뻗은 것인지 옆 철쭉 꽃밭 사이에 웬 새끼나무가 생겼다. 우거진 철쭉 꽃밭 틈새에 끼어 있어서 애초에는 눈에 띄지도 않았다. 가지가 철쭉꽃나무 어깨 위로 우뚝 올라섰을 때는 이미 뽑아내기에 너무 아깝게 자라 있었다. 나무 틈새를 비집고 선 새끼나무는 위로만 까치발 딛고 뻗어서 어미 나무보다 더 키가 우뚝 솟았다. 바깥쪽에 자리 잡고 선 어미나무는 햇빛을 넉넉히 받고 편안하게 자리 잡은 덕분에 펑퍼짐한 게 안정된 모습이었다. 얼마 전부터 남편과 나는 그 앵두나무 중 하나를 옮기기로 작정했다. 나무들이 커 갈수록 철쭉 울타리의 균형이 망가지고 있기 때문이다.
 우리 집은 뜰이 제법 넓은 것 같아도 뭘 심으려고 보면 마땅한 자리가 없다. 그래서 진즉 해야 될 일을 미루고 있었다. 사실은 나무 심는 일도 입지조건을 따져야 되는 것이 사람의 경우와 비슷하다. 먼저 나무를 옮기자면 여러 가지를 생각해야 한다. 옆자리 수목들과의 조화문제, 사방에서 바라보일 위치문제, 장차 얼마나 커져서 얼마큼 자리를 차지할는지, 미래의 그림을 예상해보는 긴 안목도 필요할 것이다. 또 복숭아꽃은 집 가까이 심는 법이 아니네, 지붕보다 큰 나무 따위도 안 되네, 하는 미신 같은 속설도 있으니 은근히 신경도 쓰인다. 하여간 나무 하나 심는 데도 따져야 할 게 꽤 많다.

드디어 오늘 아침 앵두나무를 옮기기로 결정했다. 새끼나무는 철쭉나무 군식 속에 끼어있으니 빼내기가 어려워 밖에 있는 어미나무 쪽을 택하기로 하였다. 심은 지 벌써 7, 8년이 지난 나무다. 엊그제 내린 비로 땅이 촉촉하여 남편은 뿌리의 흙이 허물어지지 않고 분이 잘 떠졌다고 만족했다. 옮기는 도중 될수록 상처를 덜 받고 환경 변화를 덜 느껴야만 나무에 충격이 적을 것이다. 남편은 어린아이를 솜이불에 고이 싸 외출시키듯이 최선을 다하고 있었다.

"구덩이를 넓게 파야 한대요."

나는 기어이 자존심 강한 남편의 심사를 건드릴 판인가 보다. 가만 있질 못 하고 옆에서 알은체를 한다. 언젠가 책에서 본 나무 잘 심는다는 중국의 '곽탁타' 얘기가 퍼뜩 떠올랐기 때문이다. 슬쩍 봤던 글 속의 얘기를 가지고 번데기 앞에서 주름 잡아 보려는 것이다. 수년간 나무를 심어온 남편에겐 이미 ABC인 기초상식인 걸. 곽탁타 얘기엔 식물이 충분히 뿌리를 내릴 수 있도록 넓게 구덩이를 파고 편하게 뿌리 뻗게 해주면 잘 산다 했다. 심어놓고 잘 사나 못 사나 자꾸 만져보고 둘러보고 귀찮게 하지 않고 그냥 그대로 놔두면 오히려 나무가 잘 큰다는 것이다. 물론 그동안 남편이 심었던 나무들도 한 번도 죽은 것이 없었고 잘 자라고 있지만.

 요즘은 집집마다 애들 교육이 큰 문젯거리다. 교육현장에서 나무 심기 얘기는 한 번쯤 생각해 볼 만한 것 아닐까? 외국으로 원정교육을 가는 열혈엄마들과 멋모르고 끌려 다니는 아이들이 생각난다. 한 가정의 기둥인 가장을, 돈벌이 통장으로 여기는지 고국에 던져두고 가족 해체는 별로 염려하지 않는다. 오직 교육이라는 위대한 명분으로 엄마들은 최대의 모성애만 발휘하고 있다.

 나무를 옮겨 심으며 그런 생각을 해본다. 한 번 심으면 잘 자랄 수도 있지만 이식지가 마땅찮아 죽을 수도 있다. 또는 잘 못 심어 그곳에서 애물단지가 될 수도 있다. 사람도 마찬가지. 거취를 잘 못 정했을 때 얼마나 방황하고 실의를 느끼며 새로운 곳에서 재기하려면 얼마나 삶이 막연해지던가? 어떤 엄마는 아파트를 수십 번 옮겨 다닌다고 했다. 물론 아이를 위한다고 학군 따라 옮기는 일도 있다. 아이를 위해 맹모삼천지교를 한 것인지, 부동산 투자로 가정 경제를 살리려 했든지 간에 결과는 마찬가지다. 겨우 얼굴을 익히고 친구를 사귈 만하면 또 이사를 한다. 애들에게 고향이 없고 추억이 없다. 뿌리 없는 인생을 만드는 것이다.

 사다 심은 지 7, 8년 되었으니 앵두나무는 이제야 뿌리가 확실하게 땅에 안착이 됐을 텐데 다시 옮겨 심게 됐다. 나무에게 미안하다. 답답한 교육현실에 시달리는 자식들이 안타까워 경제여건이 안 되는데도 무리해서 유학길을 감행하는 것과 같을까? 그러나 돌아와 이 땅에 살 바에는 또다시 적응해야 되잖은가? 계속 헤매게 될 아이들이 딱하기만 하다. 사람과 마찬가지로 어린 묘목이 비교적 잘 적응하여 자란다지만 나무 이식의 성공여부는 아마도 지속적인 관심과 배려에 달려 있을 것이다.

남편은 정성스럽게 분을 잘 떠서 앵두나무를 옮긴다. 햇볕 잘 드는 울타리 쪽으로 새로운 터를 잡아주었다. 앵두나무가 부디 새 터를 본향처럼 여기고 오래도록 건강하게 커 주기만 바랄 뿐이다. 기왕에 외국에 나가 공부하는 애들도 고국에 남아 일구월심으로 자식의 일취월장을 비는 아빠의 소망대로 바른 교육을 이루고 오기만 빌어주고 싶다. 앵두나무야! 내년 봄에는 연분홍 꽃망울을 피워 구슬 같은 열매를 맺어 주겠지?

2010. 11. 5.

찰칵, 셔터 앞에서

진료실 앞 복도의 대기의자에 앉아 있을 때였다.
"그래, 이 아저씨 사진 찍어줄려고?"
갑자기 옆 자리의 중년남자가 웬 꼬마에게 말을 걸고 있었다. 알고 보니, 나와 그 남자가 나란히 앉아 있는 장의자 앞쪽에 한 꼬마가 통로를 가로막고 서 있었다. 그 아이는 손에 휴대폰을 들고서 우리를 향해 갸우뚱 포즈를 취하고 있었다. 댓 살쯤 되어 보이는 사내앤데 아, 그리고 보니 조금 전에 자기 아빠를 뒤따라가면서 뭘 조르는지 잡힌 손을 비틀어대며 징징대던 바로 그 꼬마였다. 그 아이는 지금 그럴듯한 사진사 맵시로 우리 쪽을 향하고 사진 찍는 시늉을 하고 있었다. 아니, 목하 촬영 중이었다. 그래서 옆자리의 남자분이 그 애에게 말을 붙이고 있는가 보다. 아이 아빠는 애가 너무 조르니까 할 수 없이 휴대폰을 들려준 모양이고 내 옆자리의 남자가 우선 제 일차로 사진 모델이 된 모양이었다. 아이는 한참 신이 나서 보이는 대로 뭐든 찰칵찰칵 눌러댈 모양이다. 어디에서고 어른들이 마구 찍어대는 것을 익히 봐왔으니 얼마나 흉내 내고 싶었겠는가? 그걸 보며 나는 무심코 웃고 있었다. 자못 사진사인 양 잔뜩 폼 내고 있는 어린애 모습이 귀엽기 때문이다. 그러다가 문뜩 아, 그렇구나, 나도 같이 앉아 있으니 지금 찍히고 있는 거구나! 퍼뜩 정신이 났다. 나는 그제야 비로소 사태의 심각성을 깨달은 것이다. 저 애가 그새 나를 찍었다면 나의 어떤 모습이 찍혔을까? 맹하게 웃고 있는 것을 찍히고 있었나? 기다림에 지쳐 허물어지듯 퍼질러 앉아있는 것이 찍혔나? 갑자기 볼썽사나운 내 치부라도 들킨 듯 약간 당황스런 맘이 들었다.

이런 경우가 아니더라도 나의 모습이 나도 몰래 찍히는 경우는 너무 많을 것이다. 요즘은 곳곳에 CCTV, 몰래 카메라가 설치돼 있다. 네거리에도 엘리베이터 안에도 택시 안에도 심지어 골목 안에까지, 감시 카메라가 없는 곳 빼곤 다 있단다. 누군들 어디 숨으려야 거의 숨을 곳 없이 모두가 카메라 셔터의 사정권 안에 방치돼 있는 셈이다. 흉악한 범죄가 횡행하는 세상이라서 우리 스스로 자청한 보호망인데 범인을 잡으려 쳐둔 망 속에 우리가 갇히게 된 꼴이다.

보편적인 심리로 사람들은 남에게 자신의 사생활이 노출되는 걸 싫어한다. 그래서 사생활 침해는 법으로도 보호 받는다. 신비주의가 아니더라도 그리고 아무리 떳떳하고 부끄러울 것 없다고 해도 누군가 나를, 나도 모르게 은밀히 들여다보고 음흉스럽게 훔쳐보는 건 싫은 일이다.

그런데 모순되게도 개인적으로는 이렇게 자신을 철저히 감싸고 싶으면서도 남의 사생활을 엿보고 싶어 훔쳐보고 지켜보길 좋아하는 것이 또 사람의 심리다. 비밀에 싸여있을수록 헤쳐 보고 싶어 호기심이 발동한다. 그 충동은 인성의 저변, 어딘가 숨어있는 비겁하고 야비한 본성인가 보다. 정보화 시대가 되어 정보가 많아질수록 그 호기심을 자극하는 매체와 기회가 많아지고 정도도 심화되고 강렬해진다. 그런데 갈수록 비밀스러운 것들이 숨을 곳이 없어진다. 심지어 국가 기밀이라는 성역마저도 국민의 알 권리를 내쳐 들며 장막을 걷자고 아우성이다. 이제는 흔한 연예인이나 유명인들의 스캔들을 깝죽거리는 정도로는 성이 안 차서 심지어 대통령의 사생활까지 파고들려 한다. 예를 들면 얼마 전 방송 인터뷰에 나온 대통령 측근 대변인에게 사회자는 대통령의 가장 흐트러진 모습을 본 적이 있느냐고 끈질기게 질문하며 물고 늘어졌다. 대중에게 의례적으로 보여주는 공식적이고 완벽히 준비된 모습은 별로 흥미가 없고 보이지 않은 부분이 관심거리였던 것이다. 그것이 파격적일수록 흥밋거리이고 뉴스거리기 때문이다.

애초에 판도라의 상자를 열려고 했던 인간이기에 사람은 태생적으로 본능적으로 그런 호기심을 타고 났을 것이다. 그 호기심이야말로 긍정적으로 보면 인류 발전의 원동력일 수도 있고 사는 재미이기도 하다. 그러나 그 질에 있어 건강한 호기심이 아니고 치사하고 야비한 비양심적인 호기심이면 차라리 무관심이 더 나을 것이다. 그렇지 않아도 한없이 복잡하고 거친 세상이 너무 엉키고 비틀려서 어지러운데 남을 훔쳐보고 그걸 약점 삼아 비방하고 걸고넘어지는 악순환이 계속되다가는 결국 어디까지 가잔 말인가? 아무리 첨단 문명 시대에 살면 무얼 하겠나? 천진한 꼬마가 무심히 찍는 셔터에도 움찔 긴장되는 세상인데. 물론 소심한 사람의 과잉 반응이지만 어쨌든 현대는 분명 편안한 세상은 아니지 않는가? 무방비로 있어도 상관없고 타인을 의식하지 않아도 무방한 세계는 어디에 있을까? 때로는 그런 순간이 문득 그리워지며 누군가에게서 잊히고 자유롭고 싶어진다. 그런데 저 아기 사진사에게 오늘은 어쩔 수 없이 모델봉사를 해야 하나 어쩌나.

2013. 7. 4.

아이비 넝쿨

마당가 감나무 몸통에 아이비넝쿨이 온통 푸른 치마를 입혀버렸다. 감나무뿐이 아니다. 단풍나무 둥치에도 역시 푸른 잎사귀로 둘레둘레 휘감고 올라가서 몇 줄기는 아래로 치렁치렁 팔을 내려뜨리고 바람결 따라 흔들거리고 있다.

을씨년스러운 겨울 정원이고 상록수도 별로인데 푸른 생기를 조금 보태주는 것 같기는 하다. 몇 년 전 봄에 꽃시장에 들러 사온 아이비들이다. 값이 별로 비싸지 않아 한 묶음 사오고 보니 넉넉해서 여기저기 심었던 것이다. 밑동이 허옇게 벗어져버린 오래된 감나무 밑에도 심고 겉껍데기가 별로인 단풍나무 밑동을 가릴 겸 심었더니 스스럼없이 잘도 자라서 나무 중턱까지 기어올랐다.

아이비넝쿨은 우리 주위에서 흔하게 볼 수 있는 넝쿨식물이다. 실내 공기정화에 좋다고들 해선지 어느 집에서나 자주 볼 수 있다. 까다롭지 않게 잘 크는 소탈한 식물이고 귀여운 잎이 사철 계속 푸르러 어디나 잘 뻗어나간다. 지난날 우리 집 현관 입구에도 등나무바구니에 올려놓고서 줄기를 늘어뜨려 멋진 분위기를 연출해본 적도 있었다. 실내 인테리어로 아주 좋은 소재이다. 아니 실내뿐 아니라 이제는 우리 집 마당 인테리어로 너무 근사한 작품이 되었다.

그런데 주객이 전도된다고, 혹시 너무 무성한 아이비넝쿨 때문에 큰 나무들이 무슨 해라도 입지 않을까, 나는 은근히 걱정이 된다. 가만히 보니 아이비는 그 뿌리가 아주 촘촘하고 나무 등걸에 바짝 들러붙어 단단히 뿌리를 박고 있는 게 예사롭지 않다. 나는 그 방면에 알 듯한 사람만 만나면 대뜸 그 부분을 문의해보지만 시원스럽게 대답해주는 사람이 없다. 할 수 없이 그대로 무방한 것으로 생각해야 될 것 같다.

아이비는 사철 푸르다. 눈보라 속에서도 끄떡없다. 큰 나무들도 강풍에 꺾이고 얼어 죽고 겨울 넘기기가 어려운데 그 차가운 긴 겨울을 연약한 줄기 식물로써 너끈히 이겨내는 질긴 생명력이 감탄스럽다. 아이비뿐이 아니다. 겨울철 깊은 산에 올라가면 잎이 져버린 키 크고 앙상한 나목 끝에 겨우살이라고 하는 식물이 버젓이 기생하고 있다. 한약제가 된다 하여 사람들이 올라가 꺾어내리는 것을 봤다. 이처럼 큰 나무에 얹혀 사는 식물 때문에 원목이 피해를 입어 죽어가는 경우도 있다. 칡넝쿨 피해가 그렇다. 수십 년 혹은 수백 년 해묵은 잘생긴 소나무들이 칡넝쿨들이 감고 올라가면 목이 조인 듯 답답함을 못 견디고 결국 죽어가는 것을 흔히 본다. 칡의 생존방법이니 막을 길이 없다. 그러나 기생식물이 다 해로운 것은 아니다. 단지 스스로 일어설 힘이 없어 남을 의지하는 것들도 많다. 맹감나무 줄기며 나팔꽃 줄기 등 연약한 것들은 살짝 남의 등만 의지하고 기대고 있을 뿐이다. 큰 나무 덕을 좀 보고 사는 것이다.

　남편이 직장에 있을 때 더러 취직시켜달라는 청탁을 받곤 했었다. 무슨 일이나 되지 않는 일은 약속을 하지 않는 완벽주의 성격인 남편에게는 괴로운 부탁이었다. 속 편한 나는 곁에서 "능력 있으면 누가 당신한테 아쉰 소리를 하겠어요? 어쨌든 우선 노력해보겠다 하고, 면전에서 무안하게 단칼로 싹둑 자르듯이 거절하진 마세요." 했었다. 그러나 항상 앞뒤로 깊이 생각하는 남편 성격엔 책임 없는 약속은 애초에 안 한 것보다 못한 것이다. 허망한 기대를 주기보다 그 일이 좌절됐을 때의 배반감이 더 크다는 걸 알고 있어서인지도 모른다. 차라리 처음에 냉정한 말로 희망을 갖지 않게 하고 미리 대비하게 하는 편이 덜 비참하고 이쪽도 실없는 사람이 되지 않는 것이다.

　그런데 우여곡절 끝에 어떻게든 돌봐준 사람들이 직장에 들어가 질 버티어내고 훌륭하게 식상생활에 적응하며 지내는 것을 보면 너무 맘이 흐뭇하였다. 마치 붙잡을 곳이 없어 바닥에 주저앉아있던 아이비 넝쿨처럼 정처없고 막연했던 사람들이 남편이라는 큰 나무 줄기를 붙들고 살아나갈 근거를 갖게 되었으니 얼마나 다행인가? 남편은 그들의 버팀목이 되었고 그들은 삶에 자신을 가지게 되었다. 물론 남편이 아니더라도 또 다른 선택의 길이 있었겠지만.

　이제 남편은 은퇴를 하고 일선에서 물러났다. 그러나 남편이 심어줬던 그 사람들이 이제 경력도 무르익어 현역에서 열심히 뛰고 있는 모습을 보면 다행스럽고 대견하다. 마치 밑동이 허옇게 드러나게 늙어버린 나무 밑동을 푸른 잎으로 멋지게 덮어주는 아이비처럼 기대 밖의 바람직한 소임을 하고 있다. 모든 삶은 서로 의지하며 살아갈 때 훨씬 덜 힘들다. 저 혼자 잘났다고 외로이 가는 길보다 남들 손을 붙잡아주고 이끌어주어 같이 가는 길은 서로에게 힘이 되는 노정일 것이다. 결과적으로 남을 돕는 일은 어쩌면 자신을 돕는 일이 될 수도 있었다.

지금 정부에서는 사회정화운동의 일환으로 청탁배격운동이 한창이다. 부패의 연결고리인 청탁문제의 척결은 사회적 요망으로 공감이 되고 있는 때다. 바른 시책이다. 이런 때, 청탁에 대한 나의 전근대적 사고방식은 시대착오적 망상이라 지탄받을 줄은 안다. 당장에 어이없다고 반격할 것이다. 그러나 때때로 나는 예외적 상황을 생각하고 싶다. 실력으로 엄격히 고용되는 사회가 가장 바람직하지만 제도나 틀에서 제외된 상황에 있는 사람들도 많은 세상이다. 세상은 누구에게나 고른 조건과 기회를 주고 있지는 않기 때문이다. 무언가 모자란 그들에게 언덕을 비비고 올라가는 기회의 끈이 되어 묻혀 있는 그들의 재능을 발휘하게 할 수도 있다고 보는 것이다. 그것이 부정과 비리의 연결만 되지 않는다면. 그들의 숨어있는 자질, 의외로 발군된 그 능력이 대단할 수도 있다. 뭣보다 사람들끼리 서로 돕고 의지하는 것은 매마른 인간사회를 탄탄히 매어주는 정말 아름다운 인정의 동아줄이라고 믿고 싶다.

아이비넝쿨이 조그만 실내 인테리어 소품으로도 소용되지만 마당에 있는 마른 나무 둥치를 새롭게 꾸며 자연을 아름답게 할 줄은 사실 몰랐던 일이었다.

2010. 5. 4.

필동의 그 길

오늘은 J 병원을 마지막으로 다녀올 참이다. 장충동고개에 있는 갱년기클리닉 전문병원인 J 병원의 내 주치의에게 하직 인사도 할 겸 마지막 진료를 받으러 가는 참이다. 나는 일산에서 지하철 3호선을 타고 충무로역에서 내려 언제나처럼 대한극장 앞, 필동 길을 지나가고 있다. 날씨는 초봄의 신선한 대기여서 씻은 듯 맑다. 그런데 마음은 스산하기 그지없다. 뭐든 마지막이란 것에는 미련이 남는가, 착잡한 감회가 인다. 오랫동안 다니던 병원이었다. 혈압, 관절 등 갱년기 증상이 생기던 60대 초반부터였다. 매년 거의 두세 달마다 어김없이 진료를 받으러 다녔다. 특별한 질병 때문이 아니고 그저 갱년기의 정기적 건강 체크와 그에 따른 고정적인 약물치료가 전부였다. 그동안 의사의 처방이 노화의 증세 호전은 못 시켜도 악화시키지 않은 것만도 신뢰감이 들어서 한 번도 병원을 바꾸지 않았다. 그런데 이제 오늘로 이 병원 진료를 그만두려는 것이다. 이제는 내 주거지가 시골인데 일부러 서울까지 다니는 것이 만만치 않았다. 전에는 서울을 자주 왕래할 일이 많았는데 점차 그런 일이 줄어들기 때문이다.

솔직히 나는 이 길을 그만 와야 된다는 것이 섭섭하다. 괜히 미련이 남는다. 좋은 시설을 갖춘 병원과 실력 있는 의료진을 단념해야 된다는 서운함도 물론 있다. 그러나 그것뿐만이 아니다. 사실은 그보다 내가 매번 이 길을 지나면서 누렸던 작은 행복을 이젠 만나지 못할 거란 섭섭함 때문이다. 사실 이 길은 별로 아름다운 길이 아니다. 눈을 끌 만한 매력 있는 거리도 없다. 세운상가의 구중중한 한쪽이 보이고 서울의 오래된 중심가이면서도 주요 건물이나 화려한 쇼핑가가 있는 것도 아니다. 빛바래고 후줄근한 도시의 뒤안길 분위기에 해묵은 거리의 그림자가 깃든 곳이다. 다만 대한민국 수도의 중심가라는 지긋한 무게와 충무로역의 번잡과 대한극장이라는 전통 있는 영화관이 있어서 나름의 명색이 있다. 알고 보면 희멀건 신도시보다 이야깃거리가 차곡하게 깊을 것이다.

그동안 나는 이 거리를 지나며 즐거웠다. 작고 오붓한 행복을 맛보았다. 필동 쪽에 늘어선 애견 센터들 때문이다. 병원으로 가는 길처에 한길을 따라 꽤 여러 개의 애완견 센터가 있었다. 나는 언제나 그 옆을 지나며 그 애견 박스 안에 고물고물 놀고 있는 강아지들에게 안녕, 안녕, 하며 문안을 여쭈고 다녔다. 물론 놈들은 전혀 알은체도 해주지 않는다. 오전 일찍 내가 종종걸음으로 애견센터 앞을 지날 때쯤은 강아지들은 아침 식사를 마치고 한참 느긋하게 잠에 취해 있기 때문이다. 다들 눈을 감고 꼬리 속에 고개를 박거나 저희들끼리 서로 고개를 들이박고 세상모르고 자고 있게 마련이다. 아무리 그렇다 해도 나는 늘 걸음을 멈추고 한참씩 그 앞에 붙박이가 된다. 유리창 안으로 훤히 들여다보이는 포동포동한 강아지들을 그냥 지나칠 수 없다. 어떨 땐 애견 박스 유리를 토닥이며 그들을 깨우려 해보지만 강아지들이 그 새까만 눈을 영롱하게 뜨고 나를 돌아보는 경우는 거의 없다. 길가에 지나가는 사람들이야 아무리 좋아해 봤자 창밖의 허무한 관심이라는 것을 이미 파악했나 보다. 그들이 깨어있을 때도 항상 안쪽만 보고서 까치발로 선 채 그 유리벽을 하염없이 긁어대고 있다. 그쪽 사람들이 먹이도 주고 안아도 주고 놀아도 준다는 것을 아는 것이다. 그런데 안쪽 분위기는 전혀 아니다. 정해 놓은 시간 외는 사육사가 눈길도 주지 않는다. 안타깝다. 어쨌든 나는 그 무심한 강아지 뒷모습, 그 오동통한 엉덩이만 봐도 좋았다. 미소가 절로 나온다. 부드럽고 보시시한 털 속에 새까만 눈동자, 그 한없이 맑고 순수한 표정이 나마저 해맑게 만들어준다. 뒤뚱뒤뚱 허둥대는 그 모습이 천진난만한 재롱덩이다. 꼭 안고서 볼에 비비고 싶은 충동이 일어난다. 나는 그 길을 지날 때마다 한 아름씩 맘속에 뿌듯이 차오르는 기쁨을 선물 받은 것이다.

아쉽게도 요즘은 애견센터가 많이 줄었다. 처음에는 애견용품이나 애견 미용실로 바꾸더니, 아예 다른 업종으로 탈바꿈해버린 곳도 많다. 불경기라 생활의 여유인 취미생활이 제일 먼저 퇴장을 하는 것이리라. 필동의 애견센터, 이 길을 이제 작별해야 한다.

필동거리에서 또 하나 내 발을 멈추게 하는 것이 있다. 대한극장에서 동국대 올라가는 사거리 못 가 중간쯤에 있는 주유소 바로 앞, 화단 속에 조그만 기념석이 하나 서 있다. 요즘 한참 인기리에 티브이로 방영되고 있는《징비록》의 저자이자 조선 선조 때의 유학자 서애, 유성룡의 집터를 알려주는 표지석이 그 속에 있다. 비석에는

"유성룡 집터(柳成龍家址)-이곳 남부 낙선방(南部樂善方) 먹절골(墨寺洞)은 임진왜란 때의 영의정 서애(西厓)유성룡 선생이 살던 곳"

이렇게 단 몇 줄로 조촐하게 쓰여 있다. 나는 항상 그 길을 지나다 이 표지석 앞에서 잠깐씩 발걸음을 멈추곤 한다. 비록 자그만 돌조각이지만 나는 그 비석에서 탁월한 예지력을 겸비했던 서애 유성룡의 지고한 선비정신을 그려보게 된다. 사실 눈여겨보지 않고선 누구에게도 보이지도 않게 풀숲 속에 섞여버린 비석이다. 왜, 그렇게 허술하게 방치해 놓았는지, 관리자는 누군지 안타깝다. 관리자가 못 한다면 지역민이라도 나서서 주변을 정리해주면 좋으련만. 그 언젠가 독일 여행할 때 괴테 생가를 보러 잔뜩 기대에 부풀어 갔는데 길거리에 붙어 있는 답답한 대문 앞에 서 있다 온 것이 전부다. 겨우 그 집 코빼기만 보고 왔는데도 세계적 대문호의 후광을 충분히 우려먹던데.

서애 유성용은 임진왜란이 일어났던 조선 선조 때의 위대한 학자이며 당시 영의정을 지낸 위대한 정치가로 구국의 충신이다. 그런 분의 거주지를 한 덩어리 돌조각으로 길바닥에 묵혀 놓는다는 게 송구스럽다. 후세들에게 교훈을 주는 것 외에도 현실적 경제개념으로 따져보더라도 넉넉히 외국인들에게 자랑할 만한 관광자본이 될 문화재인 것이다. 물론 그 자리는 유성룡의 고향집도 아니고 벼슬살이 할 때 살았던 한양의 거주지라고 한다. 그러나《징비록》에 나오듯이 서

애는 임진왜란이라는 치욕적인 전란의 중심에서 그 집터는 구국의 충심으로 오매불망 나랏일에 매진하고 있던 때의 거처가 아녔던가? 나는 그곳을 지날 때마다 암울하게 절망에 빠진 조국의 현실에 잠 못 이루던 충신 서애가 그지없이 절박하고 암담한 심정으로 묵묵히 거닐었을 그 한옥의 적막한 뜨락을 상상해본다. 그리고 난세는 지금이나 그때나 여전한데 서애처럼 현명하고 충심 깊은 정치가는 지금은 어디에 있을까, 가슴이 답답해진다. 지난날, 폭풍우 속 등불처럼 위태로웠던 조국을 등에 지고 너무나 괴롭고도 막막했던 서애의 고뇌를 짚어보며 가슴이 아프다.

  필동의 거리, 그 거리는 내게 때로는 뭔가 생각에 잠기게 하고 때로는 잠시 행복에 잠기게 해주었다. 내 일생에서 그 부분은 아마도 색깔 아릿한 추억의 한 페이지가 되어 오래 남을 것 같다.

2015. 6. 2.

"자꾸만 정 떨어지는 일만 생기는 삭막한 요즘 세상에, 따스하고 포근한 내복 같은 존재도 쉽지 않다. 때때로 내게는 내복이 사람이라면 갖춰야 할 기본 같은 게 아닐까 생각된다."

5부
찬장과 여인

누구 키가 더 큰가

TV 화면에 어린애 쌍둥이가 놀고 있다. 걸어다니며 재롱은 부리지만 아직 말을 못하는 나이라서 뭐라고 주거니 받거니 계속 옹알이를 하고 있다. 옹알이만 하는 게 아니고 한 애가 손을 들면 다른 애도 따라서 번쩍 손을 들며 똑같이 따라 한다. 마치 뜻있는 신호를 나누고 있는 것 같다. 한 애가 바닥에서 구르면 또 한 애가 빙그르 따라 돌면서 소리치고 즐거워한다. 사람들은 두 애가 끊임없이 따라 하는 행동를 보며 마치 귀여운 동물구경이라도 하듯 신기해서 보고 있다. 그들이 무언가 통하는 메시지가 있다는 것이다. 아주 어린아이도 우리가 짐작하지 못하는 의미심장한 소통을 할 거라는 것이다. 그런데 그 방면의 전문가가 나와서 해설해주는 바로는 그게 아니란다. 그들은 다만 상대의 행동을 따라 할 뿐이라 한다. 상대의 행위를 모방하며 그에 대한 자기만족에 즐거워하는, 단지 놀음일 뿐이라 했다. 듣고 보니 사실인 것 같았다.

우리가 하는 일들도 대부분 의식 없이 남들을 따라가는 게 많다. 남이 장에 가면 나도 가고 남들이 애들을 학교 보낼 때 나도 보냈다. 남들이 다 졸업시킨 뒤에 나만 따로 학교 보내지도 않았고 나중 나중에 시집 장가보내겠다고 소신 있게 주장한 적도 계획한 적도 없었다. 그저 남들이 다 할 때에 함께 동참하지 못 할 때면 오히려 심한 소외감이 들어 괴로워했다. 어릴 때 불렀던 윤석중 선생님의 〈키 대보기〉란 동요가 생각난다.

누구 키가 더 큰가 어디 한번 대 보자.
올라서면 안 된다. 발을 들면 안 된다.
똑같구나 똑같애 내일 다시 대보자.

간단한 노래지만 상당히 의미심장한 내용이다. 남보다 더 우월하고자 하는 심징은 어쩔 수 없는 인간의 욕망이어서 키를 대보듯 비교할 수밖에 없는 게 보통 인간이다. 그것이 삶에서는 성장의 채찍이 되고 발전의 요소도 되는 것이다. 그 비교과정이 조금치의 부정도 없이 정직하게 투영되어야 진실한 실력도 알 수 있기에 까치발 들고 올라서도 안 되고 꼼수를 써서 발을 들어도 안 된다고 하였다. 그러나 똑같다고 인정해주고 용기를 주면서 내일을 약속하는 내용이 참으로 슬기롭게 보인다.

우리가 살아온 세월을 돌아보면 모두 시대의 흐름에 뒤처질까봐 발버둥치며 조바심치며 달려온 것이다. 남이 아파트 살 때 나만 단독에 사는 것 같아 서글픔을 느끼고 남이 사장 될 때 아직도 과장에 머무는 것을 아주 죽도록 괴로워한다. 만일 옆에 남이 없었다면 이토록 극심한 비교 스트레스는 없었을 것이다.

요즘 애들 결혼이 늦는 것은 사회적 흐름이기에 예사롭게 생각한다. 그런데도 갈 길이 코앞에 다가온 것 같은 늙은 부모 마음은 배우자 없는 자식은 풀지 못한 숙제요 미련이다. 그래서 친구 중에 막내딸 결혼 때문에 애가 달은 친구가 있었다. 다른 자식들은 이미 다 행복하게 사회 각 분야에서 만족하게 자리 잡고 있었기에 그 애만 더욱 더 애련하였다. 그 친구가 최근 심경 변화를 말했다. 남편이 중병으로 투병 중이라 자식 결혼은 뒤로 물러두었다고. 더 긴급하고 중요한 일이 생기니 당연히 그 일이 덜 중요하게 되더라고 했다. 우리가 보통 신경 쓰고 관심 두는 수준은 어떤 기준에 맞추고 있다는 얘기다. 달동네에 살면서 대통령 관저의 호사를 꿈꾸지는 않을 것이다. 각자의 수준에서 비교급을 찾는다. 자기 눈에 내다보이는 환경에 발맞추어 그보다 나으면 행복하고 못 하면 서글프고 불행함을 느끼는 것이다.

평균적으로 키가 작았던 옛날에는 키에 대한 관심도 적었고 내가 작다는 사실도 심각하지 않았는데 이제는 나 정도의 키는 아무래도 곤란하겠구나 생각된다. 이렇게 기준도 자꾸 변해가고 가치관도 변해가는데 언제까지 사람들은 주위 때문에 흔들리고 있어야 하나? 또 이 가치관 기준들을 볼 때 기가 죽는다든지 소외감을 느낀다든지 하는 스트레스는 외적인 비교가 더 많다. 내적인 결핍 때문에 고민하는 사람은 상대적으로 적다.

항상 주위를 돌아보며 남을 따라 비교해보며 행복의 치수를 재는 사람들은 그래서 영원히 행복할 수 없나 보다. 남보다 뒤떨어져도 걱정이고 남과 같아도 만족할 수 없다. 어깨동무 속에서도 옆을 기웃거리며 불안한 기분을 느끼는 사람들! 같이 있어도 외로움은 사라지지 않는다. 쌍둥이들이 서로 보며 흉내 내듯이 인간은 남을 따라 흉내내지만 남보다 더 낫게 더 좋게 보이려는 본능이 있기 때문이다. 삶의 모순이기도 하며 당연한 것이기도 하리라.

꽃이 핀다. 꽃도 다투어 피는지 노란 수선화도 하얀 매화도 덩달아 환하게 피었다. 서로 서로 양보하고 사양하며 차례로 피면 늦게까지 꽃을 볼 수 있으련만 봄꽃들이 우르르 샘내듯 피었다가 한물에 지니 아쉽기 그지없다.

얼마 전 지구촌을 요동치게 한 대횡사로 일본에 쓰나미가 휩쓸고 갔다. 이웃나라 크나큰 불행을 바라보니 봄꽃이 예쁘게 피어나는 아늑한 내 나라가 얼마나 다행스러운지 모르겠다. 어차피 옆을 바라보며 사는 게 인간이기에 남의 불행을 내 행복으로 뒤바꾸는 속물근성은 어쩔 수가 없나 보다. 언제까지 우리는 쌍둥이 어린애들처럼 의미 없이 누군가의 그림자만 붙잡고 멍청히 따라가려다가 말 것인지….

2011. 4. 5.

찬장과 여인

한가한 아침나절이다. 따스한 햇살이 어느새 거실 소파 위까지 응석부리듯 기어오른다. 가스 불에 올려둔 주전자가 퐁퐁 김을 내뿜는 것을 보며 나는 머그잔을 가지러 싱크대 쪽으로 다가간다. 그런데 잠깐 멈춰 서버린다. 찬장 앞을 지나치다 언뜻 그 안의 낯익은 얼굴들, 올망졸망한 그릇들이 나를 말끄러미 내다보고 있는 것을 알아챈 것이다. 찬장 가운데쯤에는 장미꽃 봉오리가 곱게 그려진 찻잔 한 쌍이 있다. 며느리가 혼수예물로 우리 부부에게 선물한 찻잔이다.

"어머니, 자주 사용하세요. 아끼지 않고 자꾸 써야 그릇의 수명도 오래 간대요."

눈치가, 별로 꺼내다 쓰지 않고 모셔두는가 싶은지, 며느리가 안타까운 듯 일러준 적도 있다. 사실 그 찻잔을 참 예쁘다, 하면서도 자주 쓰지 않는다. 며느리 선물이라 곱게 간직하고 싶은 건지, 아니, 실은 꽃송이처럼 오목조목 골진 잔이라 사용성이 편치 않았던 점도 있다. 그런데 그 찻잔뿐이 아니다. 찬장 안에 있는 대부분 그릇들도 자주 쓰지 않는 편이다. 전시용품도 아닌데 대개는 손님이 오실 때 그릇을 꺼내고 곱게 앉은 먼지도 씻는다. 그저 손쉬운 머그잔을 싱크대 철망선반에서 꺼내 들락날락 사용한다. 요즘은 손님도 뜸하고 잔치할 일도 별로 없어 그릇들은 거의 휴업상태다. 찬장 안에서 만날 잠만 자고 있는 형편이다.

찬장은 뉘 집에나 있는 부엌가구이다. 옛날 시골집에선 나뭇더미가 있는 정지 뒤편에 대나무 시렁을 걸어놓고 살강이라 불렀다. 그 위에 찬그릇을 포개놓고 찬장으로 썼다. 물론 대갓집에선 사기, 유기, 목기 그 종류 별로 찬장을 갖춘 집도 있었고 용도에 따라 뒤주도 갖추고 있었다.

지난 시절엔 살림이 좀 윤택하다 싶으면 거실에다 규모가 웅장한 오디오 세트를 별여 놓거나 화려하고 반질반질 윤나는 그릇장을 안 수인 얼굴인 양 버티어 놓는 게 일쑤였다. 그게 마치 그 집의 문화수준인 것처럼. 공연히 그 휘황한 기세에 눌려 저절로 기가 죽기도 했었다.

어찌됐든 집안에서 찬장만큼 사랑 받는 가구도 드물 것이다. 유리도 말갛게 자주 닦아주고 그릇들이 심심찮게 이따금 주부들의 재바른 손길이 들락날락 찾아준다. 찬장은 생활의 중심에서 조석으로 가까이 만나기에 무심한 존재일 수 없다. 또 식생활의 여유는 바로 문화를 즐기는 여유다. 뭣보다 중요한 음식문화의 완성인 그릇을 고이 모셔두는 곳, 찬장이 우대받는 건 당연할 것이다. 사실 여인의 일생 중 대부분의 시간을 보낸 곳도 부엌이고 그 부엌의 중심에 으레 찬장이 듬직하게 자리 잡고 있었다.

우리 집 찬장도 이젠 제법 묵은 가구가 되었다. 한참 살림 재미가 나던 사십대 초반에 구입했다. 몇 날을 별러서 아현동 가구점고개를 헤매고 다니다가 'ㅇ씨농방'이라는 내 취향의 가게에서 들여온 거다. 나무 살결이 불그스름한 참죽나무인데 도톰하게 깎아 넣은 격자 유리창살이 단아해서 예뻤다. 조잡한 장식이 없고 순연한 나무재질만으로 꾸며서 조촐한 게 싫증이 나지 않았다. 그 찬장 안에 그릇들을 차곡차곡 정리해두었다. 맑고 시원한 유리그릇들과 크리스탈 잔, 귀엽고 산뜻한 그림의 사기잔들이 기품 있게 제각각 매력을 뽐내고 있다. 봐도봐도 우아하고 귀태 나는 그릇들이다. 그런데 모두 찬장 안에서 하염없이 지루한 세월을 보내고 있다. 생각해보면 얼마나 사람이 그립고 바깥이 궁금할까? 마치 구중궁궐 속에 갇혀 평생을 보내는 여인네 신세 같다.

요즘은 맞벌이 시대이다. 가정은 주부 부재이고 집에서 손님 초대하는 일도 거의 없다. 집에서 제대로 아침밥 먹고 출근하는 사람도 드물다. 이제 지난날 중요하게 지켜졌던 가치 개념도 차츰 뒤바뀌고 있는가 보다. 무엇이든 하나의 일생에는 빛나는 한때의 전성기가 있지만 여인들에게 그릇들은 평생토록 동반자였던 소중한 세간이었다. 그런데 세월과 함께 그릇들도 함께 퇴장하는가 보다. 점점 쓸모없어진 찬장 속 그릇들이 애처롭게 보인다. 사랑받다 버림받은 여인 같다.

잠 안 오는 밤, 거실 소파에 앉아서 부엌을 바라보면 어둑한 밤의 여명 속에서 찬장 속 그릇들이 부옇게 비쳐 보인다. 뭔가 낱낱이 은밀한 얘기를 나누자는 듯 속삭임처럼 은은한 빛살이 부서진다. 찬장은 상당히 소중하고 정스러운 가구였다. 오늘은 무슨 요리로 누굴 즐겁게 해줄까 기다리는 듯 상시 전열을 갖추고 있다. 가족을 모이게 하고 담소를 나누게 하고 서로의 안부를 확인하던 곳이 찬장이 있는 부엌이었다. 오늘처럼 한가한 날엔 나는 왠지 서글픈 시선으로 찬장을 물끄러미 쳐다보게 된다.

 찬장을 자주 여닫으며 분주하던 시절, 애들은 어렸고 나는 젊었고 생활은 활기 있었다. 남들과 살갑게 음식을 나누고 나면 사람 사이의 관계도 돈독해지고 정다워졌다. 사람의 정 중에서도 쉽게 잊히지 않은 게 음식에 얽힌 정이고 인연이다. 그 시절엔 우리 집 그릇들도 말갛게 닦여져 반짝반짝 빛났었다. 그런데 이제, 찬장 속 그릇은 뿌옇게 먼지너울을 쓴 채 박물관 골동품처럼 잠자고 있다. 더 이상 부엌은 식구들이 모여 담소를 나누던 즐거운 시간의 요람이 아닌 것이다. 언제부턴가 잠시잠깐 바쁜 일상에 요기나 해결하는 스쳐가는 장소일 뿐이다.

 요즘 손님 접대는 대부분 간단히, 깔끔하게 외식으로 해결한다. 덕분에 음식솜씨 없어 애타던 여인들은 구원받은 셈이다. 좀 섭섭한 점은, 어딘지 사람관계도 맹물 같아지고 너무 단백해서 쓸쓸해졌다는 것이다.

 점점 나이 들어가는 요즘에는 나는 부엌에서 있었던 모든 기억들이 환영 속 옛일만 같아진다. 음식향내 깃든 갖가지 추억들이 뿌옇게 먼지 속으로 점점 멀어지는 것 같다. 훈훈하고 풍성했던 가족모임도 당분간 계획이 없다. 오순도순 왁자지껄 사람들이 벅적대던 부엌은 이미 사라진 한때의 환상 같다. 찬장이 안주인인 양 버티고 있던 부엌은 신화의 여신 헤스티아가 당당히 마련했던 여인의 성소였는데, 이젠 주인 잃은 빈 성곽 같다. 편하고 자유로운 세상이 됐는데 웬일로 마음이 옛 노래처럼 허무하고 스산하다.

2012. 1. 6.

내복 이야기

하의 실종이 일반화 됐는데 내의 실종쯤은 별것 아니랄 수 있다. 누가 속에 옷을 입거나 말거나 보이지도 않은데 무슨 상관이겠는가? 나는 공중탕에서 머리 허연 할머니들도 내의를 입지 않은 걸 자주 본다. 꾸역꾸역 내의를 챙겨 입는 나 같은 사람은 드물다. 꼬박꼬박 내의를 입고 지내는 내 습관은 무슨 대단한 지조도 아닌 것이고 차라리 시류에 영합 못하는 쇠고집처럼 보일지 모른다.

어쨌건 나는 지금껏 내의 애용자이다. 내의를 입지 않으면 허전하다. 겨울철에는 보온을 위해서 그렇다 치고 삼복더위에도 팔 없는 메리야스라도 꼭 받쳐 입는다. 이런 내가 정말 노인네 같고 촌스러운가?

내의라면 삼국시대부터 착용했던 의류문화이다. 그 시절은 주로 동물 가죽을 이용했다고 하니 상상이 안 된다. 더구나 조선시대까지도 양반이나 부유층에선 솜옷을 입었지만 가난한 사람들은 구피, 즉 개 가죽을 등지기처럼 입었다 한다. 오늘날의 서양식 내복은 1960년 대부터서야 입기 시작했다고 한다. 다행히도 우리는 이 시대에 태어나서 면이나 실크, 양모제품의 질 좋은 내복도 입어보고 원적외선, 콩, 심지어 은 성분이 든 내복 등, 다양한 기능성 내복도 입을 수 있다. 1970년도 무렵에는 첫 월급 타면 부모님께 드리는 효도선물로 빨간 내복을 사 드리는 것이 유행했었다. 요즘은 내복도 많이 발전돼서 '히트텍'이라는 발열기능 섬유도 개발하고 또 겉옷처럼 맵시 나게 패션화 시키고 있다.

대체로 따뜻한 아파트생활을 하면서 내의가 실종 됐다고 할 수 있다. 요즘 들어선 경기불황이라 에너지 절약한다고 사회분위기가 내복 입기 권장을 하고 있다. 그러나 습관은 하루아침에 바뀌지 않는다. 잘못 입으면 괜히 옷맵시만 나빠지고 빨랫감만 수북하게 나오는 내복을 굳이 입을 생각을 안 하는 것이다. 딴은 아파트 온도가 무더울 지경이니 심각하게 추위를 느끼지는 않을 것이다. 기름값이 올라서 관리비 낼 때는 짜증스럽다가도 온도를 줄이고 내복을 껴입을 생각까지는 않는 것이다.

겨울에 내복을 입으면 확실히 체온 방출을 막아준다. 그러나 사람들은 내복 하면 궁상스러운 기억부터 떠오를 것이다. 우리가 어릴 때만 해도 모두 내복을 입고 살았다. 그 시대는 전력 사정이 좋지 않던 때라서 촉수 낮은 희미한 전구는 걸핏하면 깜박깜박 잘도 나갔다. 어머니는 호롱불을 켜놓고 아이들을 홀랑 벗겨 이불 속에 밀어 넣고 가물거리는 호롱불에 이 타작을 하셨다. 내복 솔기를 뒤집어 호롱불에 대고 톡톡 이를 태우면 메슥메슥한 누린내가 난다. 그 냄새가 싫어

코를 막으면서도 타다닥, 타 죽는 이의 단말마가 재미있다고 키득키득 웃으며 모두들 이불자락을 뒤집어쓰고 말똥말똥 구경하던 생각이 난다. 따스한 봄날 양지쪽에 나온 늙은이들이 바지 허리춤을 까고 이를 잡는 모습은 별스런 구경거리도 아니었다. 그 시대는 세탁기도 없었고 빨래 한번 하려면 멀리 냇가로 이고 나가 얼음장을 깨고 빨아야 했다. 자주 갈아입지 못하는 내복 틈새에 이가 서식하기가 쉬웠을 것이다. 물자가 귀하던 시대라 내복들은 당연히 오래도록 입었고 낡고 헤어져 구중중하였다. 대개 큰애가 입던 옷을 아우가 내려 입고 또 키가 껑충하게 자라도록 입어 짧아진 내복 아래로 뻘건 맨살이 나오기도 했다. 으레 무릎이나 팔꿈치는 구멍이 뚫리고 몇 번이고 다른 천 조각을 대어 기워 입곤 했다. 어머니들은 저녁 설거질 끝내고 나면 희미한 등잔불 밑에서 해어진 내복이나 구멍 뚫린 양말을 깁느라고 늦도록 바느질을 하였다. 그래서 내복엔 눈 빠지게 밤새워 바느질한 그 시절 어머니들의 애환이 깃들어 있었다.

언젠가 이승만 초대 대통령의 사저였던 '이화장'을 방문했을 때였다. 이 대통령 생전의 기념품 진열장에 누덕누덕 몇 번이나 손바느질로 박음질한 아이들 내복이 진열되어 있었다. 설명을 들어 보니 프란체스카 여사가 손자들을 위해 손수 기워 입힌 내복이라 했다. 한 나라의 국모였지만 알뜰하게 내핍생활을 모범적으로 했던 영부인 프란체스카가 노년에 귀여운 손자의 내복을 정성으로 한땀 한땀 기운 내복에는 여느 집 못지않은 극진한 할머니의 손자 사랑이 남아 있었다.

간혹, 안에 입는 옷이라고 대충 생각한 듯 내복을 잘 못 입어 망신

스러운 현장을 본다. 말끔히 다림질한 모시옷을 점잖게 차려입은 신사분이 훤히 비쳐 보이는 모시 중의 속에 삼각팬티를 받쳐 입은 걸 봤다. 언뜻 봐도 요란한 원색무늬 팬티 같았다. 모시 중의 안에는 적어도 허벅지까지 내려오는 흰 내의를 입어야 하거늘! 그 무참함이라니! 민망함을 넘어 절망스럽다 해야 할까, 그야말로 사람의 품격이 추락된 것은 그만두고라도 모시옷에 대한 모독이었다. 같은 얘기지만 쇼핑매장에서 훌훌 웃옷을 벗어던지고 브래지어만 걸치고 옷을 입어보는 여인들을 만날 때도 얼굴을 돌리게 된다. 그저 하얀 메리야스 한 장이라도 걸치고 있었다면 좋았을 것을. 멀쩡한 남자들도 야성미를 자랑하겠다는 듯 속살이 환히 들이비치는 셔츠만 걸치고 대로를 활보한다. 자기 PR 시대라지만 속속들이 밑천까지 드러내자는 수작인지 모르겠다. 그런 모습들이 내게는 왠지 한 겹 보루도 없는 마지막 진지처럼 허술하고 불안해 보인다. 이런 내 맘을 우리 애들부터 고리타분한 노파심이라고 한다.

 바쁜 세상에, 굳이 여러 개 옷을 겹쳐 입는 것이 시간 낭비, 경제적 낭비인지 모른다. 모두가 제멋에 사는 세상이기는 하다. 그러나 이대로 가다가는 어디까지 벗어야 다 벗는 것인지 모르겠다. 이젠, 아프리카 원주민보다 더 희한한 패션으로 거리를 활보해도 쳐다보는 사람만 더 어색한 시대가 온 것이다.

 내복치고 부드럽지 않은 것은 없다. 그 안정감, 그 부드러운 섬유질은 유순한 성품처럼 친밀감이 난다. 남몰래 받는 은근한 사랑 같다. 단 한 장의 내복 덕에 차디찬 겨울이 어머니 품안같이 아늑하고 포근하다.

쓸쓸하고 삭막한 세상인데 독한 추위도 사나운 바람도 막아주는 따스한 내복, 굳이 벗고 싶지 않은 옷이다. 물론, 여름에는 실오라기를 걸쳐도 덥기는 하나 실은 습관이 문제인 것 같다. 입성이란 게 피부처럼 면역성이 있는지, 늘 입고 있으면 별 차이를 모르게 된다. 무더운 삼복더위에 온몸에 땀이 주루룩 흐르는데 맨살에 찰싹 들러붙은 겉옷 차림을 보면 오히려 덥게 보인다. 고슬고슬한 면내의를 받쳐 입었다면 비싼 실크 옷도 버리지 않았을 텐데.

매번 경제 위기가 오고 사회 분위기조차 얼어붙을 때는 적어도 체감온도를 3도나 올려주고 에너지 절약이 1년에 1조 8천억이나 된다고 하는 내복의 유용성이 비장의 카드처럼 대두되곤 한다. 내복은 환경정화차원에서도 이산화탄소 배출을 1,210만 톤을 줄여준다지 않은가?

자꾸만 정 떨어지는 일만 생기는 삭막한 요즘 세상에 따스하고 포근한 내복 같은 존재도 쉽지 않다. 때때로 내게는 내복이 사람이라면 당연히 갖춰야 할 기본 같은 게 아닐까 생각된다. 옷을 제대로 입으려면 미리 속옷을 잘 받쳐 입듯이. 속적삼, 속치마가 왜 필요했을까 생각해볼 만하다. 모든 게 기본이 덜 되었기에, 들이닥친 어떤 재난에도 속수무책이 되는 요즘 현실이 언듯 떠오르기 때문이다. 기본을 준비해서 속 깊게 봉사하는 내복처럼 보이지 않은 곳에서 누군가를 위해 조용히 성심을 다하는 것은 참 쉽지 않은 일이다.

옥상의 빨랫줄

빨래를 널다가 문뜩 건넛집 옥상을 바라본다. 오늘, 그 집 옥상에 빨래가 널려 있을까, 불현듯 궁금하기 때문이다. 우리 집 마루에서는 구름이네 집이 저만치 건너다보인다. 집 앞으로 얕은 개울이 흐르고 그 개울 너머에 아담한 텃밭이 널리고 그 끝머리에 돌아서 있는 건물이 새로 지은 구름이네 집이다. 단층 벽돌집인데 슬래브 지붕이라 그 옥상에 빨랫대를 세워둔 것이다. 바람 잘 통하고 햇볕 잘 쬐는 높은 자리라 빨래 말리는 곳으론 아주 적격이다. 어쩌다 눈을 돌리면 구름이 엄마가 커다란 빨래 바구니를 안고 올라가 빨래들을 널고 있는 것을 보게 된다. 거의 한겨울만 빼놓고 항상 그곳에 빨래가 널리지만 특히나 오늘 같은 봄날, 그 옥상에 하얀 빨래들이 하늘하늘 널려있는 모양이 참 보기 좋다. 산들산들한 봄바람을 맞으며 한들한들 시름없이 날리고 있는 그 빨래들은 너무나 시원하고 자유롭게 보인다. 철없는 아이들이 장난치며 나대는 것 같기도 하고 옷소매나 바지가 날리는 모양은 긴 타이즈를 입은 무희가 두 팔다리 활짝 벌리며 유쾌하게 춤추는 것 같기도 하다. 우리 집에선 잘 볼 수 없는 풍경이다. 우리 집에선 보통 때는 앞마당에다 빨래를 널지 않기 때문이다.

　결혼 후, 남편은 앞마당에 빨래대가 걸리는 걸 싫어했다. 물에 비틀어 짠 빨랫감들은 으레 후줄근하기 마련이다. 그 모양이 보기 좋지 않아서였을까? 남편 얘기로는 살림이란 무슨 일이든 편의대로만 살다보면 온 집안이 질서 없이 늘어놓게 되기 마련인데, 뭣보다 처음 내 집에 들어오는 사람이 빨랫감부터 만나게 될 기분을 생각하라고 했다. 얼핏 눈가림만 하려드는 것 같았지만 정리된 걸 좋아하는 그의 깔끔한 성격 등, 나름대로 수긍할 이유였기에 그대로 따르게 되었다. 그 때문에 제법 뜰이 넓은 집에 살 때도 우리 집 빨랫줄은 항상 뒤뜰에서 흔들리고 있었다.

　언젠가 중국 여행을 갔을 때 서민들이 사는 뒷골목 길가 쪽으로 장대를 뻗쳐서 그 장대에 깃발처럼 아니, 넝마처럼 널렸던 빨래들을 봤다. 보기 흉했다. 오죽 장소가 마땅찮았으면 그랬을까, 그들의 남루한 생활이 엿보였다. 훌륭한 주택이라도 낡은 내복 등, 거추장스런 긴 옷들이 가리고 선 마당이라면 좀 답답할 것이다. 빨래가 가리고 선 안채까지 그늘져 보일 것이다. 그러나 양지 바른 뜰에 아기 기저귀들이 새하얗게 널려 있고 맑은 바람에 팔랑팔랑 나부끼는 모양은 언제나 참 보기 좋다. 향긋한 아기 냄새가 나는 듯하고 기분까지도 행복해진다. 아기자기한 가정의 훈김이 맡아지는 것이다. 어떤 집 빨랫줄에는 식구수대로 나란 나란히 수많은 양말짝들이 대롱대롱 매달려 있다. 그걸 보면 그 집 식구들의 왁자한 웃음소리가 들리는 것 같고 소박하고 건강한 체취까지 생생하게 느껴진다. 어쨌든 나는 이따금 앞집 옥상에 내걸리는 빨랫줄을 보면 마음이 즐겁다.

구름이네도 식구가 많다. 아들을 바랐는데 딸을 연달아 낳았기에 요즘 수준으로는 애들이 많다. 그 많은 빨래들이 멀리서 깃발처럼 흔들리거나 반가운 손수건처럼 너울너울 흔들릴 때는 내 맘도 덩달아 바람이 실린다.

옛날에는 추운 날 집안에 빨래터가 마땅찮아 대개 마을 근처 냇가로 나갔단다. 얼음장을 깨고 빨래를 했다고 한다. 얼마나 손이 시렸을까? 손이 찬 나 같은 사람이면 지레 죽었을 것 같다. 찬바람 치는 물가에서 질도 좋지 않은 검은 빨랫비누나 잿물을 가지고 빨래를 주물렀단다. 찬바람에 온몸은 동태처럼 얼었을 것이다. 그렇게 힘들게 빨래를 해서 이고 들어오면 방안의 따뜻한 아랫목에 계시던 마님은 비죽이 내다보며 "오늘은 볕이 나서 별로 춥지 않았겠구먼." 하신단다. 그러기에 빨래터 여인들이 그처럼 방망이질을 힘껏 두들겨 팬 모양이었다. 덕분에 시커멓던 빨래는 새하얗게 때를 벗는다. 그렇게 힘든 작업이지만 빨래처럼 기분 좋은 작업도 많지 않을 것이다. 더러운 것을 깨끗이 만드는 일이기 때문이다. 그 빨래들을 탈탈 털고 쫙 펴서 빨랫줄에 넌다. 어떤 구질구질한 옷들도 말끔하게 새롭게 태어난다. 새 옷같이 깨끗해져서 빨랫줄 위에서 날개처럼 활개를 편다. 어떤 주부는 맘이 울적하면 온 집안의 빨랫감을 모아서, 심지어 침대보니 커튼까지 죄다 뜯어 욕조에 집어 넣고 지근지근 밟으며 빨래를 하면서 스트레스를 푼다고 한다. 찌무룩한 마음을 전환하기 위해서는 빨래를 하는 것도 방법일 듯하다.

저 옥상에 걸린 빨랫감이 멀리서 내게 손짓하는 것 같다. 하얀 잇속이 보이게 말간 미소를 짓고 있다. 시원스레 사방이 내다보이는 옥상 위에서 이곳저곳 둘러보는 듯하다. 깨끗이 씻은 그 몸으로 상쾌, 유쾌, 룰루랄라 나불대는 것이 발랄한 젊음 같다. 어둡고 침울한 긴 겨울 지나 이 화창한 봄날 나부끼는 그 모습이 아주 신명나게 보인다.

봄날, 나도 한번 새롭게 저들 빨래처럼 되고 싶다. 사람들 심신도 한 번씩 빨래를 할 수가 없을까? 더러워지고 시커메진 마음까지 깨끗이 헹궈서 맑고 하얀 애초의 상태로 되돌릴 수 있다면 얼마나 좋을까? 그렇게 순수하게 되어서 빨래처럼 기운차게 팔팔팔, 드날리고 싶다. 어딘가를 향해 깃발처럼 흔들어대고 싶다.

2014. 3. 14.

하수관 소통

 설거지를 하다 말았다. 그릇을 헹구느라 수돗물을 계속 틀고 있었더니 갑자기 싱크대 하수관에서 꾸룩꾸룩 물이 치솟으며 음식물 거름망 위로 지저분한 찌꺼기들이 둥둥 떠올랐다. 어떤 것은 씻다 만 그릇 사이로 너울너울 떠다니기도 한다.
 "아니, 왜 이래? 물이 안 나가네. 뭐가 막혔나봐."
 나는 마침 집에 놀러온 조카와 한참 수박을 먹고 있는 남편을 돌아보며 소리쳤다.
 남편이 수박조각을 든 채로 후닥닥 다가왔다. 그리고 싱크대 안을 들여다보더니 버럭 소리부터 지른다.
 "아니, 이거 완전히 꽉 막혀버렸잖아? 도대체 어떻게 했기에 이 지경이 되도록 놔둔 거야? 미리미리 약을 사다 넣고 처치해뒀으면 이러진 않았을 거 아냐?"
 마치 모든 것이 내 잘못이라는 듯이 훈계조로 다그친다. 그 말이 아주 틀린 것은 아니지만,

"아니, 막히지도 않았는데 어떻게 손을 써요? 일단 막히고 난 다음에 약을 사다 넣건 말건 하죠."

나도 잘한 것은 없지만 어깃장 놓듯 말대답을 하고 말았다.

조카가 팔을 걷어 붙이며 따라 일어섰다. 엉거주춤 밀려난 나는 어쨌든 면목 없게 되었다. 사실 남편의 큰 소리를 고스란히 접수해도 할 말 없게 되었다.

"뭐, 남들은 수챗구멍에 베이킹소다와 식초를 들이붓고 한참 기다리면 막힌 것이 펑, 뚫린다던데."

이렇게 중얼대봤자 이미 그런 방법을 시도할 때가 아닌 것 같다.

조카에게 아래 싱크대 문을 열어주었다. 그런데, 이걸 어쩌지? 싱크대 아래, 거기는 우리 집 부엌창고같이 쓰고 있는 완전 정신없는 곳이다. 가지가지 양념 병들을 쑤셔두었고 커다란 냄비랑 빈 통들까지 난립해있다. 내 깐에는 밑바닥에다 뜯어낸 달력 종이도 깔아두었고 기름때 스민다고 은박지도 붙여놨지만 그것도 이미 하얗고 반짝이는 깨끗한 상태가 아니다. 조카에게 때 묻은 속옷을 들킨 듯 체면을 구겨버렸다.

이미 들통 난 일이고, 할 수 없이 주섬주섬 그릇들을 들어내고 작은 대야와 타월조각을 대령했다. 그런데 어머머, 이건 더 기함할 일이 기다리고 있잖은가? 기껏 조카가 플라스틱 하수관 이음새를 풀어내자마자 마치 기다렸단 듯이 관 안에서 순대 속 터지듯 뭐가 꾸역꾸역 밀려나온 것이다. 거무스름하게 썩은 질척한 덩어린지 멍울인지가 느글느글 흐물흐물하게 그 안에 가득 차 있다가 밀려나왔다. 비위가 욱, 치밀고 냄새까지 나는 듯하여 고개가 돌려졌다. 저 지경이면 썩은 냄새가 관을 통해 났을 법도 한데 그것도 감지 못 했다니 참으로 내가 한심했다. 주부 자격이 없노라고 만천하에 드러내는 꼴이다. 그런데 이상했다. 아까까지 분명, 물이 나갔었는데, 그토록 꽉 막힐 수가 있는 걸까?

 만지기도 싫을 만큼 지저분한 것들을 조카가 맨손으로 서슴없이 걷어냈다. 그러나 아무리 해도 관 이음새 부근이나 훑어내는 게 고작이었다. 속속들이 깊숙이 박힌 찌꺼기들이 하수관을 꽉 막고 있어서 물은 전혀 내려가지 않았다.

 세상에! 그토록 짓물러진 찌꺼기들이 속에서 곪아 터져 있었는데 내가 모르고 있었다니…. 그 오물들을 날마다 내버린 것은 바로 나였다. 끼니마다 야무지게 오물들을 처리했다고 안심했는데, 사소한 찌꺼기들이 그렇게 끈끈하게 남아있을 줄이야. 그저 아무것도 아닌 찌꺼기가 멍울이 되고 덩어리로 커져서 설마, 그게 수챗구멍을 막는 두통거리 문젯거리가 될 줄은 생각지도 못 했다.

 남편과 나는 즉시 마트에 나갔다. 조카가 수채용 소통 약을 마트에서 팔더라고 일러줬고 나도 그 약을 써 본 적도 있었다. 그러나 그다지 효과가 신통치 않더란 기억이 나서 먼저 약국엘 들렀다. 두 벌 걸음 않고 간 김에 차선책을 마련한다는 계산이었다. 조카 말이, 꽉 막힌 수채가 영 뚫리지 않으면 그 관 속에다 염산을 물에 희석해서 부어넣으면 즉시 시원하게 뚫리더라고 일러줬기 때문이다. 그런데 약국에서는 그 약을 팔지 않았다. 약이 너무 독해서 관이 상할 수가 있다는 것이다. 그 말이 맞는 것 같았다. 그런 극약처방은 가장 마지막 방법으로 쓰는 것이다. 다행히 마트에서 산 소통제 액체를 권장량보다 좀 많이 부어두고 한참 긴 시간을 기다렸더니 드디어 관이 펑, 뚫렸다. 아, 시원한 그 기분! 그거야말로 바로 상쾌, 유쾌, 통쾌였다. 수돗물을 계속 틀었다. 쓸데없이 줄줄 물을 틀어 부었다. 나는 언제까지나 그 기분 좋은 시간을 즐기고 싶었다.

사실, 이 세상 모든 것은 흐르는 물길 같은 유통의 형태인 셈이다. 이 유통이란 건 자연스런 현상이고 생태환경의 원래 모습이기도 하다. 그것을 막아 버리면 당연히 썩게 마련인 것이다. 유통은 결코 복잡한 시장경제나 거대한 정부조직에만 해당하는 것이 아닐 것이다. 우리 집 하수관을 막은 것도 나의 무지와 철저하지 못한 뒤처리, 나태가 만든 불통인 것이다. 그래도 우리 집 수챗구멍을 막았으니 망정이지 만일 더 큰 것이 막혔더라면 어쩔 뻔했나? 그 옛날엔 영웅이든 폭군이든 힘 있는 리더가 혁명이나 전쟁 등으로 세상을 바꿔 부패된 권력에 새로운 변혁을 가져오고 전환을 해왔던 것 같다. 일종의 그 시대 나름의 소통방법일 수 있었겠다. 그러나 사실은 작고 사소한 우리 집 부엌 문제 같은 것이 더 심각할 수 있다. 그것이 가장 근원적이고 본질적인 문제의 시작일 테니까.

아무튼, 수챗구멍을 뚫어서 내 골칫거리는 완전히 해결되었다. 나는 뽀드득뽀드득 맑은 물소리 나게 그릇을 헹구었다. 개운치 않던 집안 분위기가 단숨에 깔끔해지는 듯싶었다. 소통이 이토록 좋은 줄 몰랐다. 제대로, 바로, 뚫기만 하면 빛도, 소리도, 바람도 시원히 통하게 된다. 소통이란 모든 것을 바르고 쉽고 명쾌하게 해주는 것이다. 덕분에 오랜만에 싱크대 밑바닥을 소독하고 달력종이도 새하얀 걸로 바꿔 깔고 은박지도 새로 붙였다. 보송보송해진 부엌에서 문득 소통이 잘못되고 있어 지금 온 나라를 흔들고 있는 총체적 부실이란 화두가 떠올랐다. 어쩐지 우리 집 부엌 하수관 문제와 많이 닮은 듯했다.

간장 달이는 날

뒷산 허리에 자욱이 봄 안개가 끼고 연일 흐리기만 하더니 서막이 들리듯 날씨가 해맑게 깨어난다. 툇마루에 올라온 햇살도 유순해지고 꽃샘바람도 슬며시 성깔을 접는다. 며칠 전부터 간장을 달이겠다고 벼르면서도 계속 찌푸린 날씨에 미룰 수밖에 없었다. 오늘은 시치미를 뗀 듯 하늘이 말짱하게 개더니 기온까지 훈훈하게 올라챈다. 일기예보에는 낼 모레부터 다시 추워진다고 했단다. 슬며시 부추기는 남편 성화가 아니더라도 모처럼 화창한 날씨인데 이 기회를 놓치면 안 될 것 같다.

소금물 속에서 메주는 40여 일 넘도록 항아리 품에 잠겨 봄볕 속에서 충분히 무르익었다. 메주가 물속에서 너무 진이 빠져버릴 것 같다. 나는 갑자기 맘에 발동이라도 걸린 듯 서두른다. 창고에서 미리 씻어둔 프라스틱 양푼을 꺼내오고 새 된장 담을 오지항아리를 챙기는 등 부산을 떤다. 이윽고 장물 속에서 물컹해진 메줏덩이를 부서지지 않게 조심스럽게 건져 널찍한 양푼에 옮긴다. 혹시 메주 속에 지저분한 검댕이 곰팡이가 있나 추려내고 약간의 고추씨가루와 소금, 그리고 적당량의 장물을 넣고 골고루 치댄다. 마지막으로 손끝에 조금 찍어 맛보고는 항아리에 꾹꾹 눌러 담는다. 맨 위에다 웃소금을 치는 것으로 된장 담그는 일단 끝내둔다. 나중에 항아리 목둘레를 벌레 못 들어가게 한지나 망사 천으로 칭칭 매둬야 완전히 끝나는 거지만. 결국 해가 정수리에 올 때쯤 마무리를 지었다.

이제 간장 달일 준비를 시작한다. 남편은 창고에서 양철화덕을 꺼내온다. 늘 하듯이 뒤뜰에 앉히고 큰 양은솥을 걸어놓는다. 메주를 건져낸 소금물은 벌써 발 고운체에 밭쳐서 솥 안에 남실하게 부어두었다. 내가 샘가에서 그릇들을 설거지하는 동안 남편은 불을 피우고 있다. 뒷산에서 마른 솔가리를 걷어다 밀어넣고 장작불을 피우는 것이다. 장장 두어 시간에 걸쳐 연속 불을 지펴 간장을 달이는 것이다. 샘가에서 돌아오니 남편이 내게 부집게를 던져주고 일어선다. 오늘 비 오기 전에 얼마 전 미리 일궈둔 감자밭에 씨알을 묻어야 하기 때문이다.

차분히 앉아 불을 때기 시작한다. 뒷산에서 진즉 주워다가 말린 장작이라서 나무가 훨훨 잘도 탄다. 툭툭 소리를 내기도 하고 바지작바지작 타들어가고 관솔은 지글지글 끓기도 한다. 마지막 단말마일까. 나무는 소리쳐 타면서 마지막 향내를 내고 있다. 나는 우선 솥뚜껑을 열어본다. 댓 말들이 큰 솥 안에 누리끼한 장물이 절반쯤 담겨있다. 끓으려면 한참일 거라 모락모락 더운 김만 뿌옇고 아직 별다른 기색이 없다. 날은 맑지만 바람기가 아주 없지 않은 봄날이다. 나무토막을 이리저리 가로질러 올려놨더니 바람이 잘 들어가는지 불길이 활활 잘도 붙는다. 이렇게 계속 덤비듯 화력이 세게 오를 때, 어느 순간 해찰하다가는 큰일난다. 장물이 푸르르 끓어 넘쳐 땅바닥까지 흥건히 괼 수가 있다. 그렇게 되면 공든 탑이 와르르, 그해 간장은 절반 땅바닥에 적선해야 한다. 그런 일이 생길까 자리를 비울 수가 없다. 일단 비등점이 솟기 시작하면 불을 줄이고 뚜껑도 살짝 열어놓으면 슬쩍 자리를 비워도 되고 남편 감자 심는 데 잠깐 순시를 다녀와도 될 것이다. 장이 끓으려면 일단 소리부터 날 것이니 아직은 차분히 앉아 기다려야지, 나는 털퍼덕 주저앉으며 화덕 속의 불꽃이나 지켜보기로 한다.

독사 혓바닥같이 붉은 불꽃이 화덕 안에서 널름널름 바람결 따라 흔들거린다. 장작개비들은 조금씩조금씩 제 몸을 헐어내며 타들어가고 있다. 소나무, 밤나무, 떡갈나무 등 산에서 손닿는 대로 주워온 토막들이다. 가만히 보니까 아까 함께 나란히 밀어 넣었건만 어느새 희부옇게 재가 되며 사그라지는 것도 있고 아직도 몸피가 그대로인 채 훨훨 전성기인 것도 있다. 대개 버석버석한 수종인 것들은 빨리 탄다. 성장이 빠르고 나뭇결이 여린 것들이다. 비교적 소나무나 참나무 종류는 조금 더 오래 타는 편이다. 옹이가 박인 관솔가지는 언제까지고 지지직 불길이 멈추지 않고 최후의 한 방울까지 심혈을 기울여 탕진하려 한다.

심심해서 아까 남편이 불붙이고 남겨둔 잔솔가리 마른 잎을 한 줌 집어넣어본다. 확, 불꽃이 앞으로 덤벼들며 갑자기 펑, 소리와 함께 불길이 꽃피듯이 산화한다. 순간에 점화되고 순간에 절멸되어버린다. 한밤에 빗발치는 전쟁터의 포화 같다. 그런데 그 솔잎의 재가 그대로 꿈결같이 내려와서 그대로 주저앉는다. 한줄기 한줄기가 원래의 솔잎 형태 그대로다. 그리고 보니 지푸라기를 태워도 푸르르 맥없이 짚불이 타면 기다랗게 허연 줄기 그대로 재가 된다. 화덕 안을 들여다보았다. 이런저런 장작토막들이 차츰 한 토막 숯 덩어리 재로 되어 가고 있었다. 그런데 비록 표피는 타서 없어졌어도 숯 토막이 된 덩어리에 나뭇결이 고스란히 남아있다. 작은 가지나 얇은 이파리들은 얼마 못가 그 재가 형태를 잃고 스러지지만 큰 나무가 타고난 뒤엔 독특한 목재 형태가 타버린 숯 덩어리에 그대로 남는 것이다. 어떤 하찮은 나무일지라도 재로 돌아가는 그 순간까지 자신의 본질을 잃지 않으려 고수하고 있는 것을 본다. 그들의 고집일지. 자존심일지 모르는 그 자태가 상당히 안타깝고 대단하게 보인다. 마치 형장에서도 꼿꼿이 고개를 쳐들고 자신을 변절하지 않던 옛 선비의 충절처럼 고고해 보인다.

  인생과 비교된다. 우리 인간들은 일생 동안 여러 번 변신한다. 죽으면 자연히 변형되고 마는 육신인데 사는 동안도 수없이 변하는 삶이 많다. 건강상, 또는 미용을 위해 수정하는 성형수술 같은 육신의 변신은 탓할 것 없다. 그런데 정신적 변모도 서슴없이 한다. 자신의 이해에 따라 국적도 고향도 바꾸고, 형편 따라서 정신적 배반도 한낱 가벼운 옷 벗듯 쉽게 한다. 끝내 아무 가책도 느끼지 않고 마지막 인간의 존엄성마저 버리는 그 지경까지 오진 않았나?

  언뜻 닳는 소리가 난 듯하여 부산스레 솥뚜껑을 열어본다. 진즉부터 소리가 났던 모양이다. 안에서 설설 소리 내다가 이제는 마구 짠 냄새를 풍기며 용솟음치고 있다. 막상 이렇게 솟구치도록 끓는 정도가 되면 소리는 되레 잠잠해지고 짭조름하고 구수한 장내가 온 동네를 누비며 꼬리치고 간다. 솥 안을 들여다보니 부글부글 끓는 모양이 아등바등하는 세상 같다. 끓을 만치 끓어선지 장물이 애초엔 멀겋게 무덤덤한 빛이더니 차츰 불그스레 깊어졌다. 펄펄 끓으면서 거품이 높게 솟아 허연 찌꺼기들을 솥전으로 밀어낸다. 가운데서 펄펄 치솟는 장물을 굽어보니 그 거칠 것 없는 분출이 어떤 절정, 어떤 통분 같이 보인다. 그 잡다한 감정을 모두 끓여서 깨끗이 순화시키는 것일까? 모든 것을 품은 장물이 그래서 그토록 깊은 검은색인가?

장맛은 시간이 만든다고 한다. 물과 바람과 햇볕의 수많은 시간의 교합으로 숙성되고 또 오늘같이 불꽃의 정화淨火로 잡스런 기운을 죄다 끓여 소멸시킨다. 그 뜨겁고 아픈 시련을 겪어내야 비로소 맛있는 간장으로 완성된다는 얘기다. 그리고도 정결한 장독대에서 오래노록 기다리는 인고가 있어야 남다른 좋은 맛이 우러난다는 것이다. 과연, 스피드 시대인 오늘날, 이 가치가 지고의 덕목으로 남을 수 있을 런지……. 아무튼 오늘 끓인 우리 집 장도 그렇게 맛 좋은 간장이 되도록 깨끗이 정성껏 간수해야겠다. 그러면 언젠가는 그 맛이 그윽이 깊어져서 두고두고 해묵은 향기를 낼 것이다. 마치 오랜 경험과 연륜 따라 인생이 한없이 풍부해지듯이.

"어! 간장 냄새가 아주 진동하는구먼. 제법 구수하게 나는데……."

어느새 감자를 다 심었는지 밭에서 들어오는 남편이 코를 킁킁거린다.

역시 올 장맛도 여전히 괜찮을 모양이다.

2012. 3. 24.

꿀 먹은 된장 보따리

"형수님, 이거 아무리 생각해도 완전히 콩트 감이네요. 글쎄 된장 주신 것 있잖아요?"

아침 차로 시골을 다녀간 시동생의 귀가 보고 전화였다. 바로 어제 시동생은 문중 세사 참석차 내려왔다가 오랜만에 형님도 만나고 기분 좋게 1박 2일을 보내고 떠났었다. 그 귀가 길에서 엉뚱한 헤프닝이 있었던 모양이다. 이곳은 강릉까지 직행 노선이 없어 시동생은 중간에 바꿔 타려 K시행 버스를 타고 있었다. 겨우 40분쯤 걸리는 도중에 생긴 일이란다.

차가 한참 달리다 아마 중간쯤 이르렀을 때였다고 한다. 뚱뚱한 몸집에 이마가 훌렁 벗어진 기사 양반이 이따금 뒤를 돌아보며 흘끔거리고 있었다. 그때쯤 좌석 어디선가 누군가 수군수군했을지도 모르는데 시동생은 그때까지는 별로 눈치를 못 챘었다. 그런데 한참 달리던 버스가 쉬는 장소도 아닌데 슬금슬금 길옆으로 붙더니 급기야 갓길에 서버렸다.

무슨 일인가? 시동생은 의아했다. 혹시 사고가 아닌가 하고 걱정하는 눈들이 앞으로 쏠렸다. 그런데 기사가 굵은 목을 비틀면서 벌떡 일어났다. 그리고 뒤로 돌아서더니 일단 뒤편을 쏘아보기 시작했다. 좌우로 그리고 앞에서 뒷자리까지 더듬듯 훑어보더니 코를 킁킁거리는 시늉까지 하잖은가. 아뿔싸! 그 때문인가? 시동생은 얼른 발밑을 내려다보았다. 제법 큰 여행 가방이 발아래 있었다. 그 안에 책 두어 권, 학생들 리포트 뭉치, 그리고 간단한 세면기구와 형수가 넣어준 된장 보따리가 뭉허니 버티고 들어 있잖은가? 그 된장에서 냄새가 나는 것일까? 형수가 여러 번 꽁꽁 잘 쌌을 텐데…. 그래도 혹시 여기서 냄새가 난다면?….

주위를 돌아보았다. 모두들 호기심 어린 얼굴로 차를 세운 기사만 쳐다보고 있는 판이다. 안 되겠다. 시동생은 슬그머니 가방 지퍼를 열고 점검해본다. 보따리는 감쪽같이 묶여있긴 한데…. 하지만 미심쩍다. 다시 한 번 비닐 주머니를 되묶어본다. 슬쩍, 재빠르게.

된장을 싸줄 때 나는 몇 겹으로 봉지를 잘 묶기는 했었다. 무겁고 냄새나는 반찬이니까 택배로 부칠 물건이었다. 그런데 시동생은 소탈한 성격으로 웬만한 무거운 것쯤 거뜬히 들고 다니는 사람이다. 그냥 가져가겠다고 했다. 지난번 얻어갈 때도 직접 손으로 들고 갔었고 모처럼 고향을 다녀가면서 속으로 시중 상품과 확실히 다른 형님네 표 된장이니 마치 전리품처럼 의기양양하게 식구들 앞에 내놓고 싶었던 것이리라. 그런데 그 된장이 말썽이 되었던가?

시동생은 가만히 눈치를 보았다. 한참 앞쪽에 있던 기사양반이 코를 쿵쿵거릴 지경이면 이건 완전 낭패가 아닌가? 점잖은 교수 체면에 된장 냄새나 풍기면서 시침 떼고 앉아있다니…. 진즉 실토하고 양해를 구했어야 했는데…. 이제라도 사과를 해야 하나?….

아, 그런데 그 육중한 몸매의 기사가 바로 앞좌석까지 걸어와 딱 발을 멈춘다. 이어 느닷없이

"이보시오, 당신, 일어나서 저 뒷좌석으로 가시오. 저리 가 앉으란 말이오."

심히 무뚝뚝하고 위압적인 언성이 튀어나왔다. 움찔하며 쳐다보니 바로 앞자리에서 키 큰 물체가 우물쭈물 일어선다. 깜짝 놀랐다. 바로 앞에 앉았던 사람이 기사에게 들려 나오다시피 하고 있잖은가?

아니, 그럼 내가 아니었던가? 비척거리며 뒷좌석으로 물러가는 사내를 그제야 바라보았다. 보니, 오십은 좀 넘어 보이는 후줄근한 중년 사내다. 남루한 행색이 완전 걸인이다. 사실 냄새가 풀풀 날 것같이 보인다. 엉켜 붙은 머리칼, 깎지 않은 수염, 부스스한 얼굴이 딱 지목받게 생기긴 했다. 꾸벅꾸벅 졸다가 느닷없이 당한 참인지, 양순한 성품이어선지, 그 사람은 별 항의도 않고 뒷좌석으로 비척비척 물러가 앉는다.

시동생은 가만히 안도의 숨을 몰아쉰다. 그런데 뭔가 조금 걸린다. 속으로 개운하지가 않다. 사실 차가 흔들릴 때 된장 냄새가 살짝 난 듯도 했기 때문이다. 자기의 된장 냄새 때문에 애먼 사람이 바가지를 뒤집어 써버린 건 아닐까? 괜히 미안한 것 같다. 그렇다고 확실하지도 않는데 고지식하게 이실직고하며 바보같이 고문관이 될 수는 없

잖은가? 그럴 필요는 없지…. 그렇지만 혹시 나 때문에…. 에이, 아니겠지…. 고개를 흔들어본다.

그런데 된장이라는 게 아무리 꼭꼭 쌌다 해도 흔들면 냄새가 나는 것 아닌가? 그러니 냄새의 진원지가 아니라고 장담할 수 없다. 그렇지만 지난번에 가져간 된장은 아무 일 없었잖은가? 또 노숙자 같은 그 남자 행색이 분명 냄새나는 건 맞는 것 같고….

결국 아무리 생각해도 무엇이 진실인지 알 수가 없다. 멀쩡하게 깨끗한 양복 받쳐 입고 넥타이 매고 젊잖게 앉아있는 자기와, 외모가 꾀죄죄한 그 사람 중에서 의심받을 대상은 당연 그 남자였으리라. 사실, 세상에선 억울하게 또는 엉뚱하게 진실의 얼굴이 가뭇없이 사라지는 건 허다하다.

허둥지둥 서둘러 버스를 내렸나 보다. 뭔가 두고 내린 것 같았다. 어쩌면 발쌍한 제면 보퉁이는 챙겨왔지만 양심 보퉁이는 차 안에 버려둔 채 내렸는지도 모른다.

"아직도 뭐가 뭔지, 진짜 어디서 냄새가 났던 것인지, 다른 이유인지 알 수가 없단 말이에요. 핫하하. 자꾸만 그 사람한테 미안한 것 같고. 형수님, 이거 완전 수수께끼가 아니에요?"

전화통 속에서 울리는 시동생의 너털웃음 소리가 왠지 계면쩍다.

내게도 시동생 마음에 남은 찌꺼기가 느껴졌다. 평생 온당치 못하게 남에게 누명을 씌울 만큼 뻔뻔하지 못한 시동생의 고지식함을 나는 잘 알고 있다.

"지난번 가져갈 때는 아무 문제없었잖아요? 이번에도 내가 여러 번 꽁꽁 묶었구요."

나는 마치 든든한 지원군이 돼서 완벽한 증인노릇을 하려는 투다. 분명하게 그 된장 보따리가 아무 혐의 없음을 거들고 있는 것이다. 어쩌면 시동생은 나의 이렇게 확실한 대꾸를 기대하고 전화를 한 건 아니었을까? 우리는 늘 자기 합리화를 위해서 쉽게 의기투합하며 사는 공범자들이니까.

2010. 7. 11.

늙은 호박의 풍월

앞마루에서 늙은 호박덩이를 안고 들어왔다. 묵직하고도 흐벅진 덩치를 부엌 싱크대에 툭 내려놓고 씻기 시작했다. 늦가을 한철, 마루 한쪽에, 꼭 우두커니 양반처럼 놓여있던 호박이었다. 한옥 마루에 썩 어울린다고 믿고서 으레 가을철에는 늙은 호박덩이를 보란 듯이 늘어놓고 그릴 듯이 즐기고 있었다.

11월도 지나고 겨울 초입이었다. 이제 호박들은 마루 장식품인 제 임무를 마치고 부엌으로 끌려온 것이다. 나는 우선 닳아빠진 숟가락을 꼭 쥐고 호박 껍질을 박박 긁어내기 시작했다. 그 다음 칼로 크게 조각을 낸 뒤 도톰하고 기다랗게 칼로 저몄다. 호박고지를 만들려는 것이다.

잘 익은 호박은 황금빛보다 짙은 싯누런 색이다. 어떤 것은 주황색으로 익어 혈기 방장한 안색 같다. 뜨거운 긴 여름 내내, 터질 듯 살쪄서 건조한 가을 땡볕에 실컷 익어버려 호박 자체 맛만 해도 상당히 달콤하다. 거기다 고지를 만들려고 옷고름 자락같이 기다랗게 썰어서 처마 밑에 줄줄이 엮어 매달아 놓으면 찬 서리와 매운바람으로 얼다가 말다가 하면서 더 달고 졸깃졸깃한 호박고지가 된다.

해마다 이맘때 김장을 마치고 나면 호박떡을 한다. 밤새 깨끗이 씻어서 불려놓은 하얀 찹쌀을 체에 건지고 고들고들한 호박고지도 기름하게 잘라서 담고 적당히 무르게 삶은 붉은 팥을 고물로 마련해서 방앗간에 가지고 간다. 한 해가 저무는 초겨울 날, 따끈한 시루떡 안에 아롱진 호박고지의 달콤한 내음이 솔솔 나는 찰떡을 이웃과 친척집에 돌린다. 남편의 생일 축하 겸 한 해의 마무리로 의미를 둔, 내 나름의 연례행사이다.

금년 호박은 유난히 탐스럽다. 한 아름되는 풍만한 덩치가 싱크 안에 그득하다. 호박을 내려다보니 웃음이 폭 나온다. 먼지가 앉았을세라 수세미로 박박 문질러 씻어 보지만 그 얼굴이 어디 가랴. 그래봤자 싯누런 호박덩어리다. 펑퍼짐하고 넓적한 게 참으로 능청스럽고 편하게 생겼다.

"생긴 게, 꼭 살찐 마누라 엉덩판 같네." 써보지 않은 육두문자가 절로 떠오른다.

지난 봄날, 마을 초입의 우리 밭 두럭에 호박을 심었다. 호박구덩이에 푸지게 밑거름을 부어주었더니 일찍부터 주체 못할 지경으로 애호박이 주렁주렁 달렸다. 가을이 익어갈수록 호박들은 아지매 엉덩판처럼 둥실해졌다. 푸짐한 몸통이 연륜을 자랑하듯 골이 옴팍옴팍지고 빛깔도 막걸리 몇 사발쯤 들이켠 듯 깊은 진황색이 됐다. 혹시, 누구에게 보일 셈인지 넓적한 얼굴에는 분이라도 바른 듯 뿌옇게 서리까지 앉았다. 아무도 예쁘다 봐주지 않건만 들녘에서 저 혼자 통통히 살찌며 한낮 뜨거운 땡볕의 애무에 천연덕스럽게 기분 내고 있었다.

흔히 호박 같은 얼굴이라 말한다. 못생긴 얼굴을 빗대는 말이다. 그렇게 함부로 비하하는 건 아무래도 호박의 만만한 면상이 악의 없는 반편이같이 보이는가 보다. 누구나 호박을 귀한 채소로 여기진 않는다. 흔히 보는 식품이기 때문이다. 그런데 얼마나 친숙하고 덕성스러운 채소인가? 호박찌개만 해도 당연히 한국의 소박한 밥상의 단골 메뉴이다. 호박은 우리 민족 체질에도 맞지만 식품으로도 독성이 없고 가격도 서민생활에 맞게 저렴해서 쉽사리 접근하게 되는 식재이고 약재이다. 요즘 추세는 민간 식품이 명약처럼 과분하게 평가되는 통에 늙은 호박 몸값만 치솟는 형편이다.

늙은 호박을 보고 있으면 꼭 들녘에서 밭 매다 땡볕에 벌겋게 익어버린 시골 아낙의 얼굴이 떠오른다. 또 약주 한잔 얼큰히 걸치고 터덕터덕 걸어오는 불콰한 늙은 농부 얼굴 같아 보인다.

큼직하게 잘 늙은 호박을 잘라 보면 그 속은 텅 비었다. 후손을 위해 한 주먹 씨만 남기고 덩그레 비워버렸다. 속에 얼기설기 타래실로 남은 그 안의 사연은 호박이 말없이 삼킨 세월이리라. 세파에 데었는지, 애달아 쓰린 속인지 벌겋게 텅 빈 속은 이미 속세의 허욕을 벗고 육탈을 마친 상태다.

내심을 감추고 딴 수작을 부리는 사람들을 속칭, 뒤로 호박씨를 깐다고 얘기한다. 의뭉하고 얄미운 행태를 그렇게들 말한다. 그러나 호박의 일생은 어린 이파리부터 마지막 씨앗까지 그의 전신을 바쳐 헌신한다. 평생 자신보다 식구들을 위해 물렁한 호박죽이 되어버린 엄마들 같다. 그러나 요즘은 호박의 영양가가 무시 못 할 정도로 대단해서 모두 호박씨까지 열심히 까먹는다. 호박은 속으로 까면 깔수록 예상 못할 새 얼굴이 나타나는 반전의 식품인가 보다. 괜히 화려한 외장으로 사람을 현혹시켜 기죽이는 것들이 판치는 세상인데.

세상은 그런 외양, 허장성세에 약하다. 그런데 알고 봤더니 실속이 있었다니 얼마나 횡잰가. 예쁜 색시에 장가갔다가 속은 맹하고 텅 빈 꺼풀이었는데, 반대로 속칭 호박 같은 얼굴이었지만 살아갈수록 슬기롭고 지혜로운데다가 재미난 마누라라면 그건 호박씨 깔 만한 반전이잖은가?

따지고 보면, 호박의 일생도 엇구수해서 그냥 괜찮은 삶이었지 싶다. 아무 구김새 없이 너른 들녘에서 뒹구는 느긋한 팔자였잖은가, 좁은 텃밭에서 비좁게 비비대는 다른 채소보다 자유로웠겠지. 호박 신세가 오히려 상팔자였겠다. 호박밭에는 농약을 치지 않으니 서슴없이 찾아드는 벌레친구들과 외롭지도 않았을 터. 언제나 호박은 마치 운명에 순종하는 듯 여낙낙한 표정이다. 지금도 호박고지가 되는 걸 아는지 모르는지 수굿이 내게 몸을 맡기는데, 하나의 일생은 언제고 끝나기 마련 아닌가, 그 순명도 좋아 보인다.

가을 밤, 중천의 외로운 달과 둔덕 위의 호박덩이가 둘이서 고독을 나누었겠다. 둘이 다 둥근 대머리다. 호박 모습이 달빛 아래서 달과 대작하는 신선, 주옹을 닮았지 싶다. 그새 둘이서 둥글게 살자고 교신을 보냈었나? 달관한 모습이게.

쓸쓸한 저녁이면 들판에 누운 호박밭에 이슬이 내리고 밤하늘에는 보름달이 둥실 떠서 둘이는 도란도란 정담을 나누었겠지. 휘영청 달 밝은 밤, 호박과 달덩이의 밀어, 참 아름다운 밤이었겠다.

둥글둥글 늙은 호박, 풍월 읊듯 세월 보낸 건가. 그것도 괜찮지 싶다.

" 먹음직스러운 단팥빵, 고소한 소보로빵, 달콤하고 부드러운 크림빵을 소복이 쌓아놓고 정다운 친구들과 끝도 없이 재잘거리던 그 옛날이 그립다."

6부
빵의 계절

풀 냄새 나는 사람

사람 중에는 달콤한 꽃향내가 나는 사람도 있고 또 구수한 숭늉 냄새가 나는 사람이 있는가 하면 음침한 비린내, 야비한 기름내, 심지어 퀴퀴한 구린내가 나는 사람도 있다. 그런데 그 사람에게서는 왠지 푸성귀처럼 싱그럽고 풋풋한, 풀냄새가 나는 것 같았다. 어수룩하니 약지도 못하고 닳아지게 세련되지 않은 점이 꼭 들판의 거친 풀을 닮았다. 털털한 외모인데다 그가 우리 집 잔디밭을 유난히 좋아해서 그런지 모르겠다. 쉬이 잊히지 않는 사람이었다. 시골생활을 하게 된 뒤, 이따금 풀을 뽑다가 문득 하늘을 쳐다보노라면 슬며시 그 사람이 떠올랐다.

젊은 날, 애들이 한창 자라던 시절, 우리는 서울 북가좌동 단독주택에 살았다. 그 시절 우리 부부는 마당 한가운데에 꽤나 크고 둥그런 잔디밭을 가꾸고 있었다. 남편은 시골 출신이라 늘 자연을 못 잊어 했기 때문이었다. 매번 정성들여 동그랗게 잔디밭을 깎아놓으면 작은 골프장 기분이 났다. 집에 오는 사람마다 융단 같은 잔디밭을 보곤 화들짝 반가워했다. 흥이 많은 이들은 풀밭 위에서 론도(輪舞)를 추듯 한 바퀴 맴돌곤 했다.

가장 기억나는 사람이 아랫동네의 전파상 아저씨였다. 그는 소탈한 성품으로 호불호를 즉시 드러내는 기분파였는데 어떨 땐 퉁명스럽기까지 했다. 그 성질에 장사는 어떻게 해먹나, 한심스러울 때도 있었다. 그런 그가 우리가 부르면 웬만한 일에도 만사 제쳐놓고 곧장 달려왔다. 언제나 잔디밭에 올라서자마자 공구가방을 아무데나 내던져놓고 신발도 홀떡 벗어 차버리고 맨발로 잔디밭으로 들어갔다. 그의 큰 입은 이미 헤벌쭉해져서 자못 행복한 표정으로 잔디밭을 돌고 돌았다. 애들처럼 신나게 한바탕 잔디밭 행보를 끝내고나서야 팽개쳐둔 신발을 꿰며 그제야 생각이 난 듯 물었다.

"어디가 고장 났대유? 빨리 빨리 안내혀유."라고.

괴짜 같지만 애들같이 순수한 사람이었다. 그의 장난스런 치기가 그때는 우습기만 했다. 그 아저씨네 전파상 안은 언제나 잡동사니 전자 제품이 잔뜩 널려 있었다. 그 속에서 하루 종일 고장 난 라디오, 텔레비전 등 전자제품 부품들만 눈 아프게 들여다보다가 푸른 풀밭을 보면 펄쩍 뛸 듯이 반가웠나 보다.

남편의 시골 생가로 귀향한 지 거의 이십 년이 되어간다. 미련이 많은 성격 탓인지, 생채기를 건들 듯 이따금 북가좌동 옛집이 생각나곤 했다. 우리 애들이 거기서 어린 시절을 보냈고 학창시절을 마쳤고 결혼까지 했던 그 집, 우리 가족의 생애 중 가장 잊지 못할 곳이었다.

언젠가 가보리라 맘먹었다. 남편도 동감인 듯했다. 말로만 주고받

앉던 우리들 계획이 우연히 이루어지는 날이 왔다. 서울에서 볼일이 일찍 끝났던 지난 어느 봄날, 약속이나 해둔 듯 우리는 북가좌동을 향해 나섰다. 일산에서 지하철을 타고 나가다 연신내에서 6호선으로 바꿔 탔다. 시간은 충분히 있었고 우리는 천천히 그걸 즐기고 싶었다. 마침내 증산역에서 내려서 느릿느릿 옛집을 더듬어 나섰다. 워낙 길치 부부인데다 꽤 오랜만이라서 수십 년 다니던 길이건만 두리번두리번해지고 알던 길이건만 왔다 갔다 했다.

그러나 역시 응암동 대림시장을 찾고 보니 저절로 안개 걷히듯 예전의 기억이 솔솔 되살아났다. 150번 버스 종점도 그대로 있었다. 조금 달라졌을 뿐, 그곳에서 백 미터도 가지 않아 옛집이 있었다. 다만 우리의 그 옛집이 아니라 이미 새로운 빌라 촌으로 변해버려 우뚝우뚝한 낯선 건물이 낯선 손님 대하듯 묵묵히 우리를 내려다보고 있었다.

가슴이 울컥했다. 집뿐만이 아니었다. 그리운 옛 이웃도 없었다. 끼니때가 돌아오면 아줌마 몇 명쯤은 모여 앉아 참새 입방아를 찧던 식품가게 남북상회도 없어지고 마음씨 느긋한 부부가 묵묵히 일하던 세탁소도, 오랜 단골 쌀집도, 모두 새롭고 낯선 가게로 달라져 있었다. 우리는 맥이 풀렸다. 마치 과거가 한 토막 잘려 나간 듯한 기분이었다.

다행히도 골목길들과 73번 버스종점으로 가는 찻길은 좁은 그대로 별로 변한 것 같지 않았다. 지역구 의원들이 별로 신경을 안 쓴 모양인데, 우리는 그게 반갑고 좋았다. 고향에 돌아가면 발전 안 된 옛 모습이 주민들에겐 숙원사업이 돼 있어도 아직 고향을 잃어버리지 않은 듯 안도감이 들었던, 그런 심정이었다. 슬렁슬렁 남편과 길가의 간판들을 더듬으며 걸었다. 그냥 허실 삼아 기웃거렸다. 이방인도 아니건만 우리는 마치 부랑의 세월을 헤매다 돌아온 나이 든 과객처럼. 하릴없이 낯선 눈으로 옛 거리를 터덕터덕 걷고 있었다. 아, 그런데 혹시 했던, 내심으로 찾고 있던 그 집이 있었다.

그 집이 아직 그대로 있을 줄이야! 뜻밖이었다. 버스 종점으로 가는 도로변에 있던 단골 전파상, 그 가게가 그대로 있었다. 여전히 옛날 모습대로였다. 'ㅇㅇ전자대리점'이라는 허줄한 간판도 그대로이고, 외려 더 낡아지고 먼지 뿌옇게 앉은 가게 문은 열린 채였다. 가만히 들여다보니까 여기저기 잔뜩 늘어놓은 수많은 전자제품, 부품 상자들을 발 디딜 틈 없이 늘어놓아 정리되지 않은 그 심란한 광경까지 옛날과 하나도 달라지지 않았다. 사람은 보이지 않고 네댓 평짜리 가게는 다 가져가도 된다는 듯 벌여놓았다. 그래도 혹시 주인이 바뀌지 않았나 하고, 나는 붙어있는 가게 방 쪽으로 "계세요? 아무도 안 계세요?" 하고 불러보았다.

조금 후 안쪽에서 기척이 나더니

"누구세유?" 하며 꺼벙한 모양새의 주인이 나왔다.

"아, 맞네요. 그 아저씨예요." 나는 너무 반가워 남편을 뒤돌아보며 소리쳤다. 약간 나이가 더 든 듯도 했지만 수염도 깎지 않고 세수도 안 한 듯 거무튀튀한 얼굴에 후줄근한 옷차림, 시력이 안 좋아 도수 높은 검은 테 안경으로 꼭 심술 난 노인네처럼 노려보는 퀭한 모습까지 영락없는 그 사람이었다. 그렇게 반가울 수가!

아저씨는 첨에 우릴 몰라 본 듯 얼떨떨해했다. 머리칼도 허옇게 성글고 얼굴도 주름져버린 우릴 쉽게 알아볼 수 없었을 것이다. 하지만 이내 알은척을 해주었다. 그리고는 반가운 듯 두 손을 덥석, 붙잡으며 더듬더듬 얘길 시작했다. 한참 후

"저희도 차차 시골로 내려가서 살면 좋겠는디유…."

슬며시 여운을 남긴 말꼬리에는 그간의 곡절이 담겨 있었다. 공부를 잘한다던 아들이 의대를 갔다는데 아마도 겨우 마련했다던 아파트로 아들 뒤를 밀어준 듯했다. 터지려는 웃음을 못 참고 신이 나서 자랑하던 아파트였다. 셋방만 전전하다 애써 마련했다던, 그 아파트 한번 살아보지 못하고 부부는 아직도 가게에 붙은 뒷방에서 살고 있었다. 그래도 배운 기술이 있어 근근이 가게를 벌이고 있으니 다행이었다. 내온 음료수를 얻어 마시고 한참 회포를 풀고 난 뒤 우리는 일어섰다. 아쉬웠지만 떠나야 했다. 그래도 그 아저씨를 만나 마음이 한결 풀리고 위로를 받을 수 있었다. 아저씨는 한길 건너까지 따라 나오며 뭔가 할 말을 더 해야 하는 것같이 머뭇거렸다. "잘 계세요. 건강하시구요." 우리는 뒤돌아보며 손을 흔들었다. 그리고 터덕터덕 몇 발자국 걸어갔을 때였다.

"저기유, 사장님, 저 좀 보세유우."

뒤에서 아저씨가 소리쳤다. 돌아보니 되돌아갔던 아저씨가 허겁지겁 따라오고 있었다. 웬일인가 싶어 기다려보니 검은 얼굴에 유난히 허연 잇몸까지 환하게 드러내고 싱겁게 웃고 있었다.

"저기, 삼겹살 마싯게 구어먹는 디가 있는디…. 마싯게 허거든요. 같이 가서 식사라도 좀 허고 가셔유우."

더듬더듬 말하는 아저씨는 한참이나 그걸 생각해내었던 모양이었다. 텁수룩한 얼굴이 그제야 쫙 펴지며 웃고 있었다. 우리도 웃었다. 우리는 마치 정성껏 잘 지은 따끈한 솥밥을 맛있게 얻어먹고 구수한 숭늉까지 들이마신 듯했다. 마음이 정말 푸근해졌다. 그렇지만 고맙다고 인사를 나눌 수밖에 없었다. 이미 우리는 충분이 넘치는 대접을 받은 것이었다.

이따금 그 옛날, 우리 집 잔디밭에서 철없는 애들처럼 맨발로 뛰어다니던 그를 생각한다. 그는 원래 꾸밈없는 사람이었다. 때론 무뚝뚝하게 투덜대기도, 유쾌하게 껄껄대기도 했다. 세상 잇속을 몰라라 하고 감정에 솔직한 사람이었다. 외모는 전혀 신경 쓰지 않아 늘 텁수룩하여 그게 오히려 친근했다. 우리는 그와 그저 고객과 가게주인의 관계였을 뿐이다. 그런데 세월이 많이 흘렀는데도 다시 만났을 때, 그는 변하지 않은 자연 같았다.

세상은 갈수록 그런 순수한 이들이 드물어진다. 실망스럽고 우울해서 살맛도 나지 않는다. 나는 문득 그가 옛사람은 모두가 떠나가고 추억의 그림자만 남아있는 잡초 무성한 고향집 뒤뜰의 잡초로 보였다. 그리고 언제까지라도 그가 시들지 않은 그 풀밭으로 우리 맘에 오래오래 남아 줄 것 같은 믿음이 들었다. 가끔, 풀을 메다가 문득 하늘을 쳐다보면 소탈한 야생의 풀밭 같은 그 사람이 생각난다. 그 생각만으로도 마치 숨겨 놓은 기쁨단지가 생각난 듯 나는 혼자서 배시시 미소를 짓는다.

2013. 7. 7.

빵의 계절

새치름하니 쌀쌀한 겨울날이라 머리 위에 뜬 해님도 겨우 피죽이나 먹은 듯 희붐하다. 외출했다 들어오는 남편 얼굴도 솜털이 서서 오소소 추워 보인다.

"춥지요?"

나는 남편이 불쑥 내미는 뭉치를 받으며 무심히 들춰본다. 종이봉지가 낭창하다.

"이거 뭐에요? 흐응! 잉어빵이네!"

저절로 입이 벌어진다. 누런 종이 봉지가 아직도 따뜻하다. 따뜻한 봉지 틈으로 솔솔 풍기는 잉어빵의 달콤한 팥 냄새가 단박에 나를 행복하게 해준다. 잉어빵은 겨울철 별미다. 바야흐로 잉어빵을 굽는 계절이 온 것이다. 이제부터 날은 갈수록 추워지고, 털모자를 쓴 길거리의 야식장사들이 언 발을 동동거리며 군밤이나 군고구마를 파는 계절이 온 것이다. 그래서 겨울은 춥지만 따스한 계절인 것이다. 긴 겨울밤이 깊어지고 뭔가 입이 궁금해질 무렵이면 "찹쌀떡이나 도

토리묵 사려~ 어!" 외치며, 공허한 밤공기를 뚫고 골목을 사라지던 고학생의 처량한 목소리가 생각난다. 늦도록 자지 않고 있던 사람들은 찹쌀떡과 묵을 사고 잘 익은 김치를 송송 썰고 김가루를 뿌려 묵을 무쳐먹었다. 요즘은 거의 사라지고 없는 풍물이지만 그것은 한겨울의 정취고 낭만이었다.

잉어빵은 날이 차고 쓸쓸할수록 더 생각나는 빵이다. 저물녘, 하굣길의 학생들이 잉어빵집 주변에서 어정거린다. 주머니 속에, 푼돈을 쥐고 포장마차 아래 옹기중기 서서 차례를 기다린다. 남편도 그들 틈에 줄서 있다가 빵을 사온 것일 게다.

우리 부부는 단팥빵을 아주 좋아한다. 이심전심인가, 남편은 간혹 외출해서 돌아올 때 잉어빵을 사온다. 금방 구운 잉어빵은 겉은 바삭거리고 속은 쫀득쫀득 달콤하다. 한 입 물으면 팥이 뜨거워, 호호 불며 먹는 빵이다. 어릴 때 먹었던 국화빵이 생각난다. 길거리 한쪽에 나무걸상을 놓고 앉아 화덕 위의 무쇠 판을 딸각딸각 뒤집어 구워 내던 그 풀빵 맛은 최고였다. 잉어빵은 원래 그 국화빵, 붕어빵이 업그레이드 된 것 같다. 그래도 아직까지 옛 맛 그대로인 것은 달콤한 붉은 팥소가 가득 든 하얀 찐빵일 것이다. 후줄근한 무명 주렴 아래 빵집의 널찍하던 나무 도마가 눈에 삼삼하다. 그 도마 위에서 연신 밀가루반죽을 조물조물하며 익숙하게 빵을 만들던 팔뚝 굵은 빵집 아저씨도 생각난다. 커다란 은색 뚜껑의 널찍한 양은솥 안에는 언제나 뽀얗고 동실동실한 빵들이 가득히 들어 있었다. 부연 훈김 속에서 하얗게 둥실 부풀어 오르던 그 찐빵 맛! 따끈따끈, 호호 김이 나던 그 찐빵은 이가 떡떡 마주치게 매서운 강추위일수록 맛이 더 기막혔다. 달고도 값이 싼 소박한 빵, 아이들이나 서민들에겐 더없이 친숙해서 꼭 허물없는 친구 같던 빵이었다.

어린 시절, 겨울간식이라면 삶은 고구마나 홍시, 찐 밤이 고작이었다. 시골에 살다 처음으로 도회지로 나왔을 때, 나는 환하고 커다란 유리창 안에 멋진 양과자가 내다보이는 제과점의 쇼 윈도우를 보고 황홀했다. 가지가지 빵들이 소담하게 진열된 빵집의 유리창 안은 바라만 보아도 군침이 돌았다. 달콤하고 부드럽고 향기로운 빵맛! 그때는 제과점 안의 사람들조차 나와는 다른 세련된 문화인으로 보였다. 어쩌면 빵은 문화라는 맛을 처음으로 알려준 음식인지 모른다. 빵맛으로 문화의 향내를, 서구 문명을 혀끝으로 맛본 것 같다. 양식이라는 식생활의 한 부분으로 우리는 서구문명에 대한 향수를 빵을 먹으면서 맛들여가지나 않았는지?

빵은 예나 지금이나 한창 나이의 애들 군것질거리기도 하다. 여학교 시절, 학교 앞, 길 건너에도 역시 빵집이 있었다. 점심시간만 되면 우리들은 풀 그릇에 생쥐같이 살금살금 빵집에 드나들었다. 그때, 빵집에서 머리 맞대고 오물오물 빵을 먹으며 선생님들 별명을 부르며 킬킬댔던 일, 친구 중에 누가 전날 몰래 봤던 영화 얘기를 하면 변장을 하고 눈을 피해 저지른 그 일에 마치 공범자라도 된 듯 속닥거리며 그 스릴을 함께 즐겼던 일, 끼리끼리 머릴 맞대고 사춘기 고민들을 몰래 나누던 곳이었다. 점심시간이 외출금지인데도 학교 옆문으로 살짝 빠져나왔고, 혹 눈에 띄어도 슬그머니 눈만 흘기시던 선생님들은 인기 만점이었다.

빵! 빵은 사람에 따라 여러 가지 의미가 될 수 있다. 가령, 배고픈 조카들을 위해 빵 한 조각을 훔치려다 19년간을 지독한 감방살이를 했던 소설 〈레미제라블〉의 장발장처럼 재미있는 소설의 발단이 되기도 하고 지금도 빵문제를 해결하지 못해 기아에 허덕이는 지구촌 최빈국들의 현실처럼 빵은 어두운 현실의 절박한 문제이기도 하다. 그러나 빵은 내게는 그런 생계형 대명사가 아니다. 기분 좋은 추억처럼 항상 즐겁고 행복한 이름이다. 지난 일이지만 문득 애틋한 일도 한 토막 생각난다.

꽤 오래된 일이다. 아파트에 살 때인데, 우리 건물 맨 아래 층에 지인의 부모님이 살고 계셨다. 찬 서리가 내린 어느 날, 가게에 다녀오다 보니까 그 아버님이 길거리 포장마차 옆에 무춤하게 서 계셨다. 이른 아침이라서 아직 장사가 시작되기 전이었다. 리어카에 매단 잉어빵집은 길게 포장이 내려져 있었다. 가만히 보니 혹시 주인이 나오지 않나, 망설이고 계신 듯했다. 그분은 노인치곤 큰 키라서 흔들흔들하게 보였는데, 언제나 체구가 작고 가냘픈 부인을 마치 옆구리에 끼듯이 부축하며 비척비척 산책하시곤 했다. 한적한 곳에서 만났을 때, 내 맘은 왠지 안쓰러웠다. 한때는 걸출한 국회의원이었고 지난날의 행적도 화려했기에 휘청한 뒷모습이 더욱 고독해보였다. 얌전한 초등학생처럼 조용히 따라다니는 부인은 치매에 걸린 지 한참 되었다고 했다. 쌀쌀한 날이면 간혹 그 아버님 혼자 밖에서 들어가다 잉어빵을 사서 품에 넣고 걸어가시는 모습을 뵌 적도 있었다. 부인에게 주려고 샀을 것이다. 그날 오후, 나는 잉어빵을 한 봉지 사서 그 댁에 들러 며느님에게 건네주었다.

빵은 추운 계절에 더 어울리는 음식 같다. 따스한 빵집, 창변에 앉아 따뜻한 우유나 향이 은은한 차를 마시고 싶다. 마음 맞는 친구와 담소라도 나누면서…. 상상만 해봐도 기분이 좋다. 그 찻집에 부드러운 실내악이라도 흐르고 있다면 더할 나위 없겠지. 또는 거리에 함박눈이라도 펄펄 내리는 날, 벽난로가 빨갛게 타고 있는 오후의 양과자 집은 어떨까? 아니다. 그보다 모서리가 닳아빠진 허름하고 투박한 나무탁자가 삐걱대고 그 사이로 둥근 양철연통이 위로 뻗어있고 큰 무쇠난로가 벌겋게 타는 털털한 서민적인 찐빵집이면 그런 곳이 더 소박해서 좋을까.

먹음직스런 단팥빵, 고소한 소보로빵, 달콤하고 부드러운 크림빵을 소복이 쌓아놓고 정다운 친구들과 끝도 없이 재잘거리던 그 옛날이 그립다. 아무리 얘기해도 시간이 모자라던 그때, 아무리 많이 먹어도, 한없이 먹어도 탈이 없던, 그 젊은 날의 식욕처럼 건강하던 그 시절이 그립다. 꼭 깨고 싶지 않은 꿈속처럼 아까운 추억이다.

나이 들수록 따스하고 정다운 것이 그리워진다. 그런데 모두 살아가는 게 너무 고달프다고 한다. 옷을 벗어버린 길가 나목의 민숭민숭한 맨몸도 안쓰럽게 보인다. 삭풍 같은 현실에서 서글프고 고독한 사람들에게 위로가 되는 것은 무엇일까? 잠깐, 빵처럼 달콤하고 부드러운, 그런 추억의 빵을 꿈꿔보면 한동안 행복해질까? 그냥, 빵처럼 포근하게, 빵처럼 동그란 맘으로 살아갈 수는 없을까?

철없는 아이같이, 슬그머니 꿈같은 생각에 잠겨본다.

2012. 10. 31.

실 은반지

　실 은반지가 썩 어울리는 사람을 본 적이 있다. 그 은반지는 가늘고 아무 장식이 없는 수수한 반지였다. 사실 그렇게 가냘픈 실반지를 끼고 있으면 언뜻 가난하게 보인다. 빈티가 나서 끼고 있는 사람까지 처량하게 보이기도 한다. 그런데 그 실반지는 당당한 부티는 나지 않았어도 초라하게 보이지도 않았다. 반지 낀 그 사람은 관현악 지휘자였다. 그가 청중의 박수에 정중히 숙였던 고개를 들며 치렁한 반백의 머리칼을 쓸어 넘길 때, 그의 희고 가는 약지에 끼어 있던 실반지는 가냘픈 빛이 났다. 그때, 조금 땀이 밴 것 같은 연륜 어린 그이의 감성적 얼굴에 그 반지는 참으로 자연스럽게 어울려 보였다. 어울린다는 것은 아름답게 보이는 것이다. 반지는 그 사람의 얼굴까지 개결하고 귀티 나게 하였다. 아름다운 음악에 혼연일체로 푹 젖은 그 지휘자의 표정이 반지를 은근히 돋보이게 한 건지 모른다.
　무엇이든 자기에게 잘 어울리는 것이 있다. 그런데 예쁘고 귀하게 보이는 것이 어울린다면 그 아취를 입은 듯 사람까지 그렇게 보인다.

아무리 힘이 세고 돈이 많고 권력이 있어도 모두가 그런 격조 있고 담백하고 귀태 나는 것을 지닐 존재가 될 수 없는 것이다.

나의 큰시누님은 꽃 같은 분이셨다. 외모도 고우셨지만 마음까지 여리셨다. 6·25 동란 때, 마침 새댁이던 누님이 남의 눈에 띌까봐 허름한 헌 옷을 입고 있으면 오히려 더 예뻤다고 한다. 화사한 모란꽃보다 함초롬한 살구꽃이 더 사랑스러운데, 큰누님이 그랬다. 나이 드셨어도 수줍고 조신하셨다.

서울에서 우리가 처음 이사를 할 때였다. 짐을 들이려고 보니 방바닥이 맨땅이었다. 그 시절은 어려운 때여서 살림을 내가면서 먼저 주인이 비닐 장판을 걷어가 버린 것이다. 종이 장판을 깔 시간적 여유도 없고, 우리는 짐도 풀지 못하고 우선 비닐 장판을 사러 가야 했다. 시골에서 올라온 올케가 걱정되었던지 큰누님이 동행하셨다. 그런데 당시는 변두리 시장에 물건이 흔치 않아서 남대문시장에 갔었는데, 돌아올 때 버스를 잘못 타버렸다. 용산쯤 갔을 때야 비로소 알아챘다. 작은언니네 집이 노량진이어서 전에 가본 길이었다. 나는 당황해서 "형님, 한강다리를 건너면 바로 노량진이 나오던데요." 하고 소리쳤다. 누님은 "아이쿠, 우리가 버스를 잘못 탔나 벼." 하고 후닥닥 버스를 내리자고 하셨다.

그 뒤가 문제였다. 나는 아무나 붙잡고 서대문 쪽으로 가려면 어디서 차를 타야 하느냐고 물을 참이었다. 그런데 누님은 가만히 내 팔을 잡아당기셨다. 그리고 나를 길가 한편에 얌전히 세워놓고는 한참이나 누군가를 기다리셨다. 여러 사람이 지나가고 마침 학생 하나가

오니까 그제야 한쪽으로 데리고 가더니 가만히 그 학생 귀에 소곤소곤 묻고 계셨다. 나는 우스웠다. 그래서 "형님, 왜, 그 학생에게만 물어보세요?" 했다. 누님은 약간 머뭇거리더니 상긋이 웃으며 "으응. 어떻게, 아무에게나 말을 붙이겠어?" 하셨다.

그날을 잊을 수 없다. 요즘 같은 시대에도 그런 낯가림을 하는 것이 신기했다. 삼삼한 충격이었다. 누님은 내게 맘 쓰는 것도 늘 유리그릇 다루듯 하셨다. 함께 어딜 가거나 하면 동생인 남편에게 "느이 새악시 잘 챙겨야지." 하고, 누님 대접을 받기보다 올케인 나를 먼저 치켜세우셨다. 언제나 그 맘이 한결 같으셨다.

돌아가시기 전 누님은 많이 변하셨다. 암이 많이 진행되어 외모가 볼 수 없을 정도로 상했다. 그 상냥하고 시원하던 눈매도 빛을 잃고 해맑던 피부도 칙칙하게 찌들었다. 꼭 예쁜 꽃이 질 때처럼 참담하여 더 안타깝고 슬펐다.

애들 고숙이신 시누남편은 팔십이 다된 연세에도 아내에게 꽃핀을 사 오는 분이셨다. 누님이 유난히 꽃을 사랑했기 때문일 것이다. 그분은 멋쟁이고 애주가셨다. 누님은 평생을 술안주 챙기고 옆에서 시중을 드셨다. 꽃핀은 술 들고 오시다가 길가 노점상에서 사온 거라 하셨다. 나이 든 사람 선물로는 민망스러운지 흉보는 것처럼 "통이 요만해서 이것도 선물이라고 싸구려를 사왔잖어." 하고 살짝 주먹 안을 보여주셨다. "그래도 예쁜 것을 잘도 골라오셨네요." 하며 내가 옆에서 치켜드렸더니 금방, "괜찮어? 꽂아도 되겠어?" 하고 내 말이 반가운 듯 얼른 핀을 꽂으시었다. 아마도 다른 사람이 꽂았더라

실 은반지 231

면 그 핀이 유치하게 보였을 것이다. 그런데 누님에겐 어울렸다. 아마도 누님이 실 은반지를 끼면 잘 어울렸을 것이다. 은빛이 보얗게 살아났을 것이다.

언제나 수줍어서 꽃처럼 애달프게 보이고 핀처럼 작은 것에도 행복해하던 누님은 이제 멀리 떠나셨다. 정녕 그렇게 참한 분이 또 어디 있을까, 항상 그립다.

세상에는 아름다운 사람은 많이 있다. 그러나 진정 눈물 나게 그리운, 맑고 순수한 사람은 드물다. 그런 사람은 하늘이 아까워 일찍 데려가는 것 같다. 그런 사람은 숨은 꽃처럼 흔히 보이지 않는다. 세상이 어둡고 소란할수록 나는 그런 사람 하나를 맑은 샘물처럼 가슴 속에 담아두고 싶다.

세월이 갈수록 지난 일들이 한갓 미망이었음을 깨닫는다. 끝없이 나를 어지럽히던, 밤을 새운 온갖 번민이 모두가 허울이고 허기증이었음을 비로소 느낀다. 언제부턴가 내겐 은은하고 소박한, 가느다란 실 은반지 같은 삶이 더 고와 보인다. 이제는 호젓하고 담담한 공허에 익숙하다. 그 공허 속에는 외로움만 있지 않다. 그리운 사람의 기억이 함께 있다. 때로는 수수한 은반지 같던 그 사람을, 옛 얘기하듯 그리워한다. 그것만으로도 인생은 충분히 뿌듯하다고 홀로 미소 짓곤 한다.

세 개의 은 스푼

오래전에 기억에서 지워졌던 사람을 만난 것 같았다. 그걸 수저통 밑에다 놔둔 채 내내 잊고 있었던 거다. 흰 냅킨에 말아서 숟가락을 싸고 또 비닐을 씌워 두었기에 내 눈에서 진즉 사라진 물건이었다. 나는 요즘엔 눈앞에 없으면 모든 걸 금방 잊어버리는데 말이다. 그러나 눈에서 한참 멀어졌어도, 잊은 줄 알았어도 다시 불쑥 나타났을 때 조금도 낯설지 않고 익숙하게 여겨지는 것도 있다. 은 스푼이 바로 그랬다. 그 대면은 반가운 사람과 오랜만의 해후 같았다. 그러기에 깜짝 반가웠다. 비닐을 풀고 속의 냅킨을 들치자 싯누르스름 빛이 죽은, 조그만 은 스푼 세 개가 얌전히 포개져 있다. 그 은 스푼은 내겐 예사 찻숟가락이 아니었다.

우리 애들 아기 때 밥숟갈이기 때문이다. 아기 때 밥숟갈은 대개 돌날을 기준해서 마련하게 된다. 그때까진 아기들이 젖이나 우유 등을 먹기 때문이다. 그래서 애들 숟갈은 부모가 마련하기보다 손님들이 돌잔치 기념선물로 사오게 된다. 생활수준이 높아지면서 값싼 은 부치보다 금반지등을 선물하면서 은수저 선물이 사라져버렸다. 우리 애들 때까지는 은수저 선물이 몇 개쯤 들어왔었다. 돌 선물 중에서 장난감이나 옷 선물은 얼마 지나지 않아 사랑땜을 해버리지만 수저만큼은 제법 오래도록 사용하게 된다. 이제 생각해보니 면역력 약한 어린애들에게 음식의 독성을 판별하는 은수저야말로 선물치고는 참 현명한 선택이었다. 그러나 애들 숟가락은 애들이 커가며 저절로 바뀌지게 되고 그 작은 숟갈들은 수저통 속에다 버려두기 마련이었다. 쓰지 않는 걸 매번 닦아두는 정성도 귀찮아져 은 숟갈은 맞아서 멍든 얼굴처럼 푸르뎅뎅 처박혀 있었다.

어느 때, 국제 정세가 불안한 때던가, 금값이 오를 때 은값도 덩달아 치솟았다. 친구가 자기는 은 식기들을 전부 팔았더니 꽤 목돈이 되더라고 자랑했다. 언뜻 귀가 솔깃한 정보였다. 하지만 우리 집의 은붙이는 팔 것도 없었다. 10벌짜리 손님용 세트와 심지어 우리 부부용 수저까지 언젠가 낯손님이 슬쩍 집어갔는데, 조그만한 애들 것은 좀도둑 눈에도 시시해보였던가 건드리지 않았다. 그 숟갈들은 아이들 어릴 적에 내가 밥을 먹이면 그 맑디맑은 눈으로 나를 쳐다보면서 먹기 싫다고 도리질을 하다가도 얼렁뚱땅 어르면 어린 제비새끼들처럼 입을 동그랗게 벌리고 받아먹던 그 수저였다. 그렇지만 서랍 속에서 시커멓게 변색해가는 은 숟갈은 그냥 놔두기가 별로 보기 좋지 않았다. 그러니 차제에 어떻게 할까, 궁리했다. 퍼뜩 한 생각이 떠올랐다. 찻숟갈로 변형시키면 내 아이들 추억이 깃든 그 숟가락을 계속해서 쓸 수 있겠다 싶었다. 드디어 금은방을 찾아갔을 때 주인은 적어도 차 스푼 세 개는 만들 수 있다고 했다.

지금 봐도 참 괜찮은 생각이었다. 게다가 맞춰온 스푼이 참 예뻤다. 둥근 포도 알을 반쪽 낸 듯 오목한 수저 입과 밋밋한 가는 통대의 수저 목, 그 목 끄트머리는 청남색 실띠를 두른 듯 세 줄로 가느다란 칠보를 새겨 넣었다. 단순하며 고전적인 스푼이다. 보석가게에 꽤나 자세히 부탁을 했어도 작품이 제대로 나올까 전전긍긍했는데 생각대로 내 맘에 꼭 드는 차 스푼을 만들어 준 것이다. 뽀얀 은색의 작은 표주박처럼 단정하면서 심플한 디자인이 현대미와 고전미를 두루 지녔다. 나는 너무 예뻐서 함부로 쓰지 않았다. 자랑하려고 할 때만 가려서 사용했다. 그러나 차차 그나마도 자주 쓰지 않게 되었다. 밤낮 치약을 발라 닦자니 힘들었다. 아무데나 꽂아둘 수도 없었다. 금시 빛깔이 변색되기 때문이다. 사용하기 만만한 스텐레스 제품만 자주 찾게 되었다. 언젠가 나는 깨끗이 닦은 스푼을 냅킨에 싸서 거기다 더 완벽하게 비닐까지 덧씌워 깊이 넣어둔 것이다. 그리고 시골집에 내려와 버렸으니 오늘처럼 한가한 날에 아파트의 묵은 살림을 뒤지지 않았더라면 영 잊어버렸을는지 모른다.

그런데 스푼을 보다 참 희한한 생각이 든다. 그 조그만 물건 하나가 실타래처럼 옛 기억을 불러내주니 말이다. 귀한 말씀도, 정겨운 사연도 많은 시간이 지나면 희미해지는데 한낱 작은 물건이 지나간 시간, 이미 잃어버린 사연을 주렁주렁 사슬처럼 달고 다시 나타나니 말이다. 그러고 보면 아무리 영혼 없는 물건이라지만 그것들이 무심한 존재만은 아닌 것 같다. 오랜만에 보니 반가웠다. 꼭 묵은 친구 만나듯 정이 솟았다.

나는 해가 갈수록 기억력이 흐려진다. 어떨 땐 무서운 그 가속력에 순간적으로 두려움이 생길 정도다. 이런 속도면 미래는 어느 날 백지로 남는 것 아닌가, 섬뜩하다. 그런데 이따금 어떤 물건을 보면 사라진 줄 알았던 과거의 일이 떠오르고 그에 연관한 희미해졌던 사연이 소록소록 되살아난다. 마치 사라져가는 기억의 알전구에 반짝 불을 켜주고 흘러간 추억의 끄나풀을 당겨주는 것 같다. 은 스푼도 내 아이들의 어린 시절을 상기시켜줬다. 세 아이 모두 어릴 때는 식성이 게걸스럽지 않았다. 간신히 달래고 어르며 야단쳐가며 밥을 먹였다. 나는 아직도 그 작은 스푼이 어릴 때의 애들 밥숟갈로 보였다. 그 시절이 떠올랐다. 애들에게 밥을 먹이던 시절 난 젊은 엄마였고 아이들은 깎은 밤톨처럼 귀여웠다. 영롱한 눈빛으로 신뢰 가득한 얼굴로 나를 바라보며 맘마를 먹던 아이들, 그 순진한 눈동자의 사랑스런 그 애들이 새삼 눈에 아롱거렸다. 나는 지금도 그때를 생각만 해도 행복한데 애들은 전혀 모르겠지. 나는 갑자기 애들에게 그 사랑스런 장면을 전하고 싶어졌다. 그 순간을 되돌려 그 행복함을 느끼게 하고 싶었다. 그러자 그 은 스푼을 세 놈에게 선물할까, 문뜩 그런 생각이 들었다. '이건 네가 어릴 때 먹던 밥숟갈이야.' 하고 안겨주면 그 선물을 받으며 애들이 어떤 표정일까? 내가 주는 그 뜻을 제대로 느끼게 될까, 엄마가 자기들을 키우며 받았던 기쁨을, 그 사랑을 수저에 담아서 전하고 싶은 그걸 알아줄까? 아니면,

"에계계, 겨우 숟갈 한 개야?"

"이걸 가지고 뭘 하라고?"

"에이, 은 숟갈이잖아. 편한 수저 놔두고 하필 은 숟갈이야?" 할까? 설마. 설마.

2015. 8. 12.

꼬맹이 흉보기

"저걸 어떡허지?"

요즘 나는 꼬맹이를 볼 때마다 저절로 이 소리가 튀어나온다. 그럴 수밖에 없다. 어젯밤에도 나는 자다 말고 부리나케 문을 박차고 튀어나가 한밤중에 동네 시끄럽게 큰 소리를 내고 말았다. 내 손에는 방안을 두리번거리다가 다급한 대로 벽에 걸려 있던 파리채라도 쥐어들었다. 그놈이 또 온 것이다. 며칠 걸러 밤중만 되면 시커먼 털부숭이 길고양이 그놈이 오는 것이다. 아닌 밤중에 느닷없이 날카롭게 찢어지는 비명소리가 들리고 마루 밑에서 우당탕탕 육박전 소리가 밤공기를 타작질한다. 바야흐로 그놈이 꼬맹이 뒷덜미를 물고 아주 요절을 내려는 참일 거다. 맨 처음 소란은 엉겁결에 당했다. 그러나 사태를 알고 난 뒤로는 비명소리가 나기 시작하면 남편과 나는 잠옷 바람인 채 자동적으로 튀어나간다. 막대기를 들고 소리를 치며 앞뒤 마당을 돌며 그놈을 쫓으러간다. 하지만 얼마나 번개같이 날쌘 놈인지 우리가 튀어나갔을 때는 그놈은 이미 뒷동산으로 번개같이 자취를 감춘 뒤다. 아주 목덜미가 통통하고 힘 좋게 생긴 시커먼 수컷 길고양이다. 사실 우리 꼬맹이도 본래는 길고양이었다. 이젠 길고양이인지 집고양인지 모르게 집 근처에서만 뱅뱅 도는 백수고양이가 되어버렸지만.

남편은 그들의 싸움을 '오케이 목장의 결투' 라고 부른다. 사실 결투라는 표현은 마땅치 않다. 언제나 일방적으로 당하기만 하기 때문이다. 그놈이 사정없이, 맹렬하게 공격하면 꼬맹이는 바보 머저리같이 쫓기며 물어뜯기고 할큄이나 당하는 형편이다. 우리가 허둥지둥 튀어나가 보면 꼬맹이는 마루 밑 한 구석에 헐떡거리며 비참하게 숨어있다. 등허리는 터럭이 숭덩숭덩 뽑혔고 놀란 눈이 가엽게도 휘둥그레하다. 이미 침입자는 달아나버렸다. 항상 그놈은 비겁하게 덤벼든다. 태생이 순진해빠져서 치사한 놈이 오리란 건 생각지도 않고 싸울 생각도 전혀 없는 우리 꼬맹이가 방심하고 있는데 그놈이 뒤에서 몰래 습격한다. 아주 지능적으로 우리가 잠들라 말라 할 무렵에 슬그머니 덤벼드는 것이다. 페어플레이 정신이 전혀 없는 그놈에게 '오케이 목장의 결투' 라는 말은 어울리지 않는다.

그 침입자 검은 길고양이 그놈을 어떻게 해야 할지 걱정이다. 꼬맹이 등에 난 상처가 겨우 아물어 우둘투둘해졌는데 그 위에 다시 상처를 입으면 덧날 터인데…. 나는 마치 우리 아들 어릴 때 또래끼리 싸우다 맞고 들어왔을 때처럼 분하고 속이 상한다. 억울하고 안타까워 가슴이 울렁거린다.

한심스러운 건 우리 꼬맹이다. 겉보기로는 덩치가 아주 준수하고 우아하게 잘생겼다. 하얀 털이 뽀얗게 돋아난 동그란 턱은 아주 복스럽다. 아기 호랑이 같은 노란 털조끼를 입은 허리는 날씬해서 미끈하다. 근동에서 안 빠질 만큼 늠름한 체격이 됐지만 아직도 젖을 보채는 아기같이 앵앵거리며 돌아다니니…. 오죽해야 이름이 꼬맹이겠나?

꼬맹이 어미 꼬비는 올봄에 새끼, 그러니까 꼬맹이 동생을 네 놈이나 낳았는데 그놈들도 어엿한 제 이름이 다 있다. 호랑이 닮았다고 꼬랑이, 하얀 몸통에 꽃점이 박힌 꼬백이, 털이 노랗다고 꼬노, 그리고 이미 작고한 할미 이름을 내리받은 꼬순이, 이렇게 동생들은 죄다 그럴싸한 이름을 달고 있건만 꼬맹이는 아직도 꼬맹이다. 고녀석은 하는 짓이 아직도 어리벙벙한 숙맥이다. 습격자 고놈에게 밤낮 물어뜯겨 털이 뭉텅 빠지고 추레하게 마루 밑 구석에 숨어있는 꼴이라니, 참말 동생들 보기도 체면이 안 선다. 얼마나 지독하게 죽어라고 할퀴어댔는지 콧잔등에도 상처가 번개 지나듯 획 그어서 있다. 일방적으로 당한 것이니 영광의 상처도 아니다. 나는 털 뽑힌 자리가 짓무를까봐 연고를 발라주며 한심스러워 혀를 차지만 꼭 그런 이유 때문에 꼬맹이 흉을 보는 게 아니다.

하는 짓이 영 철부지 아기노릇을 하고 있다. 길고양이 본분은 아주 잊었는지 사냥하러 갈 생각은 아예 없는 모양이다. 먼 동네까지 나가서 활동영역을 넓혀야 하거늘 맨날 울안에서 내 치맛자락만 감고 맴돈다. 햇볕 따스한 토방에 벌렁 누워서 꾸벅꾸벅 졸고 있다가 내 그림자만 나타나면 어느새 벌떡 일어나 그 모기소리같이 가냘픈 소리로 앵앵거리며 뭘 달라고 조른다. 밥은 아무 때나 주나? 눈치 없이 이

놈은 먼저 앞서서 뛰어나가며 엎어졌다 뒤집어졌다 구르면서 내 관심를 끌려고 온갖 애교를 다 부린다. 나는 밭에서 풀을 매면서도 네놈 속을 빤히 알고 있다고, 냉정하게 무심한 척 내 일만 한다. 그러면 상심해선지 아니면 마치 시위라도 하는 양, 밭머리 내 앞에 납작 엎드린 채 턱을 쳐들고 빤히 나를 응시하고 있다. 늘 내가 바보 같다고 흉을 보는데 제 딴엔 슬며시 꼼수를 쓰려 한다. 괜히 주위를 슬슬 어정거리면서 제 머리통을 슬쩍 들이대며 만져달라고 비비대는 의뭉한 데가 있다. 나는 우리 애들하고도 스킨십을 잘 못했는데 이놈은 수시로 스킨십을 하잔다. 그냥 지나가는 법이 없다. 은근슬쩍 제 몸을 내게 슬렁슬렁 부딪치며 지나간다. 내 바지 자락이 네놈 몸 닦는 타올인 줄 아느냐고 소리쳐 봐도 소용없다. 그 등쌀에 어쩔 수 없어 나는 드디어 먹을 걸 챙기러 부엌으로 들어가고 만다.

고 녀석이 앵앵거리며 나만 쫓아다니는 거야 당연히 이유가 있다. 내가 매번 자기들 먹이를 챙겨주는 물주라는 걸 왜 모르겠는가? 요즘같이 먹고 살기 어려운 세상에 아침마다 고소한 사료 그릇을 들고 나와 토방에 여섯 놈을 나란히 세워놓고 먹이를 주는 확실한 물주를 몰라주면 고양이가 아니지.

매일 아침이면 그 여섯 놈이 토방으로 우르르 몰려와 사료를 먹는다. 나는 늘 바쁘다 하면서도, 으레 옆에 서서 먹이를 공평하게 나눠주고서 모두들 맛있어 죽겠다는 듯 얌얌거리며 먹는 걸 쳐다보면서 그냥 바보같이 웃고 서있는 것이 아침일과가 되었다. 그뿐인가, 회식자리 같은 데 가서는 남의 눈치를 봐가며 남들이 먹다 남긴 고기조각을 싸오느라 쭈뼛거리며 의젓지 않는 짓을 한다. 집에서 말똥말똥 기다리는 녀석들 모습이 눈에 밟히는 것이다. 괜히 고 녀석들 때문에 스타일을 구겨버린 건지.

하여튼 누굴 닮았는지 순해빠진 꼬맹이의 용한 얼굴을 바라보면 다가오는 밤이 무사할지 진짜 고민인데 우리 꼬맹이는 얼마나 떨고 있는지 모른다. 집에 기르는 애완동물은 밥 주는 주인을 닮는다는 말도 있던데…. 나는 은근히 내 탓인가, 하고 책임감이 느껴진다. 그도 그럴 것이 사실 밥 주는 주인이 막되게 욕하면서 툭툭 때려주어 자극적으로 키워서 평시에 싸울 투지를 키워줬더라면 애완동물도 더 씩씩하고 용감해질 것이다. 그저 꼬맹아, 꼬맹아 하면서 쓰다듬어줬더니 바보같이 순둥이가 돼버렸나? 방법이 없다. 아이들같이 태권도 도장이라도 보내서 적어도 제 몸 지킬 호신술이라도 배워오라고 시킬 수도 없고. 아무래도 묘책이 떠오르지 않는다.

스쳐간 바람처럼

 학창시절의 잊지 못할 추억담에 빼놓을 수 없는 건 선생님들 얘기일 거다. 그런데 인기가 많던 미남 선생님과 총각 선생님 기억은 의외로 쉽게 잊혔는데 차라리 무섭고 괴팍한 시어머니 선생님이 더 잊히지 않는다. 물론 개인적으로 짝사랑했던 선생님은 빼놓고 하는 말이다. 그런 특이한 인연은 아니지만 미술선생님도 내겐 정말 잊을 수 없는 분이시다. 김상중 선생님은 나의 중학교 첫 번 담임이자 클럽활동 미술반을 지도하고 계셨다. 초등학교 때, 한 번인가 도내 미술대회에서 입상했던 것을 대단한 재주나 가진 걸로 믿었던지 나는 지극히 당연한 듯이 미술반에 들어갔다.
 웬일로 선생님은 나를 상당히 인정해주셨다. 내 그림이 상당히 거칠고 섬세하지 못했건만 오히려 대담한 개성으로 추어주셨다. 마치 그 점을 어떤 가능성으로까지 보아주셨다. 그 점은 선생님의 완전한 오판이셨다. 죄송하게도 지금까지 난 선생님의 기대를 조금치도 이루지 못했으니. 선생님은 변변찮은 우리 학생들 작품들을 교내 복도

마다 곳곳에 걸어주셨다. 아이들 기를 살려주신 것이다.

문득, 어제처럼 생각나는 학창시절의 풍경이 한 장의 그림으로 스쳐간다.

히말라야시다가 짙푸르게 우거지고 그 시원한 그림자가 길게 출렁거리던 초하의 교정, 열어 젖힌 음악실 창밖으로는 어느 반 수업인지 가곡 〈사우〉를 부르는 노랫소리가 한가롭게 흘러나오고 있었다. 지루한 수업에 막 졸릴락말락 오수에 잠겨가던 다른 반 교우들을 살풋, 흔들어대는 소리,

"봄의 교향악이 울려 퍼지는 청라언덕 위에 백합 필 적에 나는 흰 나리꽃 향내 맡으며…."

그 해맑고 드높은 합창소리가 저 멀리 하늘가로 새털구름처럼 흘러가던 오후, 햇볕이 눈부신 창 너머 운동장에는 하얀 운동복을 입은 학생들은 체육선생님 힘찬 구령에 맞춰 가볍게 체조를 하고 있다. 우리 미술반들도 선생님을 따라 이곳저곳 경치 좋은 곳을 자리 잡아 그림을 그린답시고 화판을 펼쳐놓고 아마추어 화가 폼을 재고 있었다.

그 시절, 우리는 방과 후 시간이면 으레 화판을 둘러 메고서 선생님 곁에서 꽤 많은 시간을 보냈던 것 같다. 겉으로 보기에 선생님은 상당히 불우해보였다. 우선, 외양이 꺼칠했다. 여학교 선생님이라면 자연 외모에 신경 쓰기 마련인데 선생님은 입성조차 후줄근했다. 미술교사였으니 캐주얼한 차림이었는지 모른다. 키는 껑충하게 큰 데다가 광대뼈가 돋은 깡마른 얼굴은 큰 입을 다물고 있으면 퍽 외롭게 보였다. 깊은 눈은 어두웠고 창백할 정도로 파리한 피부는 병적으로 보이

기까지 했다. 길면서 강파른 얼굴 윤곽이 그늘져 보였고 빗질도 않은 듯 버석한 머리칼은 항상 윤기 없이 빛바랜 밤색이었다. 나는 그런 선생님 모습에서 뭉크 그림처럼 어둡고 우울한 분위기를 느꼈었다.

 우리 학교쯤이면 선망 받는 직장이었을 텐데 생활도 넉넉하지 못한 듯했다. 어떤 사정인지 모르지만 교문 앞, 길 건너 기숙사에서 사모님과 어린 딸을 데리고 기거하고 계셨다. 선생님 댁이 가까워서 우리는 더러 심부름 가는 기회가 많았는데 그러면서 저절로 그댁 분위기를 엿보게 되었다. 단출한 자취방 같이 살림살이는 간소했지만 의외로 포근했다. 겉보기에 과묵하신 선생님은 보기와 달리 가족들에게 다정하고 따뜻하셨다. 부인에게는 늘 부드러운 존댓말로 마치 양반댁 가풍처럼 점잖게 대하셨다. 그리고 어린 딸에게는 얼마나 곰살갑고 장난스러우신지 곁에서 풍기는 그런 삭막한 분이 아니었다.

 학생들에게도 선생님은 대범하셨다. 큰 소리로 꾸중하기보다 타이르셨다. 선생님은 웃으실 땐 그 큰 입을 하늘을 향해 떡 벌리고 너털웃음을 웃으셨다. 웬만한 허물은 우리를 어린애라고 여기는 듯 너그럽게 넘기셨다. 뭣보다 선생님은 미술지도에 아주 친절하고 자상하셨는데….

 어쩌면, 홀연히 스쳐간 한 가닥 바람이었을까, 어느 날 선생님께서 갑자기 학교를 그만두셨다. 나는 지금까지도 그때의 상황과 정확한 내용을 잘 알지 못하고 있다. 어릴 때여서인지, 아니면 무심한 내 성격 탓인지 모른다. 다만 풍문에, 그 무렵 우리의 초대 대통령이 우리 도시를 방문하기로 돼 있었고 미술선생님이 그 환영 현수막을 맡으셨는데 그 현수막에 쓰인 글씨가 문제였다는 얘기다. 권위주의 시대인 그때, 대통령의 권위는 찌를 듯 시퍼랬을 터. 그런데 하필, 자막 중 "대통령 환영"이란 글자 중 '통'자를 빼고 썼다는 얘기였다. 혹시 선생님이 자유롭고 정의로운 의식 있는 분이셔서 무조건적 권위주의에 맹종하기 싫어 저지른, 의도적인 시위였을까? 아니면 단순한 실수였을까, 그건 아직도 모를 일이다. 아무튼 그 일로 문책당해 학교를 그만 두셨다는 것이다. 그 뒤로 선생님을 한 번도 뵐 수 없었으니 여쭤볼 수도 진실을 알 수도 없다. 우리는 갑자기 고아가 된 듯했다. 당분간 지도 선생님이 안 계신 미술반은 선장 잃은 돛배처럼 방향을 잃었고 활동도 흐지부지해졌다. 철없던 제자들은 시간이 갈수록 선생님 생각마저도 슬슬 잊고 말았다.

그 시절엔 예술가들이 궁핍했던 시절이었다. 화구 등 미술재료 구입도 어려웠던 시절이었다. 학교까지 그만두시고 얼마나 어려운 시련을 겪으셨을까? 혹시나 그 피우지 못한 화가의 꿈마저 접지 않으셨나 모르겠다. 나는 간혹 화가들 인명록에서 선생님 함자와 같은 이름의 화가가 있는지 눈여겨보지만 아직까지 그 이름을 본 적이 없다. 사실, 나는 늘 소중한 인연조차도 챙기지 못하고 산다. 새삼스레 까맣게 잊고 지나친 그간의 세월이 안타깝고 죄스럽다.

그동안 학교를 졸업한 지 이미 오래고 수십 년 동안 고향도 떠나 있었다. 그런데 오랜만에 모교를 찾는 기회가 생겨서일까, 아령칙하게 선생님의 환영이 세월의 저편에서 어른거린다. 접혀진 추억의 페이지 속, 선생님의 기억이 암암히 떠오른다. 어떤 날은 학교 기숙사 건물을 지나칠라치면 불쑥 선생님이 튀어나오며 나를 정답게 불러줄 듯한 착각이 들기도 한다. 추억에 산다는 노년이 된 탓이리라. 옷깃만 스쳐도 인연이라는데 잠시 스쳐간 바람처럼 우리와의 인연은 다만 그뿐이었을까? 생각할수록 그 고독해보이고 추워보였던 선생님의 외모까지 뚜렷이 떠올려진다. 나지막하고 어눌하던 그 목소리도 기억할 것 같다. 과묵하나 속으로 따스했던 선생님의 그 진실한 인품이 생생히 되살아난다. 과연 선생님은 어디에 계실까? 아직 살아계실까? 세월은 늘 아쉬움을 그리움으로 덧칠하나 보다.

이사

　지난 시절의 이삿날 기억은 오래전 빛바랜 사진처럼 별로 산뜻하지 않다. 모두들 어렵고 가난하던 때 모습이 남았기 때문이다. 덜컹대는 리어카에 실은 구중중한 이불보퉁이와 찌그러진 양은솥 나부랭이, 찜찜한 요강단지 등 초라하고 애잔한 그림들이 떠오른다. 그에 비하면 요즘 이사는 격세지감이 든다. 집집마다 희멀끔한 가전제품 천지이고 모두 이삿짐센터의 조직적인 서비스에 맡겨버린다. 가만히 앉아서 돈만 지불하면 수많은 가재도구를 그대로 이사할 새집에 고스란히 옮겨다주는 편리한 세상이 온 것이다.
　이사라는 것은 누구에게나 삶의 그래프이다. 인생이라는 여정에서 때때로 좌표를 찍고 가는 삶의 이동사이기 때문이다. 인류가 태초의 광야에서 헤매던 유목민이었기에 이사라는 행사는 아주 오래된 삶의 관습이었을 것이다. 이사는 추억과 미련을 남기고 떠나게 되는 낭만적 이름이기는 하다. 또 변함없는 일상에서 한바탕 전환의 기회도 된다. 실질적으로 이사의 좋은 점은 묵은 먼지를 털고 새로운 환경으로 탈바꿈하는 것이다. 당연히 생활을 일신되게 한다. 이사는 새 삶의 흥분으로 두근두근한 흥미로운 시작이기 때문이다.

　결혼 후, 처음으로 이사할 때가 나는 제일 좋았다. 우리에게는 결혼할 무렵 남편이 미리 마련해둔 보금자리가 있었다. 신혼 때부터 집을 마련하고 시작하다니 대단하다고 생각할지 모른다. 그런데 나의 신혼집은 참으로 초라했다. 서울에도 이런 데가 있나 했었다. 하숙생일 때, 집에 들어갈 때마다 주인집 사람에게 문을 열어달라는 아쉬운 소리가 싫어서 남편은 전세방 얻을 돈보다 더 값이 싼 응암동 언덕바지의 반 조각 집을 샀단다. 지붕은 하나인데 그 스레트 지붕 가운데서 둘로 분리한 수재민을 위한 주택이었다. 남편이 우리의 신혼집이 작은 쥐 집 같다고 미리서 내게 통고해줬지만 사실 그 정도일 줄은 예상 못했다. 그때까지 수도도 들어오지 않은 곳이었다. 다행히 우리 집 안마당에는 마당 한가운데에 뚜껑도 없는 마을 공동우물이 시커멓게 입을 벌리고 있었다. 한 번도 나는 두레박질을 해보지 않아서 남편이 퇴근해서 긴 두레박으로 물을 퍼주었고 수시로 물 길러 오는 동네사람들에게 대문을 열어주느라 새댁은 신경이 쓰이기만 했다.

　우리는 남들처럼 셋방으로 쫓겨 다니는 신세는 면하기는 했다. 비록 수재민 주택이긴 했어도 버젓한 내 소유의 집을 가졌기에 우리의 이사 연보에는 서민적 애환이 남아 있지 않다. 쥐 집 같다고 하더니 정말 화장실도 시골집처럼 마당 구석에 있었다. 그래서 밤마다 남편은 내가 화장실 갈 때마다 추운 마당에 서서 경비를 서야 했다. 출입구이자 방에 들어가는 쪽마루 밑이 연탄아궁이어서 그 집에서 나는 두 번이나 연탄가스 중독으로 쓰러졌다. 그런 이유 때문에 쉽게 이사를 했다. 작지만 신혼의 보금자리였는데 넉달 만에 이웃동네로 이사를 하게 된 것이다. 우리의 첫 번째 이사였다. 이번에는 지붕도 온전히 하나로 돼있고 마당을 향해 네 장짜리 긴 유리창이 환하게 달린 집을 샀다. 선물이랑 이사 갈 집은 점점 커지고 나아지는 것이 좋다고 한다. 손바닥보다는 조금 큰 아담한 뜰이 있고 그 안에 환한 햇빛이 다뿍 들어와서 놀고 마당 옆 축대 아래로 심심하면 담 너머 아랫동네를 내려다볼 수도 있었다. 친구들이 저택으로 이사했다고 놀려댔다. 부자가 된 느낌이었다. 우린 그 뒤에 훨씬 큰 집으로 이사를 갔어도 그 집에서처럼 행복을 느끼며 살았던 적이 없는 것 같다.

큰애와 둘째를 그 보금자리에서 낳았다. 남편은 계속 특진을 하고 나는 날마다 서툰 살림살이 하느라 시간 가는 줄 몰랐다. 애들 옷도 사고 남편 반찬거리도 고민하고 애들과 웃고 성내고 복작이다가 저녁이면 남편에게 쫑알쫑알 보고하는 평범한 일상이었다. 그 집에서 금성TV도 샀고 석유곤로를 사서 추운 날은 방 안에서 그 위에다 직접 냄비를 올려놓고 비빔밥도 해먹었다. 남편은 손바닥만 한 마당에 토마토를 심었는데 주렁주렁 열매가 탐스럽게 열렸고 유리창 밖 테라스 끝에 수세미를 심었더니 줄줄이 내려뜨려진 수세미 줄기가 햇빛 부신 날 자연 커튼이 돼주었다. 집을 팔 때 예쁜 집이라고 빨리 매매될 지경이었다. 그 집에서 아이 둘과 우리 부부는 아무 고민도 모르는 듯이 날마다 태양이 뜨는 밝은 날이었던 것 같다. 지난 얘기니까 아름다울까?

2011. 7. 13.

"한번 가슴에 못 박힌 한은 노력한다고 쉬 사라지지 않는다. 매만지고 달랜다고 응어리와 상처가 쉬이 낫겠는가. 또한 사람이라면 어찌 그리 쉽게 잊어서야 쓰겠는가?"

7부
결코 잊어서는 안 됩니다

J 선생과 집

 J 선생이 전주에 내려온 김에 정읍에 들르시겠단다. 언제나 문우들이 그립다면서도 꽤나 외출이 어려우시던 분인데, 그냥 이웃 마실 가듯이 가볍게, 기차표를 예약했다는 전화였다. 느닷없는 기별이라서 조금 의외이기는 했다. 그러나 나는 저간의 사정을 조금 알고 있던 터라 이번 출행이 대뜸 짐작은 되었다. 그분은 팔십 중반의 노령이시다. 서울에서 정읍까지 머나먼 길을 쉽게 나설 연치는 아니다. 그런데도 그 힘든 일정을 감행하려는 용단이 무엇 때문인지 나는 알 것 같기 때문이었다.

 사실은 이곳 정읍에 그분 소유의 대지가 한 필지 있다. 그러니까 엄밀히 말하면 전주 와서 문우들을 만난다는 기쁨도 있겠지만 나선 김에 실은 당신 집터를 보러 오시는 거 아닐까? 원래 J 선생의 옛집은 우리 마을에서 한 마장쯤 떨어져 있었는데 이곳 정읍시의 '첨단 과학 산업단지개발' 계획 때문에 몇 년 전에 헐려서 환수 당했다. 이십여 년을 몸담아 살았던 옛집은 그분이 수십 년의 도회 살림을 정리하고 꿈꾸던 전원주택을 지어 혼신의 열정으로 일구었던 삶의 터전이었다. 그런데 하루아침에 정든 집과 전원생활을 뺏겨버린 것이다. 대신 마을 가까운 곳에 시 당국에서 새로 조성한 대체주택지를 받은 것이다. 나와 동행하게 된 것은 새 집터가 우리 집 가까운데 있기 때문이었다.

전주의 문학수업에 참석하고 우리는 정읍으로 동행했다. 얘기를 들어보니 짐작대로였다. 그간 집 문제는 항상 추진하다 말다를 계속하고 있었기에 나로서도 더러 들은 적 있는 묵은 얘기였다. 그동안 선생님은 집 문제로 많이 망설였다. 기성 주택으로 나온 매물도 보았었고 새 집터를 찾아서 낯선 땅도 헤맸다. 하지만 산 좋고 물 좋은 그림 같은 집은 그리 쉽지 않았다. 한동안 열병 같은 바람이 그분의 일상을 흔들어대다가 언제나 결국엔 없던 얘기로 끝나버리던 단막극이었다. 그동안 잠잠했는데 그게 또다시 풀어야 할 과제로 부상한 모양이다.

늘그막에 자연과 한결 친해지는 것은 당연하리라. 그곳에서는 찌들고 욕된 세월도 허물없이 털어지고, 번거롭던 지난 시간을 가지런히 빗겨보는 여유를 찾기 때문일 것이다. 그런 이유 때문일까, J 선생은 유난히 아파트를 싫어하고 전원생활을 못내 그리워했다. 고개 우러르면 푸른 하늘이 내다보이고 뒷문을 열면 야트막한 뒷산이 어머니 품 자락같이 둘러선 아늑한 터전, 이것저것 싱싱한 채소를 심어놓은 울 밖으로 푸른 들녘이 훤히 내다보이는 뜰 넓은 시골집을 원했다. 집이 헐리기 전, 오랫동안 그분은 시골에서 직접 텃밭을 일구고 과수를 심고 꽃을 가꾸었다. 가을에는 좋아하는 사람들에게 소담한 감상자를 선물로 담아 보내는 여유를 즐겼다. 자연이 좋아 거친 시골 생활도 활력 있게 보냈다. 그곳에 살 때는 육신이 힘들어도 사람 사는 맛을 느낄 수 있었다. 그런데 느닷없이 삶이 정처를 잃어버린 것이다. 선생님에게 이제 집 문제는 마치 삶의 어떤 목표처럼 되고 말았다. 그런데 찾고 또 찾아도 원하는 자연조건과 교통 등, 편리한 주거조건을 모두 갖추고 있는 곳은 별로 없었다. 인터넷을 뒤지고 알음알음을 연결해봤는데도 마땅찮았다. 조건이 웬만큼 갖춰졌다 하면 늘 값이 턱없이 높기만 했다.

버스에서 내리자 남편이 차를 대기하고 있었다. 가는 길처라서 잠시 우리 집에 들러 한 소끔 쉰 뒤, 곧장 J 선생의 새 집터를 찾아갔다. 새 터는 벌써 집을 짓고 들어와 사는 세대가 절반 이상이었다. 잘 조성된 반듯한 도로에 상하수도 등 기반시설이 되어 있어 우리가 보기에 흠잡을 것 없는 주택지였다. 서로 무흠하게 지내던 터라 남편은 열심히 좋은 점을 열거하면서 웬만하면 그곳에 집을 짓는 것이 좋겠다고, 내가 우기지 말라고 미리 귀띔했건만 설득하려 애썼다. 선생님 연세로 봐서 넓은 땅은 관리가 문제라는 점과 발전 가능성 등 현실적인 면을 부각시켰다. 확신이 서면 큰 소리로 밀어붙이는 적극적인 성격이라 어쩔 수 없었다. 그 때문인지 선생님도 맘이 절반은 흔들리는 성싶었다. 그러나 여전히 땅에 대한 미련을 버리지 못하시는 눈치였다.

"이상과 현실이 문제네요".

불쑥, 내가 한마디 던지고 말았다. 그러는 나를 돌아보며 동감이었던지 남편도 너털웃음을 웃었다. 아무리 보고 또 봐도 선생님이 원하는 집은 쉽사리 찾기 어렵다는 걸 자기도 알겠다는 뜻일 게다.

그런데 이틀쯤 지나 이상한 소리가 들렸다. 실은 그날, J 선생은 쉬었다 가시라는 만류를 뿌리치고, 맘이 한갓져야 생각이 정리된다며 기어코 오후 열차로 상경하였고 나로서는 행여, 노독이 나서 몸져 누워계실까, 찜찜하던 참이었다. 그런데 누가 J 선생이 이곳을 떠난 바로 다음날 진안을 다녀가셨다고 했다. 물론 땅을 보러 오셨다는 것이다. 나는 믿기지 않아 곧바로 전화해봤다. 그런데 사실이었다. 진안뿐이 아니고 다른 곳까지 다녀왔다고 했다. 이왕 내친김에 결론을 내야 할 것 같아서 이곳저곳 다 알아본 것이라고 했다.

"아니, 몸살 나지 않으셨어요?"

걱정스런 내 말에 선생님은 사람이 뭔가에 몰두하면 피곤도 잊는가 보다고 깔깔 웃었다. 그건 맞는 말 같았다. 뭔가에 집중하면 2차적인 사항은 열외로 밀려나버린다. J 선생은 지금껏 집 문제에 완전히 몰두했었기에 많이 피곤한 듯했다. 당분간 쉬고 싶다고 했다. 또 어쩌면 집 짓는 것을 포기해야 될지 모르겠다고, 마치 체념하겠다는 듯 힘없이 말을 끝냈다. 나는 그런 얘기는 전에도 들은 적이 있었기에 그 말을 곧이곧대로 믿지는 않았다. J 선생님도 스스로 그 말을 믿지 말라고 했다. 언제 또다시 열병 같은 그 맘이 도질지 모르는 변덕이라고 했다.

J 선생과의 교분은 몇 년 되지 않았다. 그러나 기꺼이 맘을 터주신 분이고 그분이 술회한 글줄을 통해 조금은 그분을 이해할 수 있었다.

뭣보다 돌아가신 나의 어머니와 닮은 그분의 분위기가 은연중 그렇게 느끼게 했다. 그분은 상당히 어려운 젊은 시절을 보냈다. 그러나 생에 대한 열망은 남보다 더 뜨거웠던 것 같다. 힘들고 고통스런 시절에도 좌절하지 않고 꿋꿋이 자신을 지탱할 수 있었던 것은 꿈이 있었기 때문이다. 그러나 삶은 무지개였다. 가까이 이른 것 같아도 다 가서면 물러서는 무지개처럼 끝없는 아쉬움이었다. 꿈은 평생 채워지지 않은 원초적 외로움으로 남곤 했다. 그런 그분에게 어쩌면 나이 들어 홀로 누리게 된 시골생활의 자유는 그나마 마음의 위안을 찾을 수 있던 보석 같던 시간이었는지 모른다. 그 시간을, 그 여유를 다시 찾고 싶은 것이리라.

집이란 인간의 영원한 안식처이다. 집이 없으면 영혼까지 방랑객이 된 듯하다. 곳곳에 빌딩이 숲을 이루어도 시대적 불안을 안고 사는 현대인은, 그런 의미로 정신적 노마드라고 할 수 있다. 사람들은 평생 나름대로 하나의 집을 그리며 산다. 우리는 본시, 원시의 동굴에 터를 잡았던 인간이었다. 어린 때는 모래흙에 손을 밀어 넣고 거북이 집을 지었고, 푸른 언덕 위의 하얀 집은 젊은 시절의 로망이기도 했다. 하염없이 뜬 구름 같은 미망을 안고 사는 게 인간인 것이다.

J 선생도 지금 의지할 집이 없는 건 아니다, 다만 자신이 원하는 그 집을 찾는 것이다. 집에 대한 선생님의 어떤 집요함은, 삶에 대한 한없는 허기증일는지 모른다. 그러나 나는 그 허기증을 삶에 대한 끝없는 호기심이요, 도전이라고 생각한다. 나는 늙을지 모르는 J 선생의 열정이 부럽다. 내게는 그것이 아름답게 생각된다. 이제 잠시 피곤하

여 쉬겠다지만 나는 그분이 언제쯤 다시 집을 짓겠다고 서두를지, 사실은 기다려진다. 그 소식을 다시 들을 때 아마도 나는 여전히 시들지 않은 그 열정을 다시 확인할 것이고, 그걸로 선생님의 건안을, 그 반가운 안부를 들은 것으로 생각할 것이다.

결코 잊어서는 안 됩니다

　자라 보고 놀란 가슴 솥뚜껑에도 놀란다던가, 요즘은 무슨 사고가 터질 때마다 가슴이 덜컥하며 먼저 진도 앞바다 대형 참사가 생각난다. 오늘 아침 뉴스에도 또 하나의 선박사고를 보도하고 있다. 홍도 선착장 앞 유람선 좌초 사건이다. 웬일로 저런 끔찍한 재난이 속출하는 걸까? 누구 말대로 걸찌게 한바탕 푸닥거리라도 해야 될라나? 방정맞지만 괜히 좋지 않은 조짐 같게만 느껴지니 문제다.
　정초부터 심상치 않았었다. 신입생 환영행사로 엠티를 간 학생들이 휴양처 건물 지붕에 압사했던 사건이 아마도 불운을 암시한 예고편이었는지 모른다. 연이은 재난 보도는 가뜩이나 혼란스런 우리 사회를 자꾸 불안하고 우울하게 한다. 그러나 다행히도 이번 홍도 앞바다의 유람선 좌초사건은 한 사람의 인명손상도 없이 모두 무사히 구조되었다는 보도다. 얼마나 다행인가. 만일 지난 세월호 같이 끔찍한 참사가 또 일어나, 누구 한사람이라도 일을 당했더라면 어쩔 뻔했나, 가만히 안도의 가슴을 쓸어내린다.

헌데, 마음이 차악 가라앉으며 안심이 되면서도 한편으로는 착잡한 맘이다. 만일, 세월호 유가족들이 저 광경을 봤더라면 어땠을까, 그런 생각 때문이다. 맘이 편했을까? 틀림없이 가슴을 비틀어 쥐고서 눈물을 훔치고 있을 게 틀림없다. 얼마나 부러웠을까? 저렇게 모두 한 사람도 희생 없이 다 구조할 수 있었는데, 어째서 그 아까운 목숨들을 속수무책으로 차디찬 바다 속에 수장시켜야 했나, 참을 수 없이 울화가 치밀어오를 것이다. 자기 아이가 무릎만 깨져도 야단법석이 나는 세상인데, 이제 유가족에게는 좋은 일이 생겨도, 궂은 일이 생겨도 모든 것이 새롭게 도지는 아픔이 된다. 아물지 않은 상처는 매번, 사건이 터질 때마다 생살을 건드리게 된다. 생채기가 나고 생피가 나는 상처는 누가 보듬어주고 책임질 것인가? 더구나 아직도 시신을 찾지 못한 채 아무도 없는 해변에서 날밤을 새는 유족들은 어떤 심정일까?

사고가 난 홍도 선박은 세월호보다 훨씬 낡고 오래된 배였다. 선령이 27년이나 된 노후선박인데도 한 목숨도 허실 없이 온전히 구조할 수가 있었다고 한다. 선장과 해경의 신속한 대처와 배에 탄 승객들이 죄다 질서정연하게 대피를 잘한 것을 이유라고 말했다. 하지만, 세월호에 탄 학생들도 어른들이 시키는대로 배가 기우는데도 기다리고 기다리다가 그 책임 없는 허튼 말을 고지식하게 따르다가 그 꼴을 당하지 않았던가? 나는 홍도 유람선 선박 구조가 기쁘기는 하면서도 한편으론 목까지 울컥 치미는 횃덩이 같은 걸 어쩔 수가 없다.

사진에서 보는 홍도 앞바다는 잔잔했다. 세월호를 삼킨 진도바다도 잔잔하다. 지금 이 사회도 조용하다. 누가 조용히 하라고 시키지도 않았건만 하늘 닿는 유가족 설움과 온 국민의 절통한 안타까움이, 저 하늘까지 기둥처럼 치솟던 그 한스러움이 아직도 먹구름처럼 서성일 텐데 모두 조용하다. 먼 바다까지 찾아가 위로하던 노란 리본바람도 조용하다. 행정부를 향해 아우성치던 항의소리도 죽은 듯, 재갈 물린 듯 묵묵하다.

우리는 늘 그랬다. 얇은 냄비 바닥처럼 파르르 끓다가 순식간에 식어버리고 언제 적 일이더냐고 까막까막 기억도 없다. 그래서 교활한 자들은 그걸 이용한다. 시간이 지나면 다 해결된다고, 내 일도 아닌데 남의 일을 오래 기억하겠느냐고, 그래서 잠자코, 점잖게 기다리면서 상대편의 울화가 가라앉기를 예상하고 있는 것이다. 그런 대우를 국민들은 늘 당하면서도 어쩌면 그렇게 모든 걸 잊고 양순하게 묵인하고 체념해버리는 지 모른다. 그래서 주변국에서도 외국에서도 우릴 만만하게 여기는 것이다. 당연하다. 깔보이고 무시할 만하게 우리가 그렇게 만들기에 한일관계도 늘 그런 식이고 그들이 설치는 것이다.

얼마 전 언니와 함께 뉴스를 보는데, 마침 세월호법을 가지고 왈가왈부, 국회에서 난투를 벌이는 장면을 보게 됐다. 언니가 짜증이 난다는 듯 말했다.

"세월호 유가족들이 처음에는 너무 안됐고 정말 가슴 아팠는데, 너무 오래 그걸 가지고 물고 늘어지는 것을 보니 질리더라. 어지간히 하지 않고서들…. 마치 자기들이 무슨 칼자루를 지닌 대단한 사람들같이 말야." 했다.

 사실, 우리 언니까지 이 문제를 그렇게 힐난한다면 민심은 당연히 그렇게 돌아버린 것이다. 언니는 평시에 결코 인정 없는 차가운 사람 아니었으니까. 사실 그럴 만도 했다. 너무 오래도록 문제가 해결되지 않고 있으니 지겹기도 할 것이다. 거리에 유가족이 몰려나와 농성하는 모양만 보고도 질린 것이다. 유가족 원칙대로 해주지 않으면 한 발짝도 물러서지 않겠다는 그들의 고집만, 그런 부분만 연일 보도되고 있었으니 말이다. 무엇이 진실된 문제점인가, 그 본질은 꼬불쳐놓고 상관없는 농성분위기나 전하는 정부 보도나 매스컴만 바라보는 사람들은 그저 보여주는 부분만 보며 그렇게 인식하게 되는 것이니까.

 그런데 왜, 그처럼 문제가 해결되지 않은 것인가? 내 생각에는 우리가 그 점을 간과하고 곡해하고 있는 것 같다. 사람들 말대로 유가족들이 굉장한 경제적 보상과 미래사회에 대한 약속을 받고자 하고 억지로 보장을 약속하라고 해서인가? 사람들은 그들을 보고 자식을 팔아 한 세상 잘 살려고 한다고 힐난의 눈꼬리를 치킨다. 어쩌면 그럴 수가 있느냐고, 벌써 자식들 죽음을 잊었나 보다고.

 그런데 사실, 그들이 주장하는 걸 왜 그런 색안경으로만 볼까? 본질을 내버려두고 확실치도 않은 극히 사소한 곁가지인, 소문들만 무성하게 키워서 계속 선회만 하고 있잖은가? 꼭, 눈을 가린 마소가 연자방아를 찧는 장면 같다. 돌리는 대로 돌고, 끌고 가는 대로 따라가는 연자방아의 마소같이 언론 플레이에 감겨든 우리 국민들 말이다.

 사실, 유가족 중에는 많은 이견도 있을 것이다. 많은 사람이 모인 집

단의 소리이니 요구도 각각이고 어쩌면 소문 그대로 허욕을 꿈꾸는 사람도 끼어있을 것이다. 정부는 그들이 사리사욕을 위해서, 행정부 입법부를 허수아비 만들려 기도한다고 했다. 또 그런 전횡이 나중에도 건듯하면 사례로 될까봐서 염려된다고 의심한다. 그러나 그런 되잖은 이유들만 부각시켜서야 사태가 외곽으로 밀려버리고 엉뚱한 방향으로 오해되고 곡해돼버릴 것이다.

그런 부차적 이유 때문에 본질을 외면하면 안 되지 않은가? 물론 그들은 정부나 정치권을 못 믿을 것이라고 본다. 벌써 세월호를 잊어버리는 우리 민족성을 알기에, 또 그 국회, 그 정치판을 너무 잘 알기 때문이다. 진정한, 확실한, 약속 없이는 결국 유야무야 된다는 걸 알기에 그대로 끌려가고 넘어가려하지 않는 것이다. 그런데 정부는 뭘 두려워하는지 모른다. 사람들 소문대로 혹여, 정부의 다른 잘못을 들춰낼까 두려워 이것저것 질리도록 시간을 끌고 다니다가, 계속 나쁘게 여론몰이를 하다가 지쳐서 나자빠지면 슬며시 마감해버리려고 그런 결론을 짜둔 것인가? 물론 나는, 설마 그런 치사한 정부이겠냐고, 그런 정부를 의지하고 사는 우리는 아니겠지, 라고 믿어본다. 아무튼 이런 사람도 한없이 답답할 뿐인데 그 유족들은 얼마나 기가 막힐까? 그들이 모여서 술도 먹고 화풀이도 하는 심정도 나는 충분히 이해가 된다. 아직도 저 깊고 추운 바다 속에서 엄마 아빠를 불러대는 아이를 생각하면 어떻게 그들의 삶이 온전한 삶이고 온전한 정신이겠는가?

과연, 우리는 어떻게 해야 서로가 서로의 진심을 믿게 될까? 그 유족들이 다시는 그런 일이 없는 진정한 옳은 사회를 바라는 맘을 알아줄까? 다시는 그런 아픔을 겪지 않도록 안전사회를 위해, 다시 한 번 탄탄히 다지자는 그런 희망이 모두의 바람이었잖은가? 왜 매번 사고가 날 때마다 서로 안전공방을 하며 남의 탓만 해대면서도 우리는 그걸 금방 잊어버릴까? 물론 그 일이 단숨에 이뤄질 수는 없지만 이번 사고가 비뚤어지고 잘못된 이 사회의 병폐를 고칠 기회가 됨으로써 사고를 당한 이들이 헛된 주검이 아니고 값진 주검이 될 수 있다면, 그런 역할이 된다면 죽은 자도 억울하지 않고 살아남은 자들에게도 큰 위로가 될 수 있을 것이건만.

한번 가슴에 못 박힌 한은 노력한다고 쉬 사라지지 않는다. 매만지고 달랜다고 응어리와 상처가 쉬이 낫겠는가. 또한 사람이라면 어찌 그리 쉽게 잊어서야 쓰겠는가? 요행히 그런 일을 당하지 않은 우리가 충분히 그들을 이해는 못하더라도, 한마디의 도움이 될 따뜻한 위로는 못하더라도 부디 너무나 큰 불행에 울부짖는 그들을 왜곡하고 매도하는 뼈아픈 매질만큼은 하지 말았으면 싶다. 금쪽같은 자식을 잃고 정처 없고 허허한 그들 가슴에 더 큰 못을 박지 않도록, 그들을 절망의 나락으로 몰지 말기를 바랄뿐이다.

2014. 10. 3.

삭정이

 산길을 걷고 있었다. 오솔길 따라 낙엽이 푸석하게 깔려 있었다. 누렇게 마른 솔가리와 갈참나무 잎들이 발길 따라 바스락거렸다. 문득 발밑에서 뭔가 '우두둑' 부러졌다. 내려다보니 바싹 마른 소나무가지다. 삭정이 한토막이 무심한 내 발길에 부러져버린 것이다. 흔하디흔한 삭정이었다. 숲에는 수많은 삭정이들이 버려져있다. 산자락에도 들머리에도 마치 패잔병처럼 널려있는 삭정이가 의식 없는 식물인간 같다. 모든 걸 팽개쳤는지 오래된 뼈다귀같이 체념한 듯 누워 있다.
 그들도 한때는 훌륭한 땔감으로 쓸모가 있었다. 산비탈을 더듬으며 삭정이를 줍던, 그 어렵던 시절이 어제 같은데, 그러나 이젠 삭정이를 주워가는 사람이 없다. 연료가 풍부한 이 시대는 행여 돌아다보는 그림자조차 없다. 시골집 소박한 아궁이에서 단란한 가족들을 위해 방구들도 덥히고 밥도 짓고 장도 달이던 화목 노릇을 달게 해냈었는데.
 삭정이는 일단 꺾이어 버려진 나뭇가지다. 한때는 푸르고 싱싱했건만 그 탱탱하던 육질은 진기가 빠져 버석하게 말라버렸다. 이제 고갱이까지 말라 비틀어져 있다가 무심한 행인들의 발길에 부서져버린다. 결국 어느 둔덕에선가 잊힌 인연처럼 버려져 있다가 비바람에 삭아 흙으로 돌아갈 것이다.

늦은 가을날, 노인 병동 창가에 멍하게 서 있던 환자들이 생각난다. 무표정하게 허공만 바라보던 그들은 삭신이 저리는지 뼈마디 엉성한 굳은 손으로 여기저기 주무르고 있었다. 늘 아프다는 얘기가 화두요 약을 밥보다 자주 먹는 연세들이다. 육신의 노화도 또 다른 삭정이다. 이미 뼛속이 텅 빈 늙은 나이니 마른가지처럼 육신이 삭정이가 됐을 것이다.

요양병원까지 내쳐진 인생은 생의 마지막 구역에 다다랐다. 음울한 병원 정경은 정지된 그림 같다. 어느 날, 그 스산한 자리에 누군가가 보이지 않을 것이다. 낙엽 쌓인 숲길에서 어느 투박한 발밑에 부러지는 삭정이처럼 어느 날 그들도 한낱 무상한 인생으로 자취 없이 스러져갈 것이다.

어느 날, 느닷없는 강풍이 몰아쳤다. 회리바람에 얼떨결에 뚝 부러져 땅에 내쳐진 생가지, 친구 남편이 그랬었다. 그는 제법 큰 회사의 중견사원이었다. 어느 날 그 친구가 조용히 모임에서 퇴장해버렸다. 남편이 백수신세가 된 것이다. 그 뒤 수년이 흘러가고 어느 해 그 남편이 사망했단 소식이 들렸다. 밤낚시 갔다 실족사했다는 것이다. 시신도 찾지 못했다고 했다. 충격이었다. 친구 남편은 수년이 지나도록 취직이 안 되어 답답한 맘에 훌쩍 낚시를 떠나곤 했단다. 그가 수년

동안 얼마나 막막한 현실 속에서 홀로 몸부림치다 그런 참사를 당했는지 알만 했다. 그도 삭정이였다. 이유도 없이 뜬금없이 내쳐져 끝내 부서진 안타까운 삭정이!

　노화의 끝머리에, 도리 없이 삭정이가 되는 것은 세월 탓이다. 그러나 그 마지막까지 가지 않아도 우리 주위엔 고달프고 비참한 인생이 자꾸 보인다. 생애 중반인데도 아직은 새파란 젊음인데도 삭정이 신세로 전락한 사람들이다. 둘러보면 이웃에도 측근에도 있다. 생가지가 꺾이듯이 일터에서 쫓겨난 사람들이 쓸쓸한 거리에서 정처 없이 배회한다. 무능하다고 내쳐진 사람, 불운하여 기회를 놓친 사람, 실수로 수렁에 빠진 어리석은 인생도 있다.

　어떤 이유에서건 대열에서 밀려나면 세상은 무능한 패배자라 여긴다. 그들 나름대로 힘든 사투를 벌이고 냉담한 현실의 벽을 주먹질한다. 그러나 메아리조차 없다. 수없이 어금니를 깨물면서 못나디못난 자기비하에 생의 벼랑까지 갔지만, 돌아서서 주워든 비굴한 목숨보따리는 이미 원망도 비참함도 무감각해졌다. 어떤 구세주도 없었다. 아무도 도와주지 않았다. 모두 다 힘겨웠다.

　백세인생이라고, 길고 긴 삶일 텐데, 그들은 지금 모든 걸 잃어버렸다. 미래에 대한 꿈도 의욕도 잃었고 직장도, 가정도, 재산도 다 잃고 신용불량자가 되었다. 이제는 사회의 두통거리고 쓸모없는 인생으로 한낱 구차한 목숨일 뿐이다. 차디찬 지하도 시멘트 바닥에서, 막차가 끊긴 휘휘한 역사 구석에서 신문지 한 자락 덮고 멀뚱멀뚱 밤을 새우는 거리의 노숙자 신세다. 소외된 인생으로, 쓸모없는 삭정이라고 가정에서조차 외면당했다.

　삭정이를 꼬옥 쥐어본다. 안타깝다. 속절없이 말라버린 소나무 잔가지이다. 힘주어 꼭 쥐면 금시라도 우두둑 부러질 것 같다. 어느 봄날 소나무 우듬지에서 예쁘게 싹터 나왔을 것이다. 제대로 컸더라면 지금쯤 우람한 나무의 굵직한 한 팔이 되었을 건데. 멋진 정원수로, 좋은 재목으로, 혹시 훌륭한 예술가의 손을 만나면 멋진 작품으로도 남을 수도 있을 건데….

　모두가 한바탕 꿈이었나, 마른 가지들로 삭풍에 뒹굴고 있다.

　아직 삭정이는 아니지만 의자에 남아있는 사람들도 불안하다. 그들도 죽을힘을 다해 치열하게 살아가고 있다. 언젠가는 그들도 뚝뚝 지는 낙엽처럼 무참히 땅에 떨어질지 모른다. 그들은 두렵다. 현재도 고달프고, 확신이 없는 미래는 더 불안하다. 그들은 이 삭막하고 냉혹한 현실에서 어디선가 돌연 불어올 거센 바람이 두렵다. 언제쯤 혹독하게 내쳐지고 드디어 삭정이로 전락할지 모르기에 바늘방석 같은 의자에서 전전긍긍하고 있다.

　삭정이의 운명은 어찌 될까? 무관심한 사회 구조를 원망하고만 있을까? 그냥 무능한 타성이 놓쳐버린 생환열차라고 현실을 체념해야 할까? 이대로라면 삭정이들은 무기력하게 도태되고 말 것이다. 무심하고 비정한 발길 아래서, 홀로 고독에 몸부림치다가 부서져 썩어가면서.

　세상은 다들 외면하고 있고, 함께 아파해주지 않는다. 아마, 새로운 삭정이는 계속 떨어지겠지. 바람 속의 세상에서, 거리의 차디찬 냉대 속에서. 그리하여 삭정이는 아무도 모른 채 홀로 바스러져 스러지겠지.

지금 삭정이는 이미 생기가 빠지고 박제가 됐지만 형체 없이 아주 소멸된 것은 아니다. 젖은 모래밭에 꽂으면 살아날지도 모른다. 헛된 꿈일지라도 아직은 체념할 수 없다. 삭정이를 다시 주워든다. 삭정이에게 소리치고 싶다. 발길에 차이는 대책 없는 가지들아, 진즉 비명이라도 크게 질러보고 자유로운 바람 속에서 실컷 춤이라도 멋대로 춰 봤더라면 좋았을 것을. 숲길에 누워 그저 하릴없이 운명에 몸을 맡기고 있구나. 막막한 너의 종말이 어디일까? 안타깝다. 어떻게 하니? 바보 같은 인생, 울화가 치민다. 보고만 있는 무력함도 서글프고 다가올 세상이 두렵구나.

그러나 삭정이, 넌 어디선가 필요한 존재이겠지. 큰 재목은 못됐지만 작은 쏘시개가 될 수는 있다. 성냥개비로 마지막 따스한 불을 켰던 안데르센의 〈성냥팔이 소녀〉의 마지막 순간처럼 한번은 황홀하게 불탈 수 있지. 능력이 모자라도, 함부로 버려졌어도 정성껏 상처를 꿰매고 붙들어 세우면 되지 않을까? 부목이라도 덧대어 일으키면 다시 설 수 있지 않을까? 조금만 따스한 관심으로 상처를 어루만져주고 진심어린 위로의 한마디로 힘을 준다면 어쩌면 회생하는 일생이 될 수 있을 것인데. 삭정이의 꿈, 아직은 꿈을 꾸자.

삭정이, 그대가 다시 누굴 위해 불붙어 훨훨 탈 수 있는 그런 날을 소망한다.

고물 차 사설

시골로 출발하려고 아파트 주차장으로 나왔다. 그런데 자동차 키를 돌리다 말고 남편이 '어허' 하고 헛웃음을 치고 있었다. 손에 뭔가를 들고서 나더러 보란 듯이 까불까불 흔들고 있었다. 명함 쪽지였다.

"이 사람들이…. 이거, 중고차매매 명함 아니야? 잽싸게 꽂아놓고 도망갔구먼. 봐! 다른 차는 하나도 없는데 우리 차가 고물인 줄 알고 여기만 꽂아놓은 거야. 허어 참."

실소를 하더니 남편은 내게 명함을 던져버렸다.

결코 기분 좋은 웃음이 아니었다. 아니, 우리가 차 바꾸겠단 의사를 전혀 내비친 적이 없었는데, 아무리 차가 낡았다고 이런 명함을 차창에 끼워 놓은 건가.

"뻐언하죠. 요렇게 낡은 고물차는 우리 차뿐이니까. 하여튼 재밌네. 어디 봐요."

나는 남편 기분이야 어떻든 대수롭지 않게 깔깔 웃으며 던져버린

고물 차 사설

명함을 주워들고 본다. 명함 중앙에 승용차 사진이 그려져 있고 그 위에 "중고차"라고 조금 큰 글씨로 표시되어 있다. 그리고 환한 귤빛으로 칠해진 부분에는 "내 차 잘 파는 방법"이라고 좀 더 크게 적어 놨다. 가운데는 작은 글씨로 '최고가 매입' 최저가 판매' 그리고, 당일현금' '폐차무료 대행' 등 여러 미끼사항도 붙여 놨다. 맨 아래 부분에 '무료전화'라고 연락할 회사 전화번호까지 적혀 있다. 우리가 차를 처분할 의사만 있다면 알고 싶은 필요한 정보는 죄다 친절히 적혀 있는 것이다.

 사실 며칠 전, 서울로 가는 호남 고속도로에서 우리는 차를 화두로 한참 주거니 받거니 했었다. 우리 나이에는 남편 친구들이나 내 친구들도 진즉 운전을 그만두었다. 주위에서도 염려를 하며 남편더러 운전을 그만하라고 말리고 있다. 그러나 시골생활은 자가용이 필수인 걸 어떡하겠는가? 다행인지 어떤지 남편은 아직까지 자기는 운전에 아무 문제없다고 큰소리를 치며 뽀빠이 힘 자랑하듯 알통을 치켜든다. 시골서는 아무래도 육체노동을 하게 되니까 근육이 오히려 직장 다닐 때보다 나아진 것은 사실이긴 하다. 그러나 순발력이 어디 젊은 때 같겠는가? 그리고 날로 흐려지는 시력이며 판단력이 어떻게 큰 소리만 칠 수 있겠는가? 은근히 염려되는 건 사실이지만 모른 척 그저 남편을 믿는 수밖에 없는 것이다. 사실, 일흔 넘어서는 운전을 그만두겠지, 생각했었다. 그때쯤이면 우리 차 수명도 거의 되겠지 싶었고 종료 시점이 딱 들어맞겠다고 계산하고 있었다. 그 예정시간은 벌써 지나쳤고 자연히 그 계획도 부득불 바뀌게 되는 성싶다. 그동안 나는 우리 차가 비록 찌그러지고 허름해서 외양이 좀 못 봐주게 생겼어도 속 기계가 말짱하고 별 문제없다면 아무 상관없다고 생각했다. 요즘 세상에 그런 일로 남의 시선 따위는 신경 쓸 필요는 없었다. 그래도 조금은 걱정이 되니까 차 정비는 자주 하고 있는 편이었다. 그렇지만 세상은 면모라는 것을 중요시한다. 예를 들면, 남편 체면이랄까, 그런 것도 있을 것이다. 지금이야 남편이 골프를 그만두었지만 남자들은 골프장 출입 때 주위의 외제차들 위세에 은근히 스트레스를 받는다고 한다. 어쩌면 어느 주차장에서도 즐비하게 늘어선 번들거리는 새 차들 틈새에서 후줄근한 외양에 녹물도 찔끔 번진 우리 차를 세워 놨을 때 그 못나고 처량한 몰골이 차주인 남편 품격인 듯이 보일 것이다. 실제로 언제부턴가 남편은 그런 기분을 느끼고 있는지도 모른다. 오히려 나는 차도 사람처럼 지긋한 연륜을 지닌 것이라고 자부심을 가지려 했다. 내 나름대로 남들이 알 수 없는 믿음과 애착을 가지고 있었다. 시골 내려와서 우리 차는 우리들 분신처럼 온갖 일을 함께 겪었고 해내었기 때문이다. 그 세월은 우리가 함께 이룬 작은 역사였고 우리의 소중한 추억이었다.

그런데 이번에 서울 올라가기 전 정비소에서 차를 정비할 때였다. 단골인 정비기사가 이젠 차가 많이 낡아서 여러 문제가 생긴다고 일러주었다. 그러자마자 남편이 기다렸다는 듯이 "그래서 아무래도 차를 바꾸긴 해야 할까 봐요." 하고 반색하며 바로 토를 달지 않는가? 평소 남편이 그 비슷한 얘길 꺼낼 때마다 모른 척해버렸는데 그러면 꾹 참고 있었단 말인가? 정비기사와 남편의 합창을 듣고 나니 결국 나마저도 생각을 달리할 수밖에 없게 된다.

아직까지도 나는 솔직히 차를 바꾸고 싶지는 않다. 현재까지는 전혀 불편한 것도 없고 좀 꾀죄죄하지만 그 털털한 우리 차의 겉모습이 차라리 소박한 농촌살림에 제격으로 어울린다고 생각되기 때문이다. 뭣보다 남달리 기계치인 남편이 팔순을 바라보는 그 나이에 손에 익숙한 애마를 버리고 새 차, 그 새로운 기계를 애써 익혀서 길들여야 된다는 것이 더 걱정된다. 사실 우리 차가 이처럼 험한 몰골이 된 것은 차의 연륜이 오래돼서만도 아니다. 사실대로 실토하면 남편이 어지간히 차를 거칠게 모는 이유도 한몫한 것이다. 처음 운전을 배울 때도 나는 여간 맘이 쓰이지 않았다. 남편은 차를 끌고나가서 매번 어디다 들이박아 매끈한 새 차를 흠집 내고 멋쩍은 듯이 들어왔다.

나는 속으로 아무리 멋진 새 차를 타면 뭐 하겠나 탄식이 나오곤 했었다. 다행히 회사차여서 덜 아깝긴 했지만…. 남편은 기사가 쉬는 일요일을 이용해 주행연습을 했기 때문이다. 날마다 반들반들 유리알같이 차를 닦아두는 기사 보기도 미안하고 차를 내준 회사에서 안다면 얼마나 약 오르겠나 싶어 은근히 오금이 저리곤 했었다. 그 험하게 차를 모는 습관은 여전히 고쳐지지 않는다. 그러니 우리가 새 차로 바꾼다 해도 얼마 못가 헌 차가 돼버릴 것이 뻔한 것이다.

더구나 이미 미운 정 고운 정이 들어버린 우리 차다. 아무리 낡았지만 우리 차도 오래된 가족처럼 이미 무흠한 관계가 되어버려 흉을 모르게 되었다. 사실 보면 볼수록 괜찮게 생겼다. 우리는 서울 올라갈 때마다 앞뒤로 씽씽 달리는 남들의 승용차를 가리키며 어떤 차가 멋지다느니 세련되었다느니 점수를 매기곤 한다. 그런데 나도 몰래 우리 차와 똑같은 차를 보면서 높은 점수를 주고 있을 때가 있다. 든

정 때문일 것이다. 사실 세계적으로 명성 높은 H회사 제품인지라 믿을 만한 브랜드임엔 두말 할 것이 없다. 그리고 뭣보다 차 이름이 듣기에도 유연한 '소나타'이다. 그 '소나타'라는 음악의 한 형식을, 딱딱한 기계제품에 붙였다는 발상이 참 탁월하다. 한없이 펼쳐진 아득한 미래의 세계를 향해 리듬을 타듯 실내음악의 부드러운 선율처럼 질주하는 자동차는 필경 드라이버들의 꿈이 아니겠는가? 우리 차 이름이 바로 그 근사한 소나타이다. 남들이야 얼마나 비싸고 번들거리는 새 차를 사건 말건 그건 상관없는 일이다.

그런데 그것은 내 맘일 뿐일는지 모른다. 남편은 차에 대해 자부심보다는 연민이 더 많은 것 같다. 허름하게 낡아버린 자동차의 꼬락서니가 늙은 자신의 모습 같게 보이는지 모른다. 그는 종종 자기 차와 똑같은 오래된 차를 발견할 때면 반가운 듯 소리친다. "저기 저 차, 내 차하고 똑같네. 친구야 반갑다." 하고 부르듯이 소리친다. 때로는 "내 차 같은 것은 이제 하나도 없구먼. 이런 차는 벌써 골동품이 된 거지." 이렇게 말하는 데 그 소리가 좀 서글프다. 그리고 껄껄 웃어대는데 끝이 헛바람소리가 난다. 그리 유쾌한 웃음이 아닌 것이다.

물론 그가 새 차를 살 형편이 못 되어 서글퍼하는 것이 아님은 잘 안다. 그게 아니라 새 차를 주저 없이 사들여도 돼는 나이가 이미 지났음을 알기 때문인 것이다. 우리 나이에는 뭐든지 고액을 들여 꼭 필요하지 않은 무엇을 새로 산다든지, 새로 무슨 일을 경영한다든지 하는 것은 마땅하지 않은 것으로 체념을 하게 된다. 그게 처량한 것이다. 아뿔싸! 우리가 벌써 마음까지 고물이 되면 안 되는데.

산골짜기 물처럼

모처럼 문학기행이라는 핑계로 가을산행에 따라나섰다. 행선지가 지리산이라니 그쪽 방향은 전혀 생각지도 않았던 내겐 느닷없는 떡 선물 같았다. 이미 가을은 끝자락이었다. 전주에서 출발하여 17번 국도를 따라 멀리 진안의 마이산도 스쳐가고 최명희의 소설, 〈혼불〉의 텃밭, 남원시 사매면을 거쳐 그 깊숙한 고장 인월면도 지나쳤다. 차도를 달리며 가을이 깊어진 산속의 단풍을 유유히 구경하며 가노라니 괴나리봇짐 메고 준령을 넘어가던 그 옛날의 여유롭던 풍류객이 그려졌다. 그만큼 속세와 멀어진 기분이었다. 차고 맑은 늦가을의 정취가 더할 나위 없이 상큼하였다. 산에는 낙엽송 같은 나무들은 이미 가지만 앙상하게 남아있고 언제나 느지막이 잎이 지는 참나무들이 한참 누런 갈색 옷으로 늦가을을 붙들고 있었다. 다투듯이 오색으로 물들었던 단풍들은 거의 다 떨어져버렸지만 앙상한 나목들 사이로 하늘은 더없이 희맑고, 가지 끝에 몇 조각 남은 잎들은 너무 애처롭고 쓸쓸해서 마치 슬픈 가극의 마지막 장면같이 처연해보였다.

깊고 깊은 첩첩 산길을 구불구불 오르자니 숨차서 그런지 관광버스도 느릿느릿 더디 간다. 마치 마지막 가을의 뒷모습을 충분히 보고 가슴에 담으라는 것 같다. 시야에는 계절의 모퉁이를 돌며 추산풍경화가 아쉽게 펼쳐지고 있었다.

드디어 우리는 지리산에서도 가장 길다는 계곡 초입에서 차를 멈췄다. '지리산 뱀사골 탐방센터'란 건물이 바로 건너다보이는 곳에 도착한 것이다. 일단 차에서 내려서 시원한 산 공기를 흠씬 들이마셨다. 폐부까지 소통되는 상쾌함이었다. 원래 본격적인 등산이 목적이 아니었으니 천천히 산책 삼아 계곡을 따라 올라가기로 했다. 오늘은 이 계곡 어디쯤에서 점심을 먹기로 돼 있는 모양이었다. 식전 코스라고 정한 것인지, 운동 삼아 잠시 산을 둘러볼 참인가 보았다. 우선 명산에 찾아왔으니 산에 인사부터 해야 당연할 것이었다. 사방이 낯설면서도, 그러나 그 넓고도 시원스런 계곡을 보니 어딘지 눈에 익은 풍경이었다. 아스라한 기억이 되살아났다.

삼십대 중반쯤 분명 우리 가족은 이 지리산 골짜기 뱀사골 계곡을 올랐던 적이 있었다. 애들이 초등생이던 여름방학 때였다. 남편은 그 무렵 모처럼 운전을 배워 겨우 시운전이나 마친 상태였을 것이다. 그런데 우리는 그 정도 남편 실력을 믿고 감히 지리산 여행을 나섰던 것이다. 지금도 그렇지만 나는 당시 운전에 대해 전혀 무식했던 용감한 하룻강아지였다. 엉뚱하게 호기심만 많던 나는 자꾸 멀리까지 가자며 은근히 남편을 부추겼다. 당시는 도로도 비포장 상태였는데 비탈지고 구부러진 자갈밭 길을 남편은 진땀나게 올라갔었다. 남자의 자존심에 무작정 차를 끌고 올라갔다가 얼마나 힘들게 빠져나왔던지 내려와서야 남편은 십년감수했노라고 실토했다. 비로소 내가 얼마나 무모하고 어리석었던가 깨달았다. 만일 그때, 사고라도 났더라면….

생각하면 아찔한 추억이었다. 인생에서는 그런 아찔한 순간이 얼마나 많았던가? 잘못하면 그 순간은 운명이라는 갈퀴로 평탄한 삶을 단숨에 할퀴어버린다. 새삼 그 얄궂은 삶의 곡선에서 용케 이 나이까지 이를 수 있었음에 너무 감사하단 생각이 들었다. 이 자연 어디에, 보이지 않은 곳에서도 나를 지켜주는 은혜로움이 존재하거니 생각하면 그저 송구한 마음이 들고 그 초월한 신령이 산 어디에 계시는가 휘휘 돌아보는 맘도 들었다.

일단 차를 내리고 우리 일행은 탐방센터를 끼고 옆으로 뻗어 올라간 계곡로를 따라서 삼삼오오 걷기 시작했다. 간혹 곳곳에 세워 놓은 팻말에 보면 히어리꽃 으아리 꽃이 있다고 하는데 여름철이 지나 이미 눈에는 띄지 않았다. 다만 넓고 깊은 계곡 양쪽 등성이에 키 큰 고목들이 언덕배기를 의지하고 하늘 닿게 높이 뻗어 있었다. 골짜기에서 해를 그리워하는 나무들은 위로만 뻗어 몸통에 비해 키만 우쩍 큰 것 같았다. 계곡을 내려다보며 잘 포장된 아스팔트가 닦여 있어 산책코스로 아주 평탄했다. 지리산은 한번 들어가면 빠져나올 도리가 없을 것같이 너무도 넓은 지형에 수많은 산들이 포복하고 있었다. 지난 6·25동란 때, 여기서 이루어졌던, 한 많은 사연이 얼마나 많았을까? 문득 돌아오지 않은 가족을 기다렸던 친구네 아픔이 생각나서 가슴이 찡했다. 산속 어디 멘가 묻혀 있을 그들의 원한은 숨어있는 건지, 잊혀진 건지, 그 영령들의 하소연이 스쳐가는 바람결에, 숲속의 정령들 속삭임으로 실려 오는 기분이었다. 그러나 이미 세월은 흘러가고 산은 말이 없었다. 무심한 후손들은 그저 희희낙락 가을 서정에 젖어 스쳐갈 뿐이다.

화엄계곡, 노고단 운해, 피아골 단풍, 반야봉 낙조, 천황봉 일출 등, 지리산의 명승은 수도 없이 많건만 우리 일행은 단지 잠시 가을 바람을 핑계 삼아 점심이나 하고 가자는 소박한(?)사람들이었다. 사실 뱀사골 계곡을 제대로 올라가자면 길이가 14km나 되는 계곡을 따라 올라야 된다. 오룡대, 병풍소, 병소, 간장소 등 많은 물웅덩이를 올라가야 되는 것이다. 그런데 겨우 20분쯤 올라가다가 일단 쉬고 잠깐 한담을 하다가 식당가로 돌아오기로 했다. 그런데 올라갈 때는 숨차서 몰랐는데 내리막길로 돌아서니 넓은 계곡물이 굽이굽이 한눈에 내려다보였다. 가을의 산골 물은 그윽하고 차분했다. 가을엔 강수량이 적어 물속이 환히 들여다보이게 얕다. 물속은 너무 깨끗하여 빙옥 같기도, 수정 같기도 하였다. 가슴 속 찌꺼기까지 후련히 씻어 내줄 것처럼 드맑고 청아하였다. 계곡 바닥에는 수없이 많은 돌멩이와 바윗돌이 들쑥날쑥 깔렸는데 물길은 요리조리 맴돌며 장난치듯이 흘러가고 있었다. 자갈이 깔린 얕은 곳은 물결이 조곤조곤 속삭이며 돌멩이를 가볍게 씻어주며 흘러가는데 큰 바윗돌에 부딪는 물은 바위벽에 흰 거품으로 부서지며 충격에 머뭇했다가 발길을 되돌려가기도 한다. 젊은 날, 애들과 놀러 왔을 때는 골짜기 아래 깊숙이 물가로 내려가서 옴팍한 곳에 자리를 펴고 물놀이를 즐겼었다. 그런데 지금은 피서 철이 지나서 물가엔 아무도 없었다. 조용한 계곡 안에 물소리만이 산골의 정적을 깨고 있었다.

흐르는 물을 바라보노라면 누구나 인생을 생각하게 된다. 젊은 날은 지나갔고 세월은 다시 오지 않으며 인생은 결국 덧없는 허무였다. 처연해졌다. 넓고 텅 빈 계곡 안에는 쓸쓸한 물소리만이 합창소리로 들린다. 얕은 물에선 속삭이듯이 졸졸 좔좔, 높은 데서 아래로 흐르는 물은 세차게 철철, 쏴, 한다. 물소리는 물의 여행길 따라 청아한 자연의 합창을 들려주고 있었다. 작은 돌멩이를 감돌 때는 꼬륵꼬륵 귀여운 소리를 내고 큰 바윗돌을 피해 갈 때는 절규하듯 부딪치며 거품을 토하고 휘돌아가며 콸콸, 호탕하고도 힘차게 퍼져나갔다. 장애물이 없는 평평한 곳은 아무 번민도 없는 듯 말간 거울처럼 잔잔한 표정이었다. 그러나 한결같이 모두 약속이나 한 것처럼 아래를 향하여 흘러갔다. 물의 생리고 자연의 이치였다. 모든 물은 결국 아래로 흘러가 먼 강 하구로 모여서 드디어 넓은 바다로 섞여들기 마련이었다. 계곡물도 흐르고 흐르다가 아래 평평한 바닥에 합쳐지고 있었다. 거기는 언제 급하게 달려왔느냐는 듯 편안하게 조용히 물들이 섞여들고 있었다. 갖가지 물 형태는 간 곳 없이 그저 벙벙하게 잔잔해서 그간 아무 일도 없었던 양 평온한 표정이었다. 줄기차게 내려왔건 휘돌아 흘러왔건, 바윗돌 나무줄기를 비켜오고, 웅덩이에서 쉬어오고, 갖은 수난을 겪고 왔더라도 아래의 평지에 모이니 담담하고 잔잔한 똑같은 물이었다.

인생도 비슷하리라. 바윗돌을 밀치며 뛰쳐나가는 물처럼 도전적인 삶은 격심한 고난 속에서 많은 시련과 투쟁하게 되고 마치 낭떠러지에 떨어지는 폭포의 낙폭만큼 삶의 충격도 컸을 것이다. 그러나 아무 어려움 없이 순탄하고 안락하게 지낸 평탄한 인생은 파탄의 아픔도 좌절의 슬픔도 모르는 인생이어서 행복했는지, 어떤 인생이어야 했던지, 그것은 자신의 기준이고 소망일 뿐, 어쨌든 세월은 흘러간다. 결국 한때의 영광도 고통스런 생애도 마지막에는 똑같은 종점으로 돌아간다. 아마도 저 말간 계곡물은 아옹다옹하며 처절하게 몸부림치는 인생살이의 어리석음을 충고하는 것 같다. 지나면 다 똑같은 인생이고 다만 거치는 과정일 뿐인데 일희일비하며 야단을 떠는 우리가 어쩌면 우습게 보이는지 모른다. 멧돼지 바비큐를 먹겠다고 희희낙락 돌아오는 우리들은 지금 어느 물굽이를 돌아가는 참일까, 문득 그런 생각이 났다.

2012. 12. 23.

고모님의 밥

 캐나다에서 일시 고국을 방문한 시숙과 막내 시고모님을 뵈러 간 자리였다. 그런데 고모님이 시숙 얼굴을 몰라보셨다. 멀뚱멀뚱 생판 모르는 사람 대하듯 생뚱한 표정이었다. 치매를 앓고 계신다지만 그 정도일 줄이야. 시숙은 중고등 학창시절 내내 침식을 의탁했던 곳이 서울의 막내고모님 댁이었고 그 살뜰한 고모님과 쌓였던 정회가 봇물처럼 터질 자리였다. 착잡했다. 우리도 그간 시골 산다는 핑계로 자주 올라와 뵙지도 못했었는데…. 모두 충격 속에 할 말을 잃었다. 그런데 이윽고 들어온 저녁상을 둘러보시더니 고모님이 느닷없이 호통을 치셨다.
 "왜, 국수 먹어? 밥 안 먹고…. 애야, 저 사람들 밥 줘야지."
 점심을 과하게 먹어서 모두들 간단히 국수를 먹자고 한 자리였는데, 아무래도 고모님께는 국수는 소홀한 대접으로 보였나 보다. 애꿎게도 곁에 앉은 따님이 거듭 야단을 맞고 있었다. 고모님은 요즘 치매 증세가 한층 심화된 건지 기억의 연결고리가 더러 끊겨버린다고 했다. 자주 보는 식구 외에는 사람들도 잘 몰라본다는 것이다. 그런데도 밥을 대접하라고 채근하시는 것이다. 가슴이 뭉클했다. 어떻게, 고모님께 이런 일이….

사실, 고모님께서 호통을 치시자 울컥, 가슴에 뭔가가 치밀어 올랐다. 세상에! 허구한 날 밥만 챙기시더니 아직도 밥 타령이신가? 평생을 한시반시 쉬지 못하고 육신을 팽이 치듯 부리셨는데…. 그처럼 고달프게 사셨는데, 팔십 고령에 정신마저 가물가물하시면서도 여전히 밥 타령을 하시다니.

어떤 근엄한 양반도 빙긋이 웃게 만들고, 아무리 서럽고 엄숙한 자리도 타고난 익살기로 활짝, 웃음바다를 만들던 고모님이었다. 타고난 쾌활함에다 정을 흠뻑 퍼주는 성품 탓에 평생 고모님 곁엔 사람이 들끓었다. 오는 사람마다 그냥 보내지 않았다. 고모님 밥을 먹지 않은 사람은 거의 없을 정도였으니까. 고모님께 밥은 바로 정이었다. 그리 넉넉지도 못한 형편이었지만 내색도 않고 늘 인정을 베풀었다.

그 다정한 고모님이 가슴 아프게도 조카를 몰라보았다. 아마도 이민을 떠났던 시숙과는 참으로 오랜만의 상면인 탓도 있을 것이다. 혼란스러운지, 도무지 모르겠다고 고개는 저으면서도 어딘가 끈끈한 인연임을 느끼신 듯하다. 애틋하다. 그나마 어스무레한 터널 속 같은 희미한 기억 속에 아직도 '밥'이라는 정은 깜빡깜빡 남아있는 듯하다.

우리에게 밥이란 향수와 같은 것인지 모른다. 영혼이 고독하고 육신이 고달플 때, 허허한 빈 가슴에 간절히 생각나는 따뜻한 온기인가 보다. 그런 밥이 결핍된 상황이면 얼마나 삶이 쓸쓸하고 처참하게 되는지, 나는 언젠가 어떤 TV에서 실화인지 드라마인지 기억은 확실치 않지만 가슴 아픈 기억이 남아있다. 그 장면은 너무 안타까웠고 지금도 잊히지 않은 진한 충격으로 남아있다.

어느 가난하기 그지없는 집에서 일어난 못 볼 광경이었다. 처참했다. 못 먹어서 그랬을까, 오래 병들어 앓아 누웠던 것인지 아무도 없는 단칸방에서 남편도 다른 가족도 없이 홀로 죽어간 어느 여인의 임종광경이었다. 사고를 수습하러 들이닥친 경찰관들도 너무도 기막힌 현장에 정신을 놓고 있었다. 이미 싸늘히 식은 여인의 시신 옆에는 어린애 하나가 붙어 앉아 훌쩍대고 있었다. 흘러내린 머리카락이 내리덮은 적막한 엄마의 시신 옆에서 두 살쯤 되어 보이는 어린 아들은 너무 울어 지쳐버렸는지 그제는 흐느낌 대신 간간이 어깨만 들먹거리고 있었다. 그런데 아이가 그런 중에도 꼭 쥐고 있는 것은 손에 든 조그만 밥공기였다. 그 공기에는 이미 말라버린 밥알 몇 톨만 댕그라니 붙어있었다. 엄마는 죽어가면서도 아이를 굶기지 않으려고 최후까지 밥공기를 들려줬던 모양이었다. 나는 지금도 이따금 그 밥알 몇 톨이 말라붙었던 그 초라한 밥공기가 잊히지 않는다.

밥은 역시 인간이 최후까지 의지하는 믿음이던가 보다. 자식을 못 잊고 가면서도 어미는 밥공기를 들려주며 차마 못 감을 눈을 감았을 것이다. 아이가 그 밥으로 목숨을 부지하면 누군가 자식을 살리리라 기대하면서 떠났으리라. 밥에는 분명, 간절한 정 같은 게 있는 성싶다. 사실 가난했던 지난 시절, 너무나 서러운 밥으로 끼니를 이어온 사람들도 많았다. 서민의 애환을 함께했던 밥이기에 언제나 밥 냄새만 생각해도 애타는 정 같은 깊은 연민을 동시에 느끼는 것이다.

고모님 같은 옛 세대는 차츰 유명을 달리하신다. 푸근한 인정을 베푸시던 고모님 세대는 언제쯤엔가는 다시 볼 수도 없을 것이다.

그 후덕한 인심이 이제는 사라지는 것일까.

밥은 변하지 않은 인심 같다. 사람이라면 진국인 듯, 밥의 돈독한 정은 피붙이, 살붙이 같다. 세월이 아무리 흘렀어도 한결같이 따스하고 구수한 맛은 변함없다. 수천 년을 먹었어도 그 맛에 질리는 사람도 없다. 팔순 고개를 앞둔 시숙도 고향의 밥 냄새가 그리워 찾아온지 모른다. 현실이 삭막할수록 사람들은 고향을 그리워한다. 고향에는 정다운 어머니의 기억이 있다. 어머니의 따뜻한 밥이 기다린다. 구수한 밥 냄새는 언제나 버릴 수도 잊을 수도 없는 그리움이었다.

이제 평생의 숱한 인연들을 놓아두고, 고모님은 치매의 그늘로 하얗게 이승을 지워 가신다. 머잖아 시간이 가면 고모님도 가시고 우리 모두도 사라질 것이다. 그러나 우리에겐 결코 사라져서는 안 되는 것이 있다. 아직도 고모님에게서 나는 구수한 밥 냄새 같은 것이다. 치매 중인데도 국수 대신에 밥을 먹이라고 호통하시는 고모님이시다. 사람이라면 당연한 도리, 철칙으로 믿으신 따뜻한 인정이다. 베푸는 것이 사람노릇이라는 듯, 그걸 끝내 잊지 않으신 고모님의 그 따뜻한 밥 인사, 나는 그것이 사람의 향기이고 인생의 훈훈한 여운으로 여겨진다.

2012. 5. 19.

마지막 인사

하얀 국화꽃으로 포옥 둘러싸인 영정 사진이 내려다보고 있다. 생전처럼 또렷한 눈매로 사진 속 고모님이 말끄러미 내려다보신다. "날 보러 왔는가? 왜 그동안 한 번 더 오지 않고?" 하시는 것 같다. 고모님은 평소에도 항상 표현이 명료하셨다. 매사에 명쾌하고 긍정적이시던 그분은 무슨 일에나 유감을 두지 않는 성격이셨다. 사랑도 미움도 여과 없이 표현하셨기에 때로는 오해도 많이 받으시기도 했다. 정 많은 분이고, 성품이 요즘 표현으로 쿨 하고 화끈하셨다.

둘째 시고모님이신 그분은 오라버니이신 나의 시아버님을 많이 닮으셨다. 외모도 성격도 흡사했다. 내가 아버님 뵙듯이 친숙히 느껴서인지 고모님도 질부인 나를 생전의 아버님처럼 살뜰히 사랑하셨다. 집에서 친지들 모임이 있을 때, 손수 담그신 고추장이며 별미김치 단지를 전주에서부터 끌어안고 버스에 덜컹거리며 손수 들고 오신 정성을 나는 언제까지 잊지 못할 것이다. 그런데 어느새 저세상으로 떠나시고 만 것이다.

지방에서 올라온 우리 부부 말고도 장례식장에는 곳곳에서 친척 친지들이 모여들었다. 그런데 아무도 곡을 하거나 흐느끼는 소리가 없다. 고인에게 마지막 인사를 드리고 나서 여기저기 군데군데 모여앉아 얘기만 나누는 모습은 전혀 어둡거나 슬프게 보이지 않고 예사롭고 홀가분한 얼굴 표정들이어서 망인에게 조금 면목 없을 지경이다.

우리네 장례식장에도 많은 변화가 있었다. 전처럼 아이고, 아이고, 큰소리 곡성으로 슬픔을 표현하는 일이 점점 줄어들고 있다. 슬픔이 더 적어지고 정이 메마른 것일까? 사실 남들에게 들으란 듯이 큰 소리를 내면서 오열해야만 슬픔이 더 지극한 것은 아니다. 그런데도 사람들이 속으로 삼키는 눈물은 알 수 없기에 섣불리 그 사람의 진심을 오해하고 무정한 사람이라고 수군거린다. 물론 고모님은 이미 아흔도 진즉 넘기시고 오랫동안 요양병원에서 연명하여 오셨기에 식구들에겐 미리 이별선고를 하신 거나 다름없었다. 냉정히 말하자면 식구들도 그분이 머지않아 떠나실 분이라 생각하고 그 기별이 조만간 오리라 대기중인 상태였다고 할까. 미련도 없고 슬픔도 아쉬움도 이미 메말라버렸는지 모른다. 사람들은 이런 상태를 천수를 다했다고, 호상이라고 웃고 위로한다.

나 또한 영정사진을 올려다보며 눈물이 괴는 것은 잠깐이었다. 그것은 큰 슬픔이 아닌 살아남은 자로서의 아쉬움이었다. 솔직히 고모님과의 끈끈한 정은 잊지 못하겠지만 이제는 단지, 다시 뵙지 못한다는 안타까움뿐이었다. 이내 담담한 얼굴로 상주들과 조용히 인사를 나누었다. 우리 사이에 그다지 가슴 아픈 사연이 없었던 때문인지도 모른다. 대개 슬픔은 사람관계에서 자기 설움과 연관시켜 우는 것이 태반이었다. 아무튼 눈물 콧물 훔치고 흐느껴야 하는데 눈 귀퉁이만 찍고 말짱하게 돌아서는 나를 잠잠히 굽어보는 고모님의 말간 시선이 일갈하시는 것 같다.

"흐음, 그럴 것이다. 느그들이 그저 그럴 줄 알았다. 암, 알고 말고."
나는 그런 시선을 느끼고 있었다. 고모님은 또 그렇게 말씀하시면서도 아무런 유감없이 세상 이치로 생각하신다는 것도 나는 알고 있었다. 그분은 항상 당당하시고 대범하셨다.

그런데 문제였다. 고모님이 떠나시며, 메마른 인정을 씁쓸하게 헛웃음치시는 것이 문제가 아니었다. 요즘은 점점 고모님처럼 오래 살게 되는 것이 평균 연령이라는 데 문제인 것이다. 원하든 원치 않든 자연사일 때의 인간의 생존연수가 꽤나 길어졌다. 후손들이 별로 아쉬움도 없이 보내드리는 연치까지 살게 된다. 못 잊어서 간절하게 살아남길 소원하는 사람도 없는데 말이다. 물론 백 살이 넘도록 오래 살고계신 노부모님을 우무덩어리같이 정성껏 모시는 효자 효손도 있다. 그런 경우는 오히려 손에 꼽을 정도로 드문 것 같다. 부모님을 그리워하며 못 다한 효도를 아쉬워하면서도 너무 장수하셔서 현실적으로 언제까지 자신들의 부담이 되는 것은 싫어한다.

내 노후의 그림이 뻔히 떠오른다. 언젠가 나도 오래 살아 그처럼 한심한 처지가 될 가봐 걱정이다. 머잖은 미래에는 불효자식이 아니더라도, 의무감이나 남의 눈이 두려워, 마지못해 어쩌다 늙은 부모를 들여다보는 처량한 신세가 대부분일 것이다. 대부분 우리 세대는 그걸 예견하고 있기는 하다. 그러나 막상 당하기 전에 예상으로 하는 말, 우스개로 말하는 것과는 전혀 다르다는 걸 우리는 알고 있다.

그런데 그런 비참한 노후를 짐작하고 있으면서도 누구나 오래 살기 위해 노력한다. 장수프로에 나오는 여러 정보를 열심히 경청하고 별로 안 믿는 척 하면서도 없는 용돈을 투자해서 갖가지 좋다는 약을 확인도 제대로 않고 서슴없이 복용한다. 맘이 그토록 약해지는 건 노인네들 고질 증세일까?

"오래 살기 싫다, 무엇 때문에 의미 없는 삶을 지속할 필요가 있을까?" 등 제법 자신의 삶에 의지를 가진 것처럼 말하던 사람들도 결국 죽음의 목전에 가면 한결같이 더 살기를 원하고, 지난 시절 자기가 했던 얘기 따위는 까맣게 잊어버린다. 그래서 날로 노인 인구가 많아지고 젊은이들 허리띠는 무겁기만 하다.

얼마나 속으로 빨리 돌아가시기를 바랐으면 장례식장에 있는 상주들 얼굴이 환하게 피는 것같이 보이는가? 물론 그동안 밤잠을 설치며 간호하느라 힘들었던 게 끝나서 그럴 수도 있다. 밑 빠진 독에 물 붓듯이 하염없이 지출되던 경제적 어려움이 종지부를 찍게 되어 부담도 사라질 것이다. 환자에 매여 친구도 사교도 보류했던 모든 구속으로부터 자유를 찾게 될 것이다. 그래서 망인에 대한 슬픔은 잠깐일 수 있는 가보다. 현대인의 솔직담백한 자기표현으론 굳이 예의로 거짓 눈물을 흘릴 필요는 없을 것이다. 그런데 어쩐지 쓸쓸하고 쓸쓸하다. 마지막 인사를 하고 나오며 마음이 착잡했다. 살아있는 자와 떠나는 자의 서로간의 가장 애틋한 순간은 어느 때일까, 우리는 마지막 인사를 언제쯤 주고받아야 마땅한 건지, 그때를 알 수도, 또 그걸 미리 알아서 반드시 어떻게 해야 되는지 별 대책도 없으면서 말이다.

2013. 12. 18.

산정원의 四季

산정원의 四季를 몇 장의 화보로 펼쳐놓습니다.
산정원은 저희가 사는 집과 정원을 아우르는 소박한 보금자리입니다.
이따금 자연을 사랑하는 마음 선한 분들이 찾아주시면
남편은 자신의 설치미술작품이라고 열심히 소개하지요.
작은 누옥이나마 저희가 아기자기 가꾼 삶의 터전이고,
철 따라 고운 꽃이 피는 아늑한 안식처이지요.
제 작품의 산실로 의미를 붙이며
책의 말미에 몇 조각 실어봅니다.

봄

봄

여름

여름

가을

가을

겨울